MARIO

FÜHRUNGS-
KRAFT!

Die Essenz aus 20 Jahren Führungskraft

© 2024 Mario Müller

Vervielfältigung, auch in Auszügen, nur mit schriftlicher Genehmigung des Autors.

Verlag: BoD · Books on Demand GmbH,
In de Tarpen 42, 22848 Norderstedt
Druck: Libri Plureos GmbH, Friedensallee 273,
22763 Hamburg

Anfragen und Lob an:

mueller@itrakon.de

ISBN: 978-3-7693-0760-3

Führungskraft!
Die Essenz aus 20 Jahren

Danksagung

Prof. Dr. Tamara Ranner

Liebe Tami, Danke für all die Jahre der hartnäckigen Freundschaft und das hilfreiche Schimpfen.

Inhalt

ZUSAMMENFASSUNG 10

PUZZLESTÜCK EINS: WARUM? 14

PUZZLETEIL ZWEI: VERTRAUEN 23

PUZZLETEIL DREI: DER KÖRPER SPRACHE 31

PUZZLETEIL VIER: REALITÄTSBEVOLLMÄCHTIGUNG 49

PUZZLETEIL FÜNF: WELTBILD UND SELBSTBILD 56

PUZZLETEIL SECHS: NEURONE FEUERN! 60

PUZZLETEIL SIEBEN: DIE AUGEN MEINER CHEFIN 67

PUZZLETEIL ACHT: DIE DREI WEGE DER DOMINANZ 76

PUZZLETEIL NEUN: DIE ÖKONOMIE DES MUTES 91

PUZZLESTÜCK ZEHN: EMPATHIE 100

PUZZLETEIL ELF: ARBEITEN MIT AUSSERIRDISCHEN 119

PUZZLETEIL ZWÖLF: SUPERKRAFT & FLASCHENHALS 135

PUZZLETEIL 13: SYSTEMATISIERER UND EMPATHEN 153

PUZZLETEIL 14: WECHSELKURS KULTUR ZU EURO 171

PUZZLETEIL 15: DIE ELF GEBOTE DER KULTUR 180

PUZZLETEIL 16: HALTUNG, BABY! 195

DER PLAY-RADIUS & *STRESS MACHT DUMM* 215

PUZZLETEIL 17: STRESS 228

PUZZLETEIL 18: KONFLIKTE UND VERHANDLUNGEN 242

PUZZLETEIL 19: WIE BESSER WERDEN? 258

PUZZLETEIL 20: TRAINING IM 21. JAHRHUNDERT 264

ÜBER DEN AUTOR 268

Einleitung

Führungskräfte haben wenig Zeit. Darum ist in diesem Buch die Zusammenfassung vorne. Eine These bringt Sie zum Stirnrunzeln oder weckt Ihr Interesse? Das Kapitel dahinter birgt vermutlich den größten Mehrwert für Sie.

Dieses Buch enthält die wichtigsten Dinge, die Führungskräfte und ich uns in den letzten zwei Jahrzehnten gegenseitig beigebracht haben. Es besteht aus denjenigen Erkenntnissen und Techniken, die einige Tausend Führungskräfte und Teilnehmer meiner Vorträge und Trainings am hilfreichsten fanden.

Führung ist ein Kompetenzfeld. In Führungskraft kann und muss man zeitlebens investieren. Wer dies nicht tut, bleibt hinter den Erwartungen zurück.

Aus jedem der zwanzig Puzzleteile in diesem Buch hätte man ein eigenes Buch machen können, von dem Sie mit Glück jeden Monat eines gelesen hätten. Stattdessen finden Sie in diesem einen Buch die Essenz aus diesen beiden Jahrzehnten Führungskräftetraining; aus Geschichte, Ökonomie, Neurologie, Biologie, Schauspielkunst, (Krisen)Kommunikation, Angewandter Improvisation, Organisationsentwicklung und Psychologie. Eine ideale, breite Wissensbasis, die dabei hilft, gute Führungskräftetrainings zu erkennen und zukünftig das Maximum aus ihnen herauszuholen. Meine letzten Bücher waren auch so kompakt – und das kam gut an. Etliche Leute berichteten mir, dass sie immer wieder reinschauen oder sie sie nach dem

Sackenlassen und Umsetzen der ersten Punkte einfach nochmals ausschnittweise oder komplett lesen.
Die einzelnen Kapitel nähern sich dem Thema oft von sehr unerwarteten Punkten aus und gehen an überraschenden Stellen in die Tiefe. Die Erkenntniswurzeln Ihrer Führungskarriere sollten, finde ich, so breit und tief reichen, wie möglich.

Die einzelnen Puzzleteile sind oft komprimiert. Die Empfehlung des Hauses ist, sie langsam zu lesen und zu kauen wie die einzelnen Gänge im Sternerestaurant. Falls Sie es lieber konkret mögen als metaphorisch, dann lautet die Empfehlung, mit einem Textmarker in der Hand zu lesen, weil das typischerweise die Leseintensität erhöht. Und falls Sie sich eine Erkenntnis markieren wollen, haben Sie gleich einen Textmarker in der Hand!

Es mag nicht immer gleich ersichtlich sein, wie die Teile zusammengehören, aber wir führen immer wieder welche zusammen, nicht erst ganz am Ende.
Die verschiedenen Abschnitte variieren auch ziemlich im Anspruch. Nicht nur darin, „wieviel" gefordert wird, sondern auch in der Art, wie Sie gefordert werden.
Weil ich möglichst viele Menschen mitnehmen möchte, sind vermutlich auch Dinge dabei, von denen Sie schonmal gehört haben. Ich bin mir aber auch sicher, dass ich Neues für Sie habe.

Meine Prognose ist, dass Sie mit einigen Teilen des Buches etwas anfangen können, aber vielleicht nicht mit allen. Das ist kein Problem, weil sich das mit der Zeit ändern kann; und vielleicht erschließen sich manche Kapitel bei einem späteren Lesen. Viel Spaß!

Zusammenfassung

1	BIOLOGIE UND EVOLUTION Menschen sind Rudeltiere, keine Herdentiere. Es bilden sich immer organisch inoffizielle, dynamische Vertrauensbeziehungen, überlagert von offiziellen Weisungsverhältnissen.
2	PSYCHOLOGIE Menschen bauen Vertrauen über zwei Pfade auf, Authentizität und Integrität. Der eine Pfad bezieht sich auf das Verhalten, der andere auf das Handeln.
3	ENTWICKLUNGSPSYCHOLOGIE UND SOZIOLOGIE Alle Menschen sind Körperspracheexperten, über Körpersprache wird in Wahrheit alles verhandelt, Tabus limitieren aber den bewussten Zugang dazu.
4	SOZIOLOGIE Personen mit Bewertungsvollmacht schaffen Realitäten mit Faktencharakter. Bezugs- und Respektspersonen stärken oder schwächen unser Vertrauen in unsere (Selbst-)Wahrnehmung.
 **5**	PSYCHOLOGIE Menschen haben ein Weltbild, das ein (zumeist qualitativ wertendes) Selbstbild und Selbstnarrativ enthält.

6	NEUROLOGIE
	Gehirne versuchen, ihren Energieverbrauch zu optimieren, indem sie Widersprüche auflösen und unnötige Prozesse inhibieren. Der Anteil des explizit Erlernten an unserem Wissen ist marginal.

7	SOZIOLOGIE UND NEUROPSYCHOLOGIE
	Führungskräfte können bewusst und unbewusst Identitätskonflikte verursachen, die bis zum Burnout führen können. Durch Verhaltensänderung ist dieser Effekt praktisch nicht zu beheben. Aber es geht.

8	SOZIOLOGIE UND NEUROPSYCHOLOGIE
	Nur fürsorgliche Dominanz ist für Kopfarbeit geeignet, nicht tyrannische oder souveräne. Kreative und eigenverantwortliche Prozesse werden durch Angst, Kämpfe und fehlende Teilhabe unterbunden.

9	SOZIOLOGIE UND ORGANISATIONSENTWICKLUNG
	Unternehmen, welche die Ökonomie des Mutes nicht berücksichtigen, haben Nachteile im Risikomanagement, im Wettbewerb um Talente und beim innovativen Lösen von Problemen.

 10	KOMMUNIKATIONSWISSENSCHAFT UND PSYCHOLOGIE
	Ohne das Paketboten- und das Wir-Prinzip verursachen Emotionen im Betrieb unkontrollierbare und kaum messbare Kosten.

 11	GESCHICHTE UND ÖKONOMIE
	Die Welt hat sich in allen zentralen Belangen wesentlich radikaler verändert als die meisten Ahnen; nicht die Generationen.

12	COACHING UND FÜHRUNGSKRÄFTEENTWICKLUNG
	Fachkompetenz und Sozialkompetenz sind die wichtigsten Flaschenhälse für Führungserfolg. Für eine Führungskarriere ist mutiges Schwächen-Schwächen hier unumgänglich.

13	SELBSTENTWICKLUNG UND KOMMUNIKATION
	Es gibt zwei Formen von Komplexität, in keiner davon darf eine Führungskraft Defizite haben.

14	ORGANISATIONSENTWICKLUNG UND ÖKONOMIE
	Wer in der Führungskultur nicht hervorragend performt, kann Talente nur mit höheren Löhnen anlocken und nur für kurze Zeit halten. Der Arbeitnehmermarkt bleibt demografisch perspektivisch erhalten.

15	KOMMUNIKATION UND ORGANISATIONSENTWICKLUNG
	Vertrauenskultur ist messbar und anhand von klaren Geboten greifbar. Anhand dieser Gebote müssen Teams einen eigenen kulturellen Kodex entwickeln.

16	PSYCHOLOGIE UND SELBSTENTWICKLUNG
	Haltung entscheidet. Verhalten ohne Haltung und „das Spielen von Rollen" führen zu Vertrauensverlust und Imposter-Syndrom.

	NEUROLOGIE UND SELBSTENTWICKLUNG
X	Stress enthält ausnahmslos Angst und ist Gift für Problemlösekompetenz. Performante Führungskräfte und Mitarbeiter machen die Problemstellungen der Arbeit zum Spielfeld.

	BIOLOGIE UND PSYCHOLOGIE
17	Regeneration, Selbst- und Energiemanagement sind der Schlüssel zu langfristigem Erfolg. Dankbarkeit 1.0, Hilfsbereitschaft und Dankbarkeit 2.0 sind hierfür zentrale Werkzeuge.

	(KRISEN-)KOMMUNIKATION
18	Geiselnahme- und Terrorismus-Unterhändler schwören auf Neugier und Verspieltheit. Der Umgang mit Emotionen und das richtige Überbringen schlechter Nachrichten sind zentrale Elemente von Führungskunst.

	FÜHRUNGSKRÄFTE- UND ORGANISATIONSENTWICKLUNG
19	Nur durch die richtigen Trainingsformen und Betreuung werden Führungskräfte gezielt und ihrer Persönlichkeit entsprechend entwickelt.

	FÜHRUNGSKRÄFTE- UND ORGANISATIONSENTWICKLUNG
20	Gute Trainings- und Entwicklungsformen im 21. Jahrhundert sind didaktisch an menschliche Stärken angepasst, ökonomisch, und binden vorhandene Kompetenzen ein.

Puzzlestück eins: *Warum?*

Frage:	Warum brauchen Menschen überhaupt Führungskräfte?
Antwort:	Weil Menschen Schweißdrüsen haben.

Ich rate jetzt einfach mal und vermute, dass Ihnen diese Antwort nicht auf der Zunge lag.
Wie hängt das miteinander zusammen?

Es gibt auf der Erde nur zwei Tierarten, die schwitzen können: Menschen und Pferde. Alle anderen Tiere haben entweder gar keine Schweißdrüsen oder viel weniger als die rund vier Millionen, die Menschen besitzen. Nur Pferde und Menschen können so viel schwitzen, dass es relevant zur Kühlung des Körpers beiträgt.

Muskeln erzeugen bei Aktivität sehr viel Abwärme. Andere Tiere, die nur über Tracheen oder Lungen Wärme abtransportieren können, würden bei längerer Hochleistung ihrer Muskulatur überhitzen und einen Kreislaufkollaps erleiden.
Praktisch alle Landraubtiere müssen ihre Beute überraschen oder binnen eines kurzen Sprints zur Strecke bringen. Lediglich in arktischer Kälte können Jagden länger andauern.

Menschen sind die einzigen Jäger, die über die Verdunstungskälte ihrer knapp zwei Quadratmeter Haut so viel Wärme ableiten können, dass ihre Muskulatur

über Stunden hinweg schwer arbeiten kann. Menschen sind die einzigen Primaten, die ein Pferd im Marathon besiegen könnten.
Menschen sind Treibjäger.

Menschen sind auch die einzigen Primaten mit einer Schulterphysiognomie, die das Werfen von Speeren erlaubt. Und das hat der Homo Erectus bereits vor dreihundert Jahrtausenden ausgiebig getan: aus jungen Bäumen, deren Jahresringe dank der Eiszeiten eng beieinander lagen und die deshalb sehr hart waren, schnitzten sich unsere Vorfahren Wurfspeere, deren Form modernen Berechnungen zufolge *ideal* waren: der vier bis fünf Zentimeter dicke Schwerpunkt lag ein Drittel hinter der Spitze. Die Spitze saß am Rand des Speeres, weil das Mark des Baumes in der Mitte zu weich wäre. Falls Sie selbst mal in die Verlegenheit kommen sollten, Beute schlagen zu müssen.

Umriss eines Schöninger Speers, ca. 315.000 Jahre alt

Mit diesen Speeren veranstalteten unsere Vorfahren Treib- und Drückjagden. Bei einer Drückjagd werden die Beutetiere auf ein Ziel zu gedrückt, zum Beispiel auf einen Morast, eine Sackgasse, einen Engpass oder eine Falle zu.

Menschen waren indes keine Aasfresser. Das fand man[1] heraus, indem man prähistorische Abfallgruben

---

[1] *Variability in bone assemblage formation from Hadza hunting, scavenging, and carcass processing*, Henry T. Bunn, 1988

untersuchte. Wären Menschen die Nutznießer anderer Räuber gewesen, hätten sie das essen müssen, was diese ihnen überlassen. Dann wären die Gruben gefüllt mit dem, was tierische Jäger fangen: alte, verwundete, kranke oder junge Tiere. Die Beutetiere der Menschen waren aber überwiegend starke Tiere im besten Alter – also Tiere, die sich ein Jäger aussuchen würde, der frei wählen kann.

Menschen sind also Treibjäger und können Speere werfen. Fein, aber wie beantwortet das die Frage, warum Menschen Führungskräfte haben?

Jene Tiere, die unsere Vorfahren vor 1,6 Millionen Jahren, als sie schon kein Fell mehr hatten[2], erbeuteten, waren vielfach zu groß und stark, um von einem Menschen ohne erhebliche Lebensgefahr gestellt werden zu können. Gesunde wilde Pferde, Mammuts und Stirnwaffenträger wie Hirsche würde selbst ein verzweifelter Löwe nicht allein angreifen, weil er das mit dem Leben oder mit seiner Fähigkeit, jemals wieder zu jagen bezahlen würde.

Menschen haben routinemäßig Tiere gejagt und erlegt, die sie nur im Verband überwältigen konnten:
Menschen sind Rudeltiere.
Für eine organisierte Jagd müssen Tiere eine feste Gruppe bilden und sich über Kommunikation koordinieren[3] – und sie müssen die Beute fair aufteilen.

---

[2] *The naked Truth,* Nina Jablonski, Scientific American, 2/2010
[3] *A multidimensional framework for studying social predation strategies;* Stephen D. J. Lang & Damien R. Farine

Das sind mehrere Gründe, warum entgegen dem Volksmund Menschen eben keine Herdentiere sind, sondern Rudeltiere.

Es gab außerdem prähistorisch gesehen – und insbesondere verglichen mit heute – eine verschwindend geringe Anzahl Menschen. Vor 40.000 Jahren gab es auf dem gesamten europäischen Kontinent wohl nur 1.500 Menschen[4]. Davon waren die meisten kleine Sippen von ein bis sechs Dutzend Menschen. Überlebensfähige Populationen (von ungefähr 150 Mitgliedern und mehr) gab es in ganz Europa offenbar nur *fünf*. Wir sehen gleich, was das für uns heute bedeutet.

Immerhin war der Homo Sapiens schon angekommen[5]. Mehrere Tausend *Jahrtausende* lang lebten Menschen in verstreuten, kleinen Rudeln und Sippen, die wie heutige Wolfsrudel im Wesentlichen aus einer oder wenigen Familienverbünden bestanden. Heute leben in Europa etwa 17.000 Wölfe, also gut zehnmal so viele wie damals Menschen[6].

Wäre unser Zeitstrahl von heute bis zum Beginn unserer Zeitrechnung zehn Zentimeter lang, dann wäre die Zeit, die Menschen in verstreuten Rudeln lebten, mehrere Fußballfelder lang.

---

[4] *Population dynamics and socio-spatial organization of the Aurignacian: Scalable quantitative demographic data for western and central Europe;* Isabell Schmidt & Andreas Zimmermann
[5] *Homo Sapiens reached the higher latitudes of Europe 45,000 years ago*, Dorothea Mylopotamitaki Nature, 2024
[6] Quelle: WWF

Zeitrechnung A.D. (gut 2000 Jahre)   Zeit, die Menschen in Rudeln und Sippen verbracht haben

In einzelnen Familien gibt es naturgemäß die Eltern und die Kinder. Die Eltern erziehen, füttern, pflegen und führen die Kleinen, bis diese auf eigenen Beinen stehen und selbst eine Familie gründen können. Manchmal bleiben sie, wenn sie das tun, oft ziehen sie weiter.

Wenn sich nun mehrere Familien verbinden – um gemeinsam mehr sammeln zu können und um mehrere starke Individuen für die Jagd auf größere Tiere aufbieten zu können; um sich gemeinsam besser vor Räubern zu schützen und um mit Kleidung und Gebäuden Witterung und Jahreszeiten etwas entgegensetzen zu haben – dann gibt es immer „die Alten", „die Erwachsenen" und „die Jungen":
Die Selbstverständlichkeit, den eigenen Eltern zu folgen, wird ausgedehnt darauf, auf diejenigen zu hören, die sich bewährt haben.

Sobald die Sippe größer wird, kann man als Individuum nicht mehr alle gleichzeitig im Auge behalten. Weil die Individuen miteinander auch in Konkurrenz stehen, was Ressourcen und potenzielle Partner angeht, kommt eine neue Dynamik ins Spiel, die in Kernfamilien noch selbstverständlich ist: *Vertrauen*. Und mit der Notwendigkeit, sich gegenseitig zu vertrauen, kommen Konzepte wie Ehre, Ansehen, Status sowie das inoffizielle und offizielle Gestalten und Manifestieren dieser Werte ins Spiel.

Eine *offizielle* Gestaltung von Status wäre zum Beispiel ein Initiationsritus, mit dem ein Mädchen zur Frau oder ein Junge zum Mann erklärt wird oder dieser Status durch eine Art Prüfung verdient wird; Formen von Taufe, bei der ein Mensch in die Sippe aufgenommen wird; eine Eheschließung oder später auch die Übergabe von Ämtern oder die Überantwortung von Land in Verbindung mit der Herrschaft über die Leute, die dort leben.

Eine *inoffizielle* Gestaltung von Status war schon immer der Tratsch, heute der Flurfunk oder das Gespräch in der Umkleidekabine: Ein Austausch über die Handlungen anderer, aufgrund dessen die Betroffenen (zumeist ohne ihr Wissen) im Status und damit im Vertrauen herauf- oder herabgesetzt werden. *Diese Form des Informationshandels ist essenziell und bildet ein Fundament des Vertrauens zwischen denjenigen, die diese Informationen handeln und erhalten.* In der Ära des Homeoffice haben wir gelernt, dass Gruppen, die hierfür keine (wenigstens virtuellen) Räume haben, an Bindung verlieren und zerfallen.

Menschen kooperieren also schon seit Zehntausenden von Generationen. Sie helfen sich gegenseitig und die Erfahrenen lehren und hüten die Jungen. Menschen erwerben sich aufgrund ihres Verhaltens einen Ruf, der über Verantwortung und Ressourcen entscheidet.

Konzepte wie Würde, Ehre, Ansehen, das Gesicht, Ruf, Reputation, Status, Ämter, *Standing*, *Swag*, Rang, Meriten, Weihen, Respekt gehen allesamt zurück auf eine Tradition, die unsere Zeitrechnung um ein Hundertfaches übertreffen. In nur 15.000 Jahren wurden Wölfe zu den Hunden domestiziert, die wir heute haben und die uns zu lesen gelernt haben. Es ist keine verwegene Vermutung, dass uns in der zwanzigfachen Zeit diese sozialen Konzepte in Fleisch und Blut übergegangen sind und dass sie daher eine der wenigen kulturellen Elemente sind, die wir wirklich auf der ganzen Welt in leicht verschiedenen Formen vorfinden.

Menschen sind Rudel-Treibjäger, die sich koordinieren, voneinander lernen und vertrauen müssen. Je mehr die Population anwuchs, desto öfters mussten wir Menschen vertrauen, die wir gar nicht kennen.

So haben wir uns unser erstes Puzzleteil, *Menschen sind Rudeltiere*, verdient. Kommen wir nach einem kurzen Einschub mit Anekdoten und Beispielen zu Puzzleteil zwei: Vertrauen.

Anekdoten, Beispiele, Konkretes

Generationenwechsel; Stabilität vs. Innovation

Bei einer Konferenz eines Technologieriesen mit knapp 200 Führungskräften von jeweils drei bis fünf Jahren Führungserfahrung spielten wir 2018 unter anderem eine Szene, in der eine junge Führungskraft und eine des alten Schlages miteinander darüber streiten, wie Führung auszusehen hat. Es war totenstill, während wir spielten und es wirkte, als hielte der ganze Saal den Atem an. Später sagte ein Teilnehmer zu mir:

> „Jede Woche dieselben Meetings, [meine Führungskraft zeigt] immer dieselben Slides, acht Stunden die Woche. Es ist Zeitverschwendung. Aber ich weiß, wenn ich was sage, werde ich nicht befördert."

Machtmissbrauch und Selbstinszenierung sind ein sehr verbreitetes und sehr teures Problem in vielleicht jeder Organisationsform.

Die Alten tendieren dazu, auf Bewährtes zu setzen und zu schützen, was sie erreicht haben. Menschen, die vom Vorantreiben von Erneuerung und Fortschritt wechseln zum Festhalten am Altbewährten, setzen ihre Kräfte immer mehr für sich selbst und immer weniger im Sinne des Unternehmens ein. Und nicht jeder Mensch, der alt ist, ist auch erfahren. Denn Erfahrung hängt davon ab, wieviel man aus seiner Lebenszeit *lernt*.

Andererseits sind Unternehmungen absolut auf das Können und die Erfahrung von Routiniers angewiesen. Die jungen Wilden, die oft ungeduldig sind und sich manchmal gerne als „Macher" sehen, *machen* schnell mal teuren Unsinn, wenn sie darauf bestehen, die Fehler ihrer Vorgänger zu wiederholen, anstatt auf sie zu hören.

In jeder Institution gibt es Generationenwechsel. Und die ausgetragenen Kämpfe können massive Kosten in der Bilanz und bei Nerven und Gesundheit der Involvierten erzeugen. Darum diese fünf Tipps:

1. Hören wir nie auf, uns zu hinterfragen und unsere Vorgehensweise hinterfragen zu lassen.
2. Hören wir zu. Fragen wir nach, was unser Gegenüber meint und bis wir die Beweggründe und Vorteile verstanden haben. Selbst die Fragen von Kindern können uns verblüffen und zu neuen Sichtweisen inspirieren.
3. Stellen wir unser Ego beiseite und uns hinter den Grundgedanken der Unternehmung.
4. Bleiben wir beweglich und erhalten wir unsere Neugier und unsere Lust, so lange wir können.
5. Nur, weil wir uns nicht vorstellen können, dass oder wie etwas funktioniert, bedeutet das nicht, dass es nicht funktioniert. Wir Menschen überschätzen unsere Urteilskraft bei komplexen Zusammenhängen dramatisch.

Welche dieser fünf sind für Sie die einfacheren, welche schwieriger? Warum? Was ist Ihre Strategie, diese Tipps konkret im Alltag umzusetzen?

Puzzleteil zwei: Vertrauen

Manager überschätzen katastrophal ihre Fähigkeit, Vertrauen bei Mitarbeitern und Kunden zu bilden[7]. Das Thema Vertrauen ist also nicht banal, sondern fundamental. Es ist nicht nur für angehende und unerfahrene, sondern für alle Führungskräfte von zentraler Bedeutung.

Frage:	Was ist Vertrauen, wo kommt es her, wie macht man das und wofür ist es gut?
Antwort:	Das sind mehrere Fragen.

Wo kommt Vertrauen her?

Wir haben gesehen, dass sich Rudel-Treibjäger gegenseitig koordinieren und vertrauen müssen. Nehmen wir mal an, ich wäre sechshunderttausend Jahre früher geboren worden und würde gerade beobachten, wie ein Mitglied meiner Sippe, nennen wir sie Uuna, mit meinen beiden Kindern in den Wald geht. Dann müsste ich doch wissen, ob sie *mit* meinen Kindern zurückkommt oder *ohne*.

Wieso muss ich das wissen?

---

[7] *PwC's 2023 Trust Survey,* März 2023

Für Säugetiere sind Junge eine riesige Investition. Ich bin ja keine Stechmücke, die mal eben eine Überstunde einlegen und 170 Eier mehr legen kann. Menschenkinder sind in jeder Hinsicht *teuer*. Darum sind sie auch *uns* teuer, sie liegen uns am Herzen, wir sind emotional zutiefst mit ihnen verbunden. Das ist wichtig, weil sie biologisch gesehen eben Jahre unserer Zeit, Nerven und Ressourcen gekostet haben. Ich muss also wissen, ob Uuna Risiken eingehen würde, um meine Kinder zu schützen und zu verteidigen; oder ob sie wenigstens nicht die Absicht hat, meinen Kindern etwas anzutun.

Wie kann ich die Angst, die auf dieses Risiko reagiert, überwinden? Mit einer anderen Emotion, die der Angst Konkurrenz macht und die Risikotoleranz erhöht[8]: mit Vertrauen. *Vertrauen ist ein Gefühl*, wie Unternehmensberater Simon Sinek gerne sagt.

Was ist Vertrauen?

„Trust is a feeling", heißt das Zitat im Original. Wenn wir eine Person kennenlernen, entwickeln wir Annahmen darüber, wie sie sich in bestimmten Umständen verhalten wird.

Und mit diesen Annahmen verbinden wir ein gewisses Maß an Gewissheit. Und das Ausmaß an Gewissheit, mit der wir uns auf das (hilfreiche) Verhalten dieser Person *verlassen*, die Intensität dieses Gefühls, die nennen wir *Vertrauen*.

---

[8] *Linguistische Vertrauensforschung*, Pavla Schäfer, De Gruyter, 2016

„Wieviel Kraft und Mut wird diese Person einsetzen, um für die anderen hilfreich zu sein? Wie sicher wird sie auf eigene Vorteile verzichten oder sogar Nachteile riskieren oder in Kauf nehmen, um den anderen (oder mir) zu helfen? Wie sicher bin ich mir mit dieser Einschätzung?" Die Antwort auf diese Fragen ist Vertrauen.

Wofür ist Vertrauen gut?

Vertrauen ist die Basis für Kultur. Kultur ist so etwas wie ein gemeinsames Konto, auf das alle Teilnehmer dieser Kultur einbezahlen. Das tun sie durch das Einhalten von Verhaltensregeln, die bis auf Notfälle und Ausnahmeregeln verbindlich sind.

Regelverstöße bedeuten in der Konto-Metapher eine Veruntreuung – einen kleinen oder großen Diebstahl durch ein Individuum. Wird ein solcher Regelverstoß bemerkt, wird das tradiert und das Ansehen der Person und das Vertrauen in die Person werden reduziert (siehe oben unter *Tratsch, Flurfunk*). Der Zugang zu Ressourcen kann eingeschränkt werden, wichtige Aufgaben und Ämter werden woanders hin vergeben.

Warum?

Kultur ist ein Verhaltenskodex, der *immer* damit zu tun hat, die eigenen Triebe, Impulse und die individuellen, kurzfristigen Bedürfnisse zurückzustellen, zum Wohle der Gemeinschaft[9]. Schon Sigmund Freud hat

---

[9] *Das Unbehagen in der Kultur*, Freud, 1930, sowie *Dimensionalizing Cultures: The Hofstede Model in Context*, Hofstede & Minkov, 2010

treffsichere Vermutungen darüber angestellt, wie das im menschlichen Geist in der Entwicklung angelegt wird; viele dieser Vermutungen wurden durch moderne Verfahren bestätigt oder präzisiert.

Dadurch, dass die Individuen die Regeln einhalten, sparen alle gemeinsam Ressourcen ein und ermöglichen durch ihr Verhalten erst die Arbeitsteilung, von der alle profitieren. Jünglinge und Neuzugänge müssen erst beweisen, dass sie sich an die Regeln halten, um aufgenommen zu werden und von den Privilegien zu profitieren.

Je wichtiger eine Aufgabe oder Funktion ist, die ein Individuum übernehmen soll, desto tiefer muss das Vertrauen gehen und desto mehr Leute müssen der Person vertrauen. Vertrauen ist das, was aus Individuen eine Gruppe macht; die Bindekraft, die aus Atomen zusammenhängende Moleküle formt. In einer funktionierenden Gruppe kann Information frei fließen (mehr hierzu in Puzzleteil 8) und Arbeitsteilung und Spezialisierung werden möglich.

Philosophie, Kunst, Wissenschaft und Technologie gibt es nur, weil Dank Vertrauen und Kultur nicht mehr jeder Mensch alles selbst machen muss:

Vertrauen ist das Fundament jeder
erblühenden Zivilisation
und auch jeder dauerhaft funktionierenden Organisation.
#schweissdrüsen

Und wie macht man Vertrauen?

Es gibt im Wesentlichen zwei Pfade, über die wir
Vertrauen zu anderen aufbauen – und andere zu uns.

Vertrauenspfad eins: *Walk the Talk*

Wenn ich Führungskräfte frage,
wie sie eigentlich bestimmen,
wem sie vertrauen und wie weit,
dann war in den letzten zwanzig
Jahren die häufigste Antwort
sinngemäß: „Ich schaue, wie die
Person sich verhält. Passt das,
was sie sagt, zusammen mit
dem, was sie macht?"

Das ist eine naheliegende und
kluge Antwort, nicht? Sie scheint
auch erwartbar von
Führungskräften, weil die Mehrheit der zur
Führungskraft beförderten Menschen noch immer
Experten sind. Und unter dem Begriff „Experte"
verstehen wir zumeist eine Person, die mindestens in
ihrer *Fachkompetenz* erfahren und befähigt ist – eine
intelligente Person eben. Von einer Führungskraft würde
man also eine strategische und kognitive Antwort wie
diese erwarten. „Kognitiv" ist diese Antwort in dem
Sinne, dass hier nicht auf Gefühl, Intuition oder andere
„weiche" Faktoren verwiesen wird.

Und gegen diese Antwort ist auch nichts einzuwenden.
Wäre sie jedoch die *einzige* Methode zur Ermittlung von
Vertrauensdosierung, hätte sie mindestens zwei
Nachteile:

Erstens, dass man bewusst gedanklich mitschneiden und behalten muss, wie die entsprechenden Menschen sich jeweils alle verhalten haben. Das bindet mentale Ressourcen, muss aber kein großes Problem darstellen. Der zweite und wichtigere Nachteil ist, dass diese Methode Zeit braucht. Um zu überprüfen, ob die eigene Theorie über das Verhalten einer Person treffsicher ist, muss diese Person erst einmal Gelegenheit haben, sich zu verhalten.

Zudem sind nicht alle Situationen gleichermaßen aussagekräftig. Momente, in denen für die Person viel auf dem Spiel steht, gewichten wir viel höher als triviale Augenblicke oder Situationen, in denen die Werte dieses Menschen gar nicht wirklich geprüft werden. In vielen Situationen kostet es nicht viel, eine gute Figur zu machen („guten Morgen" sagen, die Tür aufhalten, Emails höflich beantworten).
Aussagekräftiger in Bezug auf die wahren, tieferliegenden Charakterzüge eines Menschen finden wir Situationen, in denen die Person die Wahl hat, ihre Kraft, Zeit oder Ressourcen entweder für die anderen einzusetzen – oder für sich selbst. Also wenn der *Wert,* den man angeblich hochhält, auch etwas *kostet*.
Menschen haben hervorragende Antennen für die Entscheidungen, die andere hier treffen.

Weil man solche Situationen erst einmal abwarten muss, kann es also Wochen oder Jahre oder länger dauern, bis man die Gelegenheit hatte, einen Menschen *wirklich kennenzulernen* und ihn beim Ausfechten existenzieller Gewissenskonflikte zu beobachten. Das kann *zu lange* sein; egal, ob es um das urzeitliche Überleben in der

Savanne geht oder um Karrieren und Kooperationen in einem kompetitiven Unternehmensumfeld.

Diese Methode ist ein Bisschen so, als würde man sich auf einen gefrorenen Weiher hinauswagen und mit den Zehen und Füßen ganz langsam herausfinden, wieviel Druck das Eis aushält und ob es das eigene Gewicht trägt. Es ist definitiv klüger, als einfach auf die Eisfläche hinauszuspringen, aber es braucht eben eine Weile, bis man dem Eis überall traut.

Dieser zeitliche Nachteil ist der Grund, warum praktisch alle Menschen sich noch mindestens auf *einen zweiten Pfad der Vertrauensbildung verlassen*; manche bewusst, die anderen überwiegend unbewusst. Im echten Leben würden wir uns das Eis ja erst einmal *ansehen*, ehe wir überhaupt für einen Drucktest einen Fuß daraufsetzen.

Ein Punkt, der an dieser Stelle vielleicht noch betont werden sollte, ist dieser: *Vertrauen ist wichtiger als alle anderen Kompetenzen.*

Simon Sinek hat mit Vertretern des US-Militärs gearbeitet und sie dazu befragt, woran sie entscheiden, wen sie befördern. Das Ergebnis war eine einfache Grafik mit zwei Achsen, *Leistung* und *Vertrauen*.

Wer auf beiden Achsen hoch liegt, ist natürlich Favorit. Wenn man aber nicht den Luxus hat, dass alle Kandidaten beides in höchstem Maße bieten, *dann sticht Vertrauenswürdigkeit*. Menschen, die großes Vertrauen genießen, werden bevorzugt, selbst, wenn sie nur mittelmäßige oder sogar unterdurchschnittliche

Leistungen zeigen. Und das ist nicht nur bei den Marines so, sondern in allen leistungsfähigen Unternehmen mit Perspektive, weil Vertrauen eine Stabilität und Verlässlichkeit liefert, die Fachkompetenz nicht bieten kann. Die Fähigkeit, vertrauenswürdig zu sein, ist also der limitierende Faktor für eine Karriere – nicht die Fachkompetenz.

Um Vertrauen zu verdienen, muss man sich auf die Ideale von *Authentizität* (nächstes Kapitel) und *Integrität* zu entwickeln. *Ein Baum wächst in zwei Richtungen.* Was ist damit gemeint?

Wenn wir die Leistungen und die Früchte sehen, welche die Karrieren anderer Menschen hervorbringen, dann vergessen wir den Teil, der unsichtbar ist: ein großer Baum hat auch lange, weitreichende Wurzeln. Ohne die Arbeit im Dunkeln, im Inneren, entgegen den Widerständen, die das Erdreich bietet, kann der Baum nicht die Wurzeln ausbilden, die ihm Halt und Nährstoffe bieten und es entsteht gar nicht der große, imposante Baum mit den tollen Früchten.
Persönlichkeitsentwicklung, die Arbeit an sich selbst, dem eigenen Fundament und was uns Kraft gibt, ist die Grundbedingung für eine erfolgreiche Führungskarriere.
Kommen wir nun von Puzzleteil zwei, *Menschen bauen Kultur auf Vertrauen,* zu Puzzleteil drei: Körpersprache.

Abbildung 2. (Brauchen wir später)

Puzzleteil drei: Der Körper Sprache

Frage:	Wie funktioniert Körpersprache wirklich und warum reden alle von Haltung und Authentizität?
Antwort:	Viel einfacher, aber ganz anders, als man Ihnen erzählt hat. Von Haltung und Authentizität sprechen alle, weil es sich darauf bezieht, wie Körpersprache eigentlich funktioniert.

Der Start in dieses Kapitel wirkt vielleicht ein bisschen harsch, aber ich hoffe, Sie geben mir hier einen kleinen Vertrauensvorschuss und folgen mir bis zur Argumentation.

Am schnellsten kommen wir voran, wenn Sie mir folgende Bitte erfüllen: Bitte vergessen Sie alles, was Sie je über Körpersprache gehört haben. Ehrlich. Vergessen Sie bitte alle Tipps darüber, was Sie „mit Ihren Händen machen" sollen, vergessen Sie Verbote, Lektionen über Lächeln und Blickkontakt und Körperdrehungen und Fingergesten und bitte machen Sie sich nicht mit „Gorilla-Machtposen" zum Affen. Machen Sie sich nicht wie ein berüchtigtes Staatsoberhaupt zum Gespött, indem Sie beim Händedruck an Ihrem Gegenüber reißen und zerren; und bitte verstellen Sie nicht Ihre Stimme. In diesem Kapitel kommt alles vor, was Sie wirklich brauchen – und das, ohne Geld für einen Coach ausgeben zu müssen.

Es gibt ein paar wirklich tolle Trainer für Stimme und Körpersprache. Vinh Giang gehört zum Beispiel dazu. Leider sind sie eine verschwindende Minderheit – und die Chance, dass Sie einen tollen hatten oder zufällig über einen stolpern, ist entsprechend gering. Was unterscheidet die tollen von denen, die Sie getrost auslassen können?

Das ist zum Glück sehr einfach. Es gibt Körpersprache-Trainer, die Ihnen neurologisch fundierte Tipps geben, klare Anweisungen und Regeln, die Ihnen sagen, wie Sie Ihre Hände bewegen sollen und wie nicht – und es gibt die guten. Sie haben richtig gelesen.
Körpersprachetrainer, die Ihnen sagen, wie Sie Ihren Körper bewegen sollen und die Ihnen Tipps für Hände und Posen geben, können Sie getrost ignorieren. Alle. Warum? Aus einem einzigen, sehr folgenschweren Grund:
Weil Tricks nicht funktionieren.

Es gibt bei Körpersprache zwei Sorten von Tricks – und beide funktionieren nicht. Schauen wir erst einmal, welche das sind und dann, wieso sie nicht funktionieren.

Tricksorte eins ist die *Selbsttäuschung*. Der Bleistift quer zwischen den Zähnen oder auch die Gorilla-Machtpose gehören dazu. Der Bleistift aktiviert die Lächelmuskulatur und soll die Stimmung heben. Die Gorilla-Machtpose (aufrichten und sich ganz, ganz groß machen) soll uns Selbstvertrauen geben. Diese Tricks funktionieren die ersten ein- bis dreimal – deshalb denken wir, dass sie funktionieren – und dann nicht mehr.

Wenn ich *wirklich traurig* bin und mich mit dem Bleistift aufmuntern will, dann wird mein Gehirn früher oder später einfach dissoziieren und *bemerken, dass mein Gesichtsausdruck gerade nichts mit meinen wahren Emotionen zu tun hat.*
Das eine hat ja mit dem anderen offenkundig nichts zu tun. Und schwupps, hört der Bleistift auf, zu funktionieren. Das Hirn versteht: *Wir tun nur so.*

Dasselbe bei der Gorilla-Pose. Bedenken Sie bitte Folgendes: Wenn Sie Ihr Gehirn mit so einem Trick hereinlegen wollen, dann ist die Information, dass Sie sich selbst hereinlegen wollen, *ebenfalls in Ihrem Gehirn enthalten*. Die Chance, dass solche Selbsttäuschungstricks Ihnen dauerhaft helfen, ist genau dann hoch, wenn Sie auch gegen sich selbst im Schach gewinnen oder auf Ihre eigenen Kartentricks hereinfallen.

Und wenn Sie bei der Gorillapose schon nichts mehr spüren, sie aber trotzdem weiter einsetzen, sind wir bei Tricksorte zwei: Schauspielen, oder auf Neudeutsch *fake it till you make it.*

Ich habe 18 Jahre lang mit Schauspielern auf der halben Welt gearbeitet und ich kann Ihnen sagen, dass Schauspieler nie wirklich gut werden, solange sie *spielen*. Mein Credo ist *fake it and you will never make it.* Kunstfiguren und Scharlatanerie öffnen dem Imposter-Syndrom – bei dem wir denken, dass alle uns zu Unrecht für kompetent halten und wir jederzeit auffliegen könnten – Tür und Tor.
Mein Rat: Führen wir uns selbst und die anderen nicht an der Nase herum, ziehen wir keine Show ab und bauen wir keine Kunstfigur auf. Nur dann wachsen wir wirklich und nehmen den Erfolg auch als wahrhaft unseren eigenen an.

Aber selbst, wenn Sie diese Einschätzung nicht glauben, gibt es noch einen viel wichtigeren Grund, von derlei Tricks die Finger zu lassen:
Sie funktionieren nicht. Warum funktionieren sie nicht? Das liegt daran, dass unsere Wahrnehmung menschlichen Verhaltens seit sieben Millionen Jahren konsequent auf eine Sache hin perfektioniert wurde: nämlich die,
Tricks zu entlarven.

Nach dieser Vorrede und der Schmähung weiter Teile eines ganzen Berufsstandes wird es jetzt Zeit, das Versprechen einzulösen und Ihnen das Geheimnis der Körpersprache zu verraten:

Menschen – Sie eingeschlossen – schauen bei Körpersprache auf *Kohärenz*. Das bedeutet: *Passt das, was ich sehe, zusammen?* Sind Körpersprache und Stimme natürlich und unbeeinflusst, oder greift der Mensch mit Willkürmotorik in seine Stimme, Gestik oder Mimik ein? Darauf schauen wir, von Kindesbeinen an. Dafür ist es unerheblich, ob wir uns dieser Tatsache bewusst sind, oder nicht.

Überlegen Sie mal: Wenn es *die eine Sache* gäbe, die *eine* Geste oder Pose, mit der Menschen andere einschüchtern, überzeugen, dominieren, bezirzen oder was auch immer könnten – denken Sie nicht, dass sich das inzwischen herumgesprochen hätte und dass einfach alle genau das machen würden? Jeder weiß, wie man Schuhe bindet, darum gibt es dazu auch keine Seminare und Trainings. Schuhe binden ist kompliziert, aber es ist nicht komplex. Wenn man es einmal kann, kann man es auf alle Schnürsenkel anwenden. Körpersprache ist komplex. Es gibt nicht den einen Handgriff oder die eine Technik, mit der wir gezielt einen bestimmten Eindruck machen oder die Zufuhr von Liebe durch das Publikum garantieren können. Wenn diese Dinge so schnell und einfach zu lernen wären, würden wir Menschen dafür nicht so bewundern.

> Teilnehmerfrage einer Führungskräfteveranstaltung 2023: „Sie sind doch Körpersprache-Experte! Dann sagen Sie mir doch mal, was das bedeutet, wenn ich jetzt die Arme so verschränke?" (Er machte es vor).
> Antwort: „Das bedeutet überhaupt nichts. Das ist so, als würden Sie mich fragen, was der Buchstabe *e* bedeutet. Das hängt vom Kontext ab, von dem, was noch drum herum ist."

Menschen, die Ihnen erklären, was bestimmte Gesten, Gesichtsausdrücke, Geräusche, Haltungen oder Bewegungen *für sich genommen und unabhängig* bedeuten, können Sie unbesorgt in Ihrer LAOS[10] aufnehmen. Lisa Feldman Barrett konnte sogar zeigen, dass nicht einmal unsere emotionalen Gesichtsausdrücke universell sind[11].

Mini-Übung zum Kontext von Mimik und Emotionen

Können Sie *Emotionen lesen*? In den USA wurde eine Frau zum Tode verurteilt, weil ein Polizist behauptete, er könne es. Probieren Sie es doch einmal aus und sagen Sie, welche Emotion dieser Mann hat und was folglich die Situation ist. Lassen Sie sich ruhig Zeit.

- Trauernd am Grab seiner Frau
- Überglücklich auf der Hochzeit seiner Tochter
- Erschreckt von einem Gorilla
- Heulend vor Lachen wegen einer Comedy-Performance
- Zutiefst berührt vom musikalischen Auftritt seiner Nichte
- Freude über Lottogewinn
- Erleichtert über die Heilung seines Sohnes

---

[10] **LAOS**: **L**iste: **A**hnungslos-**O**der-**S**charlatan
[11] *How Emotions are made*, Lisa Feldman Barrett, 2017

Welche ist es? Und wieviel Geld würden Sie darauf wetten, dass Sie richtig liegen? Vermutlich können Sie das eine oder andere gefühlsmäßig ausschließen oder finden zumindest einige plausibler als andere. Aber sind Sie sich *sicher*?
Naja: Würde ich in so einem Buch etwas Naheliegendes nehmen – oder etwas Überraschendes auswählen? Und zack, versuchen wir wieder, über den äußeren Kontext Rückschlüsse zu ziehen. *Es gibt keinen starren Zusammenhang zwischen Mimik und Emotionen*[12]. Falls Sie glauben, dass das geht und dass Sie das können, werden Sie viele gravierende Fehlurteile fällen.

Wir können *einzelne Menschen* kennenlernen und lernen, diese einzuschätzen. Dazu müssen wir uns aber auf unsere Intuition verlassen und unser Ego und unsere Eigeninteressen kennen und ausblenden. Der Irrglaube, am Gesicht Gedanken und Emotionen ablesen zu können wie Sätze aus einem Buch, kann Menschenleben kosten. Machen Sie sich also so schnell wie möglich von Glaubenssätzen frei wie „Gerunzelte Stirn steht für..." oder „ich sehe die Zähne, also ist diese Person freundlich", sie sind pures Gift für Ihre Fähigkeit, wirklich in Kontakt mit anderen zu treten, sie zu verstehen *und sich selbst verständlich zu machen*.

Übrigens ist in der kleinen Übung die echte Situation überhaupt nicht aufgeführt – wenn Sie sich auf eine davon festgelegt haben, liegen Sie in jedem Fall falsch. Kommen wir zurück zum Kohärenz-Prinzip der Körpersprache.

---

[12] Sagte auch Yale-Professor Marc Brackett 2024

Kohärenz ist der Grund, warum wir bei Führungskräften so häufig von *Authentizität* und *Integrität* sprechen:

> Integrität bezieht sich auf Vertrauenspfad Nummer eins: Ein integrer Mensch *tut das, was er sagt*. Sein Ansehen ist integer, also *unverletzt*.

> Authentizität ist Vertrauenspfad zwei und bedeutet: Dieser Mensch verstellt sich nicht, er ist offen und ehrlich; er ist *wirklich so, wie er wirkt*. *Wir sehen uns das Eis an, ehe wir überhaupt einen Fuß darauf setzen.*

Wenn Menschen sich bewegen, verbinden sich vereinfacht gesagt Signale aus zwei verschiedenen Hirnregionen: Impulse aus den Basalganglien (evolutionär sehr alten Hirnregionen, die auch viel mit Emotionen zu tun haben) überlagern sich mit Impulsen der Willkürmotorik, die überwiegend aus dem Frontalhirn kommen.

Das Frontalhirn hinter der Stirn hat mehr mit abstraktem, strategischem, planendem und symbolgebundenem Denken zu tun. Wie wir unsere Gesichter, Hände und den Körper bewegen, ist also immer eine Mischung aus absichtlichen und „unabsichtlichen" Bewegungen. Die einen „machen" wir tendenziell, die anderen „passieren" uns eher.

Wenn wir beobachten, dass ein Mensch mit seiner Willkürmotorik *in seine natürliche Körpersprache eingreift*, bekommen wir sofort ein mulmiges Gefühl; wir schöpfen Verdacht. Denn die einzigen beiden Gründe, warum Menschen so etwas tun, sind diese:
der Mensch will uns entweder etwas andrehen oder glauben machen, was er selbst nicht glaubt – oder er will uns etwas verheimlichen. Beide Gründe sind letztlich auf dieselbe Motivation zurückzuführen: *Dieser Mensch will mich täuschen*. Dann denke ich:
Wenn dieser Mensch mir vertrauen würde, würde er nicht versuchen, mich zu täuschen. Also spielt dieser Mensch *gegen mich* – ich muss auf der Hut sein.

Beispiele:

- Wenn er versucht, mich zu blenden oder zu beeindrucken, suche ich nach Beweisen dafür, dass er nicht so gut ist, wie er tut.
- Wenn er versucht, etwas zu verheimlichen, will ich herausfinden, was.
- Will er mich zum Lachen bringen, umgarnen oder überzeugen, stelle ich mich stur.

→ Ich werde denken: Dieser Mensch *will etwas von mir* – und die einzige Art, vor dieser Manipulation sicher zu sein, ist die, *es ihm nicht zu geben*.

Nun ist es so, dass kein Mensch Mimik, Mikromimik, Gestik, Körperausrichtung, Abstand, Betonung, Ton, Energie, Dynamik, verwendete Worte *und* Stimme permanent kognitiv in Echtzeit kontrollieren kann, ohne das natürliche Timing zu ruinieren und sich damit zu

verraten. Die Chancen, dass hierbei dauerhaft ein echter, natürlicher Gesamteindruck entsteht, stehen äußerst schlecht. Darum spielen nur schlechte Schauspieler; sie denken, die anderen würden es nicht bemerken. Wir sind zwar aus Gewohnheit so höflich, das zu ignorieren, wenn jemand auf der Bühne oder auf dem Bildschirm *spielt* – um das Narrativ zu retten – aber wir bemerken es immer.
Darum lieben Zuschauer auf der ganzen Welt es so, wenn auf der Bühne etwas Unvorhergesehenes passiert oder bei Filmaufnahmen *Blooper* passieren: man sieht kurz, wie die Schauspieler *echt sind*.
Gute Schauspieler *verkörpern*, aber das kann nicht jeder einfach so[13].
Das heißt, egal, wie schlau der Trick ist, mit dem ein Mensch in seine Körpersprache eingreift, man sieht immer, *dass er eingreift* – und dass er also täuschen will.

Wenn jemand es gut mit uns meint und mit uns an einem Strang zieht, gibt es keinen Grund, uns zu täuschen. Wenn wir also auf diese Weise schummeln, ist das die wirksamste Methode, um Vertrauensbildung schon im Keim zu ersticken.

Wenn wir aufgrund persönlicher Baustellen, Ängste oder Empfindlichkeiten bestimmte Anteile von uns abschirmen oder verbergen, dann können die anderen nicht sehen, *was* wir verbergen. Sie können also nicht unterscheiden, ob hier ein Selbstschutz-Mechanismus am Werk ist oder eine arglistige Täuschung. (Auch) deshalb müssen Führungskräfte ihre mentale Wohnung

---

[13] Hierzu kommt mehr in Puzzleteil 16

aufräumen. *Die Leute wissen nicht, dass Sie nur die Betten nicht gemacht haben; die denken, Sie haben eine Leiche im Keller.*

Wenn Menschen herausfinden wollen, ob wir vertrauenswürdig sind, schauen sie also als erstes auf Kohärenz: passen das, was der Mensch mir sagen will und das, was er mir gleichzeitig unbewusst sagt, zusammen?

Und zweitens schauen sie natürlich besonders auf das, was derjenige Teil ausdrückt, den wir *unabsichtlich* sagen: die nicht-willkürliche Motorik. Über diese drücken wir nämlich unsere ganzen wahren Meinungen aus, ohne Unterbrechung, solange wir wach sind. Mentalisten sind keine Zauberer, sie beobachten einfach bewusst das, was Menschen mit ihrer Körpersprache vor sich hinplappern. Menschen reden mit ihrem Körper ohne Unterbrechung, die ganze Zeit. Körpersprache-Experten wie Keith Johnstone, Joa Navarro oder Peter Brook wissen und wussten das schon lange. Und selbst, wenn wir eine Maske vielleicht nicht immer sofort *durchschauen* und wissen, was dahinter ist, wir sehen sofort, *dass* es eine Maske ist – und dann werden wir skeptisch.

Handlungen wie „mit den Fingern aufzählen" sind auf der Ebene von Authentizität irrelevant, wir schauen mit großer Routine und Treffsicherheit auf *Verhalten* und *die Haltung dahinter*. Menschen sind offene Bücher und kommunizieren nonstop, was sie a) über sich, b) über die anderen und c) über die Art der Beziehung zu den jeweils anderen denken. Und alle Menschen lesen das,

auch diejenigen, die keine Körpersprache-Gurus sind.
Auch Kinder und sogar Hunde[14] bemerken sehr schnell,
wenn ein Mensch falsch ist.

Zu Menschen, die wir unberechenbar finden, weil sie uns etwas vorspielen und eben nicht authentisch sind, können wir kein Vertrauen und keine Beziehung aufbauen. Studien zeigen zum Beispiel, dass ein wichtiger Faktor für die Entstehung von Freundschaft das Gefühl ist, den anderen vorhersagen zu können[15].

Deshalb arbeiten gute Führungskräfte und ihre Coaches nicht an Verhalten oder pseudowissenschaftlichen Neuro-Hacks und Körpersprache-Tricks, sondern an der Haltung.

Wer die richtige Art der Motivation und Haltung hat, braucht sich bei Begegnungen mit Menschen um seine Wirkung keine Sorgen mehr zu machen.

Und weil Sie bis hier gelesen haben, verrate ich Ihnen in Kapitel 16, wie „der Bleistift" und die „Gorilla-Pose" eben doch funktionieren können.

---

[14] *Third-party social evaluations of humans by monkeys and dogs*, James R. Anderson, 2017
[15] *Similar neural responses predict friendship*, 2018, Carolyn Parkinson

Anekdoten, Beispiele, Konkretes

Vertrauen durch Authentizität

Während der Pandemie 2021 wird der neue CEO eines Fortune-100-Unternehmens im Rahmen einer großen, virtuellen Zeremonie intern verkündet. Im Zuge dieser Veranstaltung wird er vorgestellt und dann vor weltweit versammelter Belegschaft gefragt:
„Was brauchst Du jetzt von uns?"
Daraufhin springt das Kamerabild zu ihm. Er zieht die Augenbrauen hoch, sieht in die Kamera und sagt:
„Hilfe?"
Wie kann man *mit einem einzigen Wort* so viel Vertrauen schaffen? Es ist eine große, komplexe Aufgabe, einen Multimilliarden-Konzern erfolgreich in die Zukunft zu führen – und anstatt den Menschen Geschichten und von Visionen zu erzählen, um sie zu mit Zuversicht zu erfüllen, sagt er: Das ist schwierig, wir schaffen das nur gemeinsam, ich bin offen für alles, was ihr mir anbietet, ich bin auch nur ein Mensch. Aber er *sagt* das nicht alles, er *zeigt* es. Seine Haltung wird sichtbar. Es wird sichtbar, wie er wirklich ist. Er musste auch nicht lange überlegen, was er sagt und sich keine Rede ausdenken, weil seine Haltung bereits durch dieses eine Wort in einer Weise klar wurde, die er mit keiner Rede hätte übertreffen können.
Menschen haben fast immer vorbewusst eine Skepsis gegenüber dem, was Leute sagen. *Reden kann man viel und geredet wird auch viel*. Hätte der CEO gesagt: „Das ist eine schwierige Aufgabe, wir schaffen das nur gemeinsam, ich bin offen für alles, was ihr mir anbietet,

ich bin auch nur ein Mensch", dann hätte er etwas *behauptet* – und manche hätten es geglaubt, andere nicht. Durch seine *spontane, authentische Erwiderung* konnten die Menschen sehen, was seine Haltung ist; er konnte sie *beweisen*. Und das ist der Grund, warum Haltung *unbesiegbar* ist: Sie liefert unfälschbare Beweise und schafft dadurch Vertrauen. Sie spart also nicht nur Arbeit beim Redenschreiben und Energie im Alltag, sie ist auch unübertroffen in ihrer Fähigkeit, Menschen zu überzeugen und mitzureißen. Mehr hierzu in Kapitel 16.

Hieraus filtriert die folgenden Tipps:

1. Bleiben wir bescheiden. In einem großen Unternehmen gibt es für *alles*, was wir können, jemanden, der oder die das besser kann als wir.

2. Bleiben wir nahbar, bleiben wir Mensch, erhalten wir uns unsere Empathie. Man weiß, dass mit hierarchischem Aufstieg die Empathie sinkt. Verhindern wir das. Denn Empathie und soziale Kompetenzen sind das, was neben unserer Fachkompetenz unseren Aufstieg befördert hat und befördern wird, wenn wir sie erhalten.

3. Bleiben wir im *Werden*, anstatt uns darin auszuruhen, etwas zu *sein*. Bleiben wir *glücklich unzufrieden* und lernen wir immer weiter.

Haltung gewinnt. Sie ist das Resultat einer echten, beständigen Investition, zu der es keine Abkürzung gibt.

Nachtrag: Weil *„Was mache ich mit den Händen?"* die häufigste Frage von Menschen ist, die beginnen, vor anderen zu sprechen, hier die Lösung zu diesem klassischen Problem:

Erstens: Sie denken nur über Ihre Hände nach, weil Sie plötzlich kontrollieren wollen, wie Sie auf andere wirken. Sie denken an *sich*. Mitreißende Redner tun genau das nicht.
Spüren Sie stattdessen Ihre *Begeisterung* über das, wovon Sie sprechen. (Wenn Sie nicht begeistert sind, wer soll es dann sein?)
Lassen Sie das Gefühl kommen und sich davon energetisieren. Spüren Sie es in sich aufsteigen und genießen Sie es. *Sie mögen diese Leute, und es ist wichtig, dass sie Ihre Inhalte verstehen*.

Und dann zweitens: *Halten Sie keinen Vortrag*. Stattdessen *erklären* Sie den Anwesenden alles, was wichtig ist. Und zum Erklären gehört auch, dass sie nachsehen, ob Ihr letzter Gedanke angekommen ist und ob die Leute ihn verstanden haben. Falls nicht, erklären Sie es nochmals anders.

Formulieren Sie hierfür drittens frei, anhand von einzelnen Stichworten (um das zu können, müssen Sie sich mit der Sache auskennen, von der Sie sprechen; darum vertrauen Ihnen umgekehrt die Zuhörer mehr, wenn Sie frei sprechen). So treten Sie mit den Menschen wirklich in Kontakt und nehmen sie mit. Geben Sie Ihr Bestes und überlassen Sie es denen, wie die Sie finden.

Viertens: Seien Sie dabei unverbissen und nehmen Sie sich und Ihr Thema nicht übertrieben ernst – die Menschen werden an Ihren Lippen hängen.

Und dann noch ein wichtiger Hinweis, falls Sie beim Präsentieren aufgeregt sind: Halten Sie die Füße still. Zwar fragt nie jemand danach, was er oder sie mit den *Füßen* machen soll, aber hier liegt ein Geheimnis zur Selbstberuhigung und einem starken Auftritt:

Stellen Sie sich vor, Ihre Fußsohlen kleben am Boden, während Sie sprechen. Trippeln auf der Stelle geht nicht, weil die Sohlen am Boden festkleben.
Sie dürfen zwar den Ort wechseln und woanders hin gehen, aber es gilt die Regel: *Entweder ich gehe, oder ich stehe.*

Falls Sie ganz neu sind beim Vornestehen:

Beginnen Sie zunächst mit der Zusatzregel, dass sie entweder gehen *oder* sprechen. Ich beende also meinen Satz, gehe hinüber zu der Stelle, an die ich will und dort spreche ich weiter. Brechen Sie diese Regel erst, wenn Ihre Füße beim Vortrag nicht mehr unruhig sind.

Jeder Gang, jede Drehung, jeder halbe oder ganze Schritt bedeutet *einen Aussagesatz*. Ich demonstriere diesen Effekt gerne in einer etwa dreißig Sekunden dauernden Vorführung:

Ich spiele eine sehr kurze Szene mit einer Person. Die Person fragt mich: „Liebst Du mich noch?" und ich antworte: „Ja." Wir spielen mehrere Varianten davon:

Einmal sage ich „ja" und mache dabei einen ganzen Schritt (mit beiden Beinen) auf die Person zu.

In der zweiten Version der Szene nur einen halben Schritt (mit einem Bein).

In der dritten Variante mache ich dabei einen halben Schritt *zurück*.

Oft geht ein Raunen durch das Publikum, weil der Effekt so stark ist und weil die Leute plötzlich verstehen, wie universell und machtvoll das ist; und auch, wie sehr sie auf diese „im Körperausdruck liegende Wahrheit" reagieren und wie sie die verbale Aussage („Ja, ich liebe dich noch") dazu ins Verhältnis setzen.

(In der ersten Variante ist die Aussage wahr. In der zweiten stimmt sie, *aber etwas hält mich zurück*. In der dritten Variante ist die Aussage unwahr: Dann wollen alle herausfinden, ob die Figur sich selbst täuscht oder ob sie lügt.)

Die Teilnehmer verstehen in diesem einen kurzen Beispiel, dass sie alle höchst kompetente Leser von Körpersprache sind, aber dass fast niemand das bewusst durchdrungen hat. *Wir können andere Menschen nicht dauerhaft täuschen.*

Wir halten fest: Tricks funktionieren nicht. Wir versuchen nicht, die anderen zu täuschen. Sich selbst zu regulieren, ist aber erlaubt. Das mit den festgeklebten Füßen ist kein Trick, es hilft *Ihnen*. So, wie es hilft, vor dem Vortrag einmal tief durchzuatmen. Und das würden wir niemandem als Täuschungsversuch vorhalten, oder?

Sie dürfen und sollen selbstverständlich auch gerne *lächeln*, bevor Sie auf die Bühne gehen. Aber verwenden Sie dafür besser keinen Stift zwischen den Zähnen und ziehen Sie bitte kein maskenartiges Grinsen auf.

Sechstens: Wenn Sie aufgeregt sind, sagen Sie es. Es ist ein Kompliment für die Anwesenden, macht Sie nahbar und souverän.

Und siebentens: Viel Spaß! *Genießen Sie die Aufregung*. Denn so überwältigend Aufregung besonders am Anfang sein kann, so sehr wir auch ein mulmiges Gefühl haben, weil wir nicht alles kontrollieren können; Diese Aufregung ist genau eines nicht: langweilig. Und das wäre viel schlimmer.

Sehen Sie die Aufregung wie die einer Achterbahnfahrt und verabschieden Sie sich von der Idee, dass es genau auf die Art gut werden muss, wie Sie sich zuvor ausgedacht haben. *Es wird gut* – lassen Sie sich vor Ort davon überraschen, wie.

Puzzleteil vier: Realitätsbevollmächtigung

Eingangs hatte ich erwähnt, dass die Puzzleteile aus sehr verschiedenen Domänen stammen und dass möglicherweise nicht gleich ersichtlich ist, wie sie zusammenhängen (wie bei jedem guten Puzzle). Auch von der Körpersprache zu diesem Kapitel ist wieder ein Sprung, den mitzumachen sich für Sie erst in einigen Seiten rentieren wird.

Frage:	Was heißt „Realitätsbevollmächtigung" und was hat das mit Führung zu tun?
Antwort:	Das Konzept erklärt, wie unser Bildungssystem und unsere Organisationsformen Realitäten schaffen; dieses Kapitel bildet einen Teil des Wissensfundaments, das wir in Kapitel sieben brauchen.

Viele Dinge werden uns gezielt und hochoffiziell beigebracht. Dinge wie Bruchrechnung, das Lenken eines Fahrzeuges, wie die Planeten heißen oder wie viele Kalorien 100 Gramm Brokkoli haben. Obwohl ein Mensch im Laufe seines Lebens eine beachtliche Menge an derartigem ausgesprochenem Wissen ansammeln kann, wird diese Menge mühelos in den Schatten gestellt von denjenigen Dingen, die wir *implizit lernen*, die wir also aufschnappen oder im Vorbeigehen verstehen. Zu diesen Dingen gehört zum Beispiel, wieviel Abstand man in welcher Situation zu anderen Leuten hält, welche Lautstärke oder welcher Ton angemessen sind, welche Kleidung oder Sprechweise zu welcher Gesellschaftsschicht gehört und eine Million anderer Dinge, ohne deren Kenntnis wir überall schnell anecken würden. Wir lernen sie von klein auf am Modell, durch Nachmachen.

Eines der Dinge, die wir im Laufe unseres Lebens implizit lernen, ist, wie Lernen und Arbeit, ja Menschengruppen überhaupt *organisiert sind*. Und das folgt vom Kindergarten über die Grundschule und die weiterführende Schule über Ausbildung oder Studium bis ins Berufsleben, über Bundeswehr, Zivildienst und Sportvereine immer demselben Schema: Eine Person steht vorne und gibt Anweisungen und Mitglieder der Gruppe führen diese aus. Tun einzelne Mitglieder dies aufgrund von Inkompetenz, Performanzfehlern oder mangelnder Motivation in unbefriedigender Weise, dann verwarnt und bestraft die vorne stehende Person die jeweiligen Individuen.

Unser gesamtes Bildungs- und Erziehungssystem basiert im Kern (um den herum es eine wachsende Anzahl begrüßenswerter Ausnahmen gibt) noch immer auf gewaltsamer Unterwerfung. Managementtrainerin Vera Birkenbihl nannte unsere Schule deshalb „militarisiert". Dies wird zwar kaschiert durch den Wechsel von ehrlicher, offener Gewalt (dem Rohrstock, mit dem ein Lehrer den Kindern früher auf die Finger oder aufs Gesäß gehauen hätte) hin zu Gewaltformen, deren Spuren mit dem bloßen Auge schlechter zu sehen und schwieriger nachzuweisen sind – das Prinzip *Wenn Du Dich wehrst, tue ich Dir weh* bleibt aber dasselbe. Studien konnten zeigen, dass Spott und Ausgrenzung durch den

Lehrkörper oder das Erteilen schlechter Noten und Bewertungen in den Kindergehirnen dieselben Schmerzareale aktivieren wie physischer Schmerz[16].

Menschen sind Rudeltiere; beißender Spott, Ausgrenzung und die Drohung, dass das Kind bei genügender Anzahl schlechter Noten aus dem Rudel geworfen wird, aktiviert zuverlässig irrational überhöhte Urängste. Diese Reaktion wird bei Kindern in systematischer Weise ausgenutzt und ihnen als Verhaltensroutine vertraut gemacht. Beim späteren Erwachsenen ist dieser mentale Vorgang dann bereits angelegt und kann bei Bedarf wieder genutzt werden. In einzelnen Fällen kann man hier von Traumata sprechen, wenngleich das sicher nicht die Norm ist.

Übrigens macht unser deutsches (Aus-)Bildungssystem mit seiner grundsätzlichen Disziplinierungsorientierung einen strategischen Fehler, den sich viele Menschen ebenfalls zeitlebens (unbewusst) abschauen. Menschen unter Druck zu setzen und sie anzutreiben ist eine Strategie, die auf exakt ein Szenario gemünzt ist. Die Druck-Strategie ist genau dann wirksam, wenn der limitierende Faktor für die Leistung *die Motivation ist*. Druck kann nur helfen, wenn die Person unmotiviert ist. Das kann natürlich in jeder Organisationsform mal vorkommen, aber mit der Druck-Strategie gibt es in der Bildung und im Leben danach (mindestens) drei Probleme:

---

[16] Die Hirnregion ist der Gyrus cinguli. *Does Rejection Hurt? An fMRI Study of Social Exclusion*, Naomi Eisenberger, Science Magazine, Ausgabe 302, 2003

1. Motivation ist nicht immer der limitierende Faktor. Zum Beispiel kann man manchmal nicht alle Parameter des Problems kontrollieren (das Wetter, Kollegen, Kunden). Manchmal weiß man nicht, wie das Problem zu lösen ist, es bestehen Fehlannahmen oder Interessenskonflikte. Manchmal fehlen Informationen; oder Vorgaben und Wirklichkeit passen nicht zusammen. Dinge eben, die auch einem motivierten Menschen im Wege stehen können.

2. Druck skaliert nicht. Die Rohrstock-Logik enthält die versteckte Annahme, dass sich Leistungsfähigkeit proportional zur Leistungsbereitschaft verhält. Aber ein Pferd springt eben nicht doppelt so hoch, wenn man es doppelt so fest schlägt.

3. Übermäßiger Druck führt zu Panik, die sich negativ auf die Leistung auswirkt und bis hin zum Totalversagen führen kann. Zudem ist „Druck" im psychologischen Sinne immer eine Metapher für „Angst", und die ist für kognitive und kreative Tätigkeiten aller Art grundsätzlich giftig, wie man seit geraumer Zeit schon weiß.

Trotz dieser erheblichen Mängel und des sehr schmalen Anwendungsgebiets ist diese Druck-Methode auch heute noch in vielen Unternehmen, Organisationen und auch im alltäglichen Miteinander von Menschen Teil des Standard-Repertoires.

Bevor Sie also das nächste Mal Druck auf jemanden ausüben, überlegen Sie doch kurz, ob das Problem *in diesem Moment noch* gelöst werden kann und ob es durch eine höhere Motivation des Drucknehmers allein gelöst werden kann.

Zu diesen „Jemanden", auf die wir in Krisensituationen Druck ausüben, gehören übrigens auch und insbesondere wir selbst. Der Hohn, die Strafen, die Beschimpfungen, die intensiven Emotionen, mit denen Erwachsene während unserer Kindheit vielfach auf uns einwirken, werden *internalisiert*, wie das in der Psychologie heißt. Sie werden Teil unseres vorbewussten Verhaltens und unseres internen Kommunikationsverhaltens. Die *inneren Kritiker* sind „Sigmund Freuds Quälgeist gewordenes Über-Ich" und einer der wichtigsten Begrenzer von Zufriedenheit und Lebensqualität.

Wir regulieren uns selbst, damit das kein Erwachsener mehr für uns tun muss. Das ist prinzipiell großartig und eine Grundsäule unserer Zivilisation. Aber dass das mit Demütigung und autoaggressivem Schmerz einhergeht, ist völlig überflüssig und stellt die verbreitetste und nutzloseste Form von Misshandlung dar.
Wenn eine von diesen Stimmen im Kopf mal wieder herzlos zu Ihnen ist, fragen Sie sie doch mal: „Sag mal, wie *redest* Du denn eigentlich mit mir?"
Das könnte der Auftakt zu einer sehr weitreichenden Selbstbefreiung werden.

Um den ersten springenden Punkt dieses Kapitels nochmals aufzugreifen: Menschen lernen schon früh im Leben implizit, *wie der Hase läuft*. Und der läuft in fast allen etablierten Organisationsformen nach demselben Muster ab – obwohl die *Individuen* in diesen Organisationsformen natürlich innerhalb dieses Settings äußerst verschieden auftreten und handeln können. Ich bin mir sicher, dass wir alle schon den Unterschied zwischen einer *autoritären* Person und einer *mit Autorität* erlebt haben und deutlich fühlen können. Ich selbst hatte das Glück, zumindest ein paar sensationelle Lehrer zu haben und will keinesfalls andeuten, dass alle Erzieher oder Lehrer eine Form von despotischem Regime führen. Es ist nur so, dass die Art, wie wir Menschen organisieren, ihnen grundsätzlich alle Möglichkeiten dazu gibt. Die guten müssen hierauf weit weniger zurückgreifen als diejenigen, die sich nicht anders zu helfen wissen. *Wer autoritär ist, demonstriert damit seine Inkompetenz.*

Der letzte springende Punkt dieses Kapitels ist sein Namensgeber, die „Realitätsbevollmächtigung."
Die vorne stehende Person ist nicht nur dafür da, uns anzuleiten und in die Spur zu bringen – sie bewertet uns auch. Sie *schafft Fakten* und ist die Referenz dafür, was *wirklich war*. Wenn meine fiktive Schuldirektorin wissen will, ob ich ein guter Schüler bin, fragt sie nicht mich. Sie fragt meine Lehrer oder schaut in meine Zeugnisse. *Was ich glaube, ist in dieser Hinsicht unerheblich*. Diesen Punkt müssen wir uns für das nächste Kapitel merken:

> Die Person, die vorne steht, erschafft mit ihrem Urteil und ihren Aussagen eine *Realität*, die allen als Referenz dient.

Die Anerkennung durch die Person, die vorne steht, entscheidet über eine Realität, die andere nicht ignorieren können. Zukünftige Vornesteher aller Art orientieren sich in der Regel an den gesammelten Urteilen früherer Vornesteher und entscheiden anhand dieser, ob sie sich überhaupt einen persönlichen Eindruck von uns machen werden.

Lehrer, Chefs, Ausbilder, Professoren, all diese Leute, die vor uns gesetzt werden, erschaffen also Realitäten, die Interpretationen von uns enthalten. Wer tut das noch? Mit dieser Frage kommen wir zum nächsten Puzzleteil.

Puzzleteil fünf: Weltbild und Selbstbild

Dieses Puzzlestück scheint wieder weit auszuholen, wir fügen es aber schon im übernächsten Kapitel mit zwei vorherigen zusammen.

Frage:	Was sind Weltbild und Selbstbild und wofür brauchen wir sie?
Antwort:	Wir brauchen sie zur Orientierung. Dass wir sie haben, hat wichtige Implikationen für den Führungsalltag, wie wir in Kapitel sieben sehen werden.

Die Hauptaufgabe unseres Gehirns ist es, den Körper so zu bewegen, dass er überlebt (und sich reproduzieren kann).[17] Alle anderen Funktionen sind dieser Kernfunktion als Zulieferer untergeordnet. Hierzu gehört in erster Linie ein Wahrnehmungsapparat, der Informationen sammelt und auswertet.

Gehirne versuchen über diesen Wahrnehmungsapparat im Wesentlichen, *die Zukunft vorherzusagen*. Hierfür werden die Sinnesdaten über die Umgebung und das Innere des Körpers zu einem Kontext zusammengefügt, der *Realität*. Diese wird wiederum auf bestimmte Merkmale hin abgetastet – das sind im Kern *Gefahren* und *Chancen*. Also: Bin ich im wilden Wald und muss fürchten, einem Wolfsrudel zu begegnen? Oder bin ich auf einer Party und muss aufpassen, bei den Schnittchen

---

[17] *The True Reason for Brains*, Daniel Wolpert, 2011

nicht zu kurz zu kommen? (Egal, ob es jetzt die Schnittchen am Büffet sind oder die auf der Tanzfläche). Die Fragen sind also stets: Worauf muss ich aufpassen? Wo drohen Risiken, Verlust und reale oder abstrakte Gefahren, wo drohen Opportunitätskosten durch nicht genutzte Möglichkeiten? Welche *Anzeichen* von Chancen oder Risiken bemerke ich?

> Philosophischer Nano-Exkurs:
>
> In der Wirklichkeit gibt es keine Geräusche, keine Formen, keine Farben, keine Dinge/Objekte/Gegenstände und keine Ereignisse. Das Universum (die Wirklichkeit) kennt solche Dinge nicht.
>
> All diese Sachen gibt es nur in Gehirnen. Sie sind das Ergebnis eines kreativen, also erschaffenden Prozesses, den wir *Wahrnehmung* nennen.
>
> Die Gesamtheit des Erlebens, die durch diesen Prozess entsteht, also die 3D-Echtzeitsimulation voller Farben, Töne, Emotionen, Temperaturen, Gedanken, Wünschen, Druck-, Lage- und Beschleunigungsgefühlen, Schmerz, Wohlbefinden, Erinnerungen und Assoziationen nennen wir unsere *Realität*.
>
> Realitäten sind grundsätzlich unikat, jede erlebte Sekunde ist *einmalig in der Geschichte des Universums*, aber zum Glück haben die menschlichen Realitäten gewisse Ähnlichkeiten, die es uns erlauben, uns überhaupt miteinander zu verständigen.

Menschen (und andere Gehirnbesitzer) integrieren also verschiedenste Sinnesqualitäten zu einem Gesamterlebnis, das dann ihre Realität ist. Beim Menschen geht dieses Abbild der Welt weit über das *Hier und Jetzt* hinaus; es enthält neben Erinnerungen zum Beispiel auch die Konzepte von entfernten Orten, abwesenden Personen, der Zukunft und vielen abstrakten Zusammenhängen.

Wir haben einen gewissen Einblick in verschiedene Aspekte einer riesigen, hochkomplexen Welt und haben das Gefühl, dass wir bestimmte Dinge verstehen, miteinander ins Verhältnis setzen und gewisse Vorhersagen machen können, auch solche, die über die unmittelbare Situation hier vor Ort hinaus gehen. Wir haben ein Bild von der Welt, das auch zeitlebens verfeinert werden kann. Und dieses Weltbild enthält insbesondere Konzepte von verschiedenen Personen, allen voran *uns selbst*.

Unser Selbstbild, als Teil unseres Weltbildes, ist eine Art Geschichte, ein fortlaufendes Narrativ. Und ein Narrativ, eine Erzählung ist prinzipiell niemals objektiv oder neutral. Ein Teil unseres Selbstbildes ist in der Regel geschönt. Das ist wichtig für unser Selbstvertrauen, unsere Motivation und Handlungsfähigkeit. Andere Teile unseres Selbstbildes können hingegen negativ verzerrt sein. Ein typischer Mechanismus für positive oder negative Darstellung ist der Fundamentale Attributionsfehler[18]. Der funktioniert kurz gesagt so: Für eine positive Darstellung, zum Beispiel bei uns oder

---

[18] *Sozialpsychologie*, E. Aronson, 2008

Leuten, die wir mögen, führen wir Erfolge auf die fabelhaften *Eigenschaften* zurück, Misserfolge und Fehltritte hingegen auf die äußeren Umstände. Bei Menschen, die wir negativ beleuchten wollen, machen wir es umgekehrt. Auch bei uns selbst.

Negativ beleuchtete Bereiche bei uns selbst sind öfters unsere *Kompetenzfelder*. Das kann bis zum *Imposter Syndrom* reichen, unter dem Menschen glauben, dass sie oder ihre Leistungen nicht gut genug sind oder von anderen überschätzt werden. In der Regel positiv bewertet ist hingegen unsere Absicht, unsere Haltung:

In aller Regel halten wir uns für *gute Menschen*. Zumindest in dem Sinne, dass wir grundsätzlich gutartig sind, niemandem von uns aus ein Leid antun wollen, dass wir uns anstrengen; gute Menschen sein *wollen*, dass wir mindestens eine Handvoll guter Eigenschaften haben, darunter ein gutes Herz. Mindestens unsere *Absicht* halten wir für gut. *Das gilt auch für die größten Schurken.*

Wir halten also fest, dass Menschen ein Bild von der Welt und ein Bild von sich selbst haben; und dass dieses Selbstbild *eine Geschichte ist, die in unserem Kopf zumeist mit wertendem Tonfall erzählt wird.* (Gönnende, nörgelnde und schimpfende Stimmen in unserem Kopf kennen wir gut, oder?). Menschen finden sich und ihr Streben (moralisch) gut. Das ist normal und auch gut so.

Puzzleteil sechs: Neurone feuern!

Auch in diesem Kapitel nähern wir uns dem Thema von einer ganz anderen Seite. Diesmal beginnen wir wieder im Gehirn.

Frage:	Wie funktioniert das Gehirn grundsätzlich und: was ist Konzentration?
Antwort:	Keine Angst, dieses Kapitel ist sehr kurz und behandelt nur so viel Neurobiologie wie nötig.

Beim Versuch, Menschen zu beschreiben, wie Gehirne ungefähr funktionieren, wurden historisch immer wieder Vergleiche mit Computern gemacht. Das ist verständlich, aber leider tragisch, weil es total in die Irre führt. Durch neuromorphe Chips und durch große Sprachmodelle kommen Computer zwar endlich der Funktionsweise von Gehirnen entgegen, klassische Computer mit von-Neumann-Architektur und siliziumbasierten Transistoren funktionieren aber *fundamental anders*. Der Vergleich ist so wenig brauchbar, als würde man sagen: „Eine Handballspielerin ist so ähnlich wie ein Schachbrett mit zehn Milliarden Bauern."
Kurz gesagt: nein.

Ein Transistor ist ein (extrem kleiner) Schalter, der *zwei* Eingangssignale in ein Ausgangssignal umwandelt. Und das genau einmal pro Systemtakt. Jedes einzelne Neuron im Gehirn hat hingegen zwischen Dutzenden und *Zehntausenden* von Eingangssignalen und gibt sein abgestuftes Ausgangssignal an Dutzende bis Zehntausende anderer Neurone weiter. Die einzelnen Ein- und Ausgänge, die *Synapsen*, sind durch ihre Position am Neuron *und* durch situative, chemische Justierung unterschiedlich *gewichtet*[19]. Und es werden täglich Millionen von Synapsen abgebaut und ständig werden von den ca. 30 Prozent brachliegenden Synapsen viele für neue Abläufe aktiviert und eingebunden[20]. Von *Neuroplastizität* haben Sie vielleicht schon gehört; sie soll das lebenslange Lernen durch das vereinzelte Nachproduzieren von Neuronen ermöglichen. Dieser Stand ist veraltet. Darum spricht man inzwischen von *synaptischer Plastizität*.

Die Verbindungen zwischen den Neuronen gibt es in zwei Wirkrichtungen: Anregend und dämpfend. Im einen Fall wird die Aktivität eines Neurons ein anderes „anstecken" und ebenfalls aktivieren; im anderen Fall bringt die Aktivität das empfangende Neuron zum Schweigen. Wir halten also fest: *einzelne Neurone bringen mit ihrer Aktivität manche dazu, mitzumachen, und andere dämpfen sie durch ihre Aktivität ab.*

Das gilt aber nicht nur für einzelne Nervenzellen. Das Gehirn hat in seiner Struktur zahllose Abläufe, Prozeduren, Programme gespeichert, die (hoffentlich) im passenden Moment aktiviert werden. Um eine sinnvolle Handlung durchzuführen, müssen aber auch Abläufe, die damit nichts zu tun haben, gedämpft

---

[19] *A Thousand Brains: A New Theory of Intelligence*, Jeff Hawkins, 2021
[20] *Filipodia are a structural substrate for silent synapses in adult neocortex*, Mark Harnett, *Nature*, 2022

werden. *Sich zu konzentrieren* bedeutet im Wesentlichen, die Prozesse einer Tätigkeit gezielt zu verstärken, während andere Dinge gezielt ausgeblendet werden. Menschen, die mit diesem Prozess Schwierigkeiten haben, werden oft mit ADS oder ADHS diagnostiziert. Es ist knifflig, in einem Raum voller Menschen einem Gespräch zuzuhören, wenn man alle Gespräche gleich deutlich wahrnimmt. Deshalb gehört es zur Grundfunktion von Gehirnen, dass nicht nur einzelne Neurone sich gegenseitig aktivieren und dämpfen, sondern dass ganze Programme und Themenbereiche sich gegenseitig aktivieren und dämpfen.

Verschiedene Prozeduren im Gehirn aktivieren also diejenigen Teile, die sie brauchen, während sie zur Hemmung von Teilen beitragen, die stören würden. Eine sehr große, wichtige, zentrale Steuereinheit, die wir zusätzlich hierfür besitzen, ist die *Aufmerksamkeit*. Sie ist unsere rarste Ressource, weil wir nur eine besitzen. Wir können uns immer nur auf eine Sache konzentrieren. Wir können natürlich unsere Aufmerksamkeit ausdehnen und *den Raum spüren*; uns die Stadt, den Kontinent und den Planeten um uns herum vorstellen, aber dann ist eben das die eine Sache, auf die wir uns konzentrieren.

Sich zu konzentrieren bedeutet, den Signalverstärker, den wir im Frontalhirn haben, einzusetzen, um einen ausgewählten Prozess zu stabilisieren. Als Sie gelernt haben, Fahrrad zu fahren und alle Bewegungen noch bewusst gemacht haben, haben Sie sich konzentriert: Ihre Aufmerksamkeit hat die relevanten Unterprozesse verstärkt und alles Störende so weit wie möglich ausgeblendet.

Die Aufmerksamkeit ist ein bisschen wie ein Bühnenstrahler im Theater. Das ganze Licht fällt gebündelt auf die Hauptdarstellerin. Anders als im Theater, wo es durch die Wände und Decke „ohnehin dunkel" ist, sorgt die Aufmerksamkeit aktiv dafür, dass der Rest der Bühne, die anderen Darstellerinnen und das Publikum sinngemäß „abgedunkelt" werden.

In einem permanenten Wechselspiel aus Aktivierung und Hemmung greift ein globaler Aktivierer und Hemmer gezielt ein, um übergeordnete Aufgaben verfolgen zu können. Diesen globalen Aktivierer und Hemmer nennen wir die *Aufmerksamkeit*. Weil wir davon nur eine haben, ist *Achtsamkeit*, also die Kunst des gezielten Einsatzes dieser Aufmerksamkeit, ein zentrales Werkzeug des Selbstmanagements.

Praxistipp Kreativität & kreatives Problemlösen

Stellen Sie sich eine Problemlösung oder ein Projekt zunächst vor wie ein simples Computerspiel, bei dem Sie eine kleine Figur durch eine Landschaft steuern müssen. Manche Orte zu erreichen, bringt Punkte, es gibt aber auch unbekannte Geländehindernisse und vielleicht Gefahren. Wir sehen die Figur von oben und immer nur die unmittelbare Umgebung der Figur.

In dieser Metapher entspricht *Wissen* der Kenntnis über die Landschaft. Manche Hindernisse, Zielpunkte und Engstellen sind vielleicht schon bekannt. Wenn wir einen Zielpunkt kennen, steuern wir direkt darauf zu. Das entspricht *konvergentem Denken*. Wir halten also auf der angenommen kürzesten Distanz auf das Ziel zu. Wenn Hindernisse auftauchen, umgehen wir sie, indem wir die Richtung wechseln. (Haben wir ein Hindernis schon auf der Karte, werden wir es schon früh in einer eleganten, effizienten Kurve umgehen, anstatt erst dagegen zu rennen und dann quer zum Ziel am Hindernis entlangzulaufen in der Hoffnung, dass man auf den Zielpfad zurückkehren kann).

Es kann passieren, dass der Weg *direkt auf einen Zielpunkt zu* sich als Sackgasse erweist und dass man einen Umweg, oder ein anderes Ziel, oder eine andere Fortbewegungsmethode, oder eine komplett andere Spielweise des Spiels finden muss. Das zu erwägen entspräche dann *divergentem Denken*.
Wenn wir an Lösungen tüfteln, dann vollzieht ein kreatives Gehirn ein Wechselspiel aus konvergentem und divergentem Denken, aus Festhalten und Loslassen, aus Zielfokussierung und Umdenken, aus Antworten und Fragen.

Wenn Sie sich andauernd auf das Problem und das Ziel *konzentrieren*, werden Sie Hirnprozesse und Konzepte hemmen, die scheinbar nichts damit zu tun haben. Damit fällt aber auch die Möglichkeit weg, zum Beispiel einen Quertransfer aus einem anderen Lebensbereich durchzuführen, Dinge ihrem intendierten Zweck zu entfremden oder originelle Lösungen zu finden. Sie denken dann nur oder zu viel konvergent.

Wenn Sie sich *nie* auf das Problem und das Ziel konzentrieren, dann irren Sie ziellos umher, können nicht priorisieren oder handeln und kommen nie irgendwo an.

Bei größeren Projekten und komplexeren Problemen ist es daher neurologisch günstig, wenn Sie sich abwechselnd darauf konzentrieren und daran arbeiten und es *zwischendrin auch mal gut sein lassen*. Kreative brauchen Phasen, in denen sie angstfrei, unfokussiert und frei sind, damit der Geist im Hinterkopf *mit dem Problem spielen kann*, ohne gehemmt zu werden und ohne sich an soziale Normen und Erwartungen halten zu müssen.

Je mehr Zeit Sie sich lassen, um das Problem von allen Seiten zu beleuchten, es zu kauen und damit zu spielen, *ehe Sie etwas entscheiden*, umso besser wird Ihre strategische Entscheidung. Hierzu später mehr.

Gehen Sie mit dem Problem schwanger und lassen Sie Ihren Hinterkopf die Arbeit machen. Je mehr Lust Sie auf ein Thema haben und je weniger Druck und Angst, desto besser funktioniert diese Methode.

Als Führungskraft sollten Sie Ihren Mitarbeitern so oft wie möglich Zeit und Räume geben, um auf diese Art an komplexen Themen zu arbeiten.

> Um Probleme zu lösen, brauchen Menschen *Scharfsinn* und *Witz*.
>
> *Scharfsinn* ist die Fähigkeit, Unterschiede zu erkennen.
>
> *Witz* ist die Fähigkeit, Gemeinsamkeiten zu erkennen.
>
> Um Gemeinsamkeiten zu erkennen, müssen verschiedene Konzepte im Gehirn gleichzeitig aktiviert werden. Diese Fähigkeit wird durch zwei Dinge unterbunden: Einerseits *Fokussierung*, andererseits *Angst*.
>
> Hierzu kommen in mehreren Kapiteln noch Hinweise.

Im kommenden Kapitel fügen wir nun endlich ein paar Puzzleteile zusammen, nämlich gleich vier: *Der Körper Sprache*, *Realitätsbevollmächtigung*, *Weltbild/Selbstbild* und *Neurone feuern*. Wir werden sehen, was die gemeinsamen Implikationen für Führungskräfte sind.

Gehirne suchen Einklang

Puzzleteil sieben: Die Augen meiner Chefin

Wenden wir nun die Erkenntnisse aus mehreren Kapiteln an auf eine fiktive Alltagssituation aus dem Arbeitsleben. Auf welches Puzzleteil sich eine Aussage bezieht ist jeweils mit einer fetten Kapitelnummer[3] markiert.

Frage:	Kommt jetzt endlich der Teil, wo wir Puzzleteile zusammenfügen für einen größeren Aha-Effekt?
Antwort:	Ja, der kommt jetzt.

Stellen wir uns vor, ich sitze im Büro an meinem Rechner und arbeite konzentriert und gedankenverloren vor mich hin. Ich bin richtig im Flow, denn die Aufgabe, an der ich dran bin, ist genau richtig für mich; ich weiß, was zu tun ist, muss aber auch ein bisschen meine Kreativmuskeln spielen lassen – ich spüre:
Ich kann das und hier kann ich richtig glänzen.
Ich bin *glücklich*.
Stellen wir uns weiterhin vor, dass in diesem Augenblick die Tür aufgeht und meine fiktive Chefin hereinkommt. Ich sehe sie, sie sagt: „Guten Morgen."
Nun ist es so, dass die fiktive Chefin in diesem Szenario mich *für eine komplette Pfeife hält*. Störrisch, inkompetent, hätte man nie einstellen dürfen, ich wünschte, er hätte längst gekündigt, solche Dinge.

Was passiert also?

Da ich, wie alle Menschen, ein sehr feines Auge für Körpersprache und den überwältigend wichtigen inoffiziellen Kanal der Kommunikation habe – und da ich meine Chefin ja schon seit vielen Monaten kenne – *weiß ich, dass sie mich für eine Pfeife hält*[3]. Und sie zu sehen, erinnert mich daran. Aber nicht nur das. Ich erinnere mich nicht nur daran, ich weiß, dass sie die Realität schafft. Meine Kollegen, ihre Chefs, meine zukünftige Arbeitgeberin, die werden alle auf ihre Einschätzung über mich hören. *Sie schafft die Fakten*[4].

Was passiert in meinem Kopf?

In meinem Kopf geht ein Programm an, das ihre Sicht auf mich repräsentiert. Ein Programm, das durch die Position meiner Chefin den Anspruch hat, Fakten abzubilden. Jetzt habe ich also plötzlich zwei verschiedene Welten in meinem Kopf: eine, in der ich kompetent, aufgeschlossen und hochmotiviert bin und eine, in der ich inkompetent, mürrisch und faul bin. Da es sich um *Realität*[5] handelt, *kann nicht beides zugleich wahr sein*. In meinem Kopf entsteht eine Konfliktsituation, die *cognitive bias* heißt. Was geschieht genau? Um Kohärenz herzustellen (und dadurch Energie zu sparen[6]), versucht jedes der beiden Programme, das jeweils andere zu verdrängen. Es ist ein bisschen (!) so, als würden beide Programme wie auf dem Computer den *Task Manager* aufmachen und das andere Programm „sofort beenden" wollen. Mein eigenes, gewachsenes Selbstbild wird aber nicht einfach so verschwinden und solange meine fiktive Chefin im Raum ist, wird das ihr zugeordnete Realitätsprogramm in meinem Kopf ständig wieder angehen.

Was bedeutet das für meinen Kopf? Das bedeutet, dass mein Gehirn Schwerstarbeit leistet. Zwei globale Programme führen ein inneres Armdrücken aus, das zudem völlig unproduktiv ist. Um mich zu konzentrieren, wird meine Aufmerksamkeit versuchen, das Problem zu ignorieren, also aktiv zu hemmen[6]. Die Situation in meinem Kopf ist ungefähr so, als würde ich versuchen, mich auf das Schreiben eines Buches zu konzentrieren, während einen Meter neben mir zwei meiner Familienmitglieder sich laut streiten und gegenseitig mit Gummiknüppeln verprügeln. Mit dem Unterschied, dass in meinem Gehirn alle drei Prozesse stattfinden und Energie kosten.

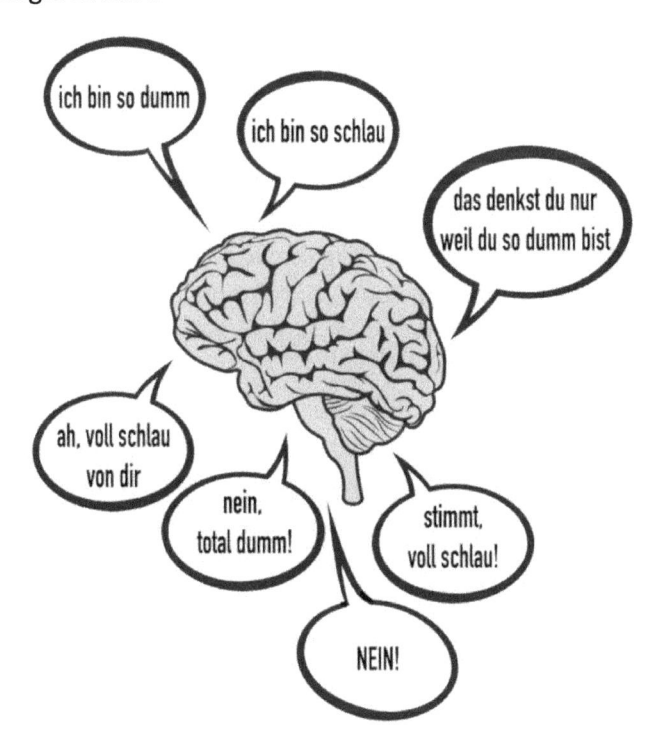

Nochmals: Dieses interne Armdrücken ist nicht nur lästig und anstrengend, es ist zugleich *völlig unproduktiv*. So zu arbeiten ist ein bisschen so, als würde man ein Autorennen fahren mit einer Handbremse, die so ein, zwei Rasten weit angezogen ist. Wenn ich also nach einem acht- oder zehnstündigen Arbeitstag Feierabend mache, dann ist das „Fahrzeug" völlig geschunden. Alles glüht, die Materialbeanspruchung war riesig. Neurone, die dauernd feuern, ermüden[6].

Dieser Identitätskonflikt, den ich in mir austrage, ist über einen ganzen Tag gesehen ganz schön anstrengend. Und, am Rande: Haben Sie schon einmal die Beschreibung „Energievampir" gehört? Für Leute, die nur anwesend sein müssen, um anstrengend für uns zu sein? Bei denen wir heimlich durchatmen, wenn sie den Raum verlassen? Genau diesen Effekt haben wir gerade hier gesehen. Menschen, die uns subtil ihre stark abweichende Sicht von uns aufzwingen, fordern uns permanent heraus. Das kann über einen ganzen Tag hinweg sehr anstrengend sein und die meisten Leute würden nach so einer Tortur abends der Länge nach aufs Bett fallen.

Aber was, wenn das nicht nur einen Tag lang so ist? Sondern Wochen, Monate, Jahre anhält? Dann kann meine fiktive Chefin mich – ohne je etwas Unhöfliches zu mir zu sagen – in den Burnout treiben. Dieser Prozess findet täglich millionenfach statt und ist ein Problem volkswirtschaftlichen Ausmaßes. Die Krankheitstage wegen psychischer Belastung sind in Deutschland allein zwischen 2012 und 2022 *um 50 Prozent* gestiegen[21].

---

[21] DAK_Psychreport 2022 und 2023

Durch die Corona-Pandemie stiegen sie weltweit um *weitere* 25 Prozent[22]. Die Menschen sind durch sich überlagernde Krisen verschiedenster Art ohnehin mental belastet und wenn sie nicht die Kraft haben, solches Verhalten durch Kollegen und Führungskräfte auch noch auszuhalten, dann bleibt ihnen nur die schriftliche oder die innere Kündigung – oder der Burnout (siehe Kasten unten).

Europa hat den niedrigsten Anteil engagierter Mitarbeiter weltweit (13 Prozent, Deutschland 16, Weltdurchschnitt 23 Prozent), 72 Prozent haben bereits innerlich gekündigt[23] (weltweit 59 Prozent).

Es ist ja nicht nur so, dass dieser Identitätskonflikt akut anstrengend ist. Wenn man ihn oft genug ausgetragen hat, beginnt man sich irgendwann zu fragen, wer von beiden *eigentlich Recht hat*. Hat meine Chefin vielleicht Recht und ich bin unerträglich und unhaltbar inkompetent? Wir kennen alle selbst genügend Beispiele von Menschen, die sich selbst für total kompetent halten, ohne es zu sein. Bin ich einer von denen, ohne es zu bemerken? Um an mir zu nagen, muss mir dieser Prozess nicht einmal bewusst sein. Er kann komplett „im Hinterkopf" stattfinden und mein Bewusstsein bekommt nur das *Ergebnis* der Auswertung, in der Sprache des Bewertungssystems: Als Gefühl. Als das Gefühl, nicht dazuzugehören, nichts zu gelten und irgendwie gegen Windmühlen zu kämpfen.

---

[22] *COVID-19 pandemic triggers 25% increase in prevalence of anxiety and depression worldwide*, WHO, 2022
[23] *State of the Global Workplace 2023 Report*, Gallup

Hollywood-Legende Jim Carrey spricht in Interviews gerne darüber, was der Unterschied zwischen Traurigkeit und Depression ist. Traurigkeit, sagt er, ist nur ein Gefühl, das geht vorbei. **Depression ist, wenn Dein Körper Dir sagt:** *Leck mich, ich hab keine Lust mehr, diese Figur zu sein.* Etwas für die anderen darzustellen, das ich nicht bin. Und eine Diskrepanz zwischen dem, was man für andere ist und dem, wie man wirklich ist, kostet uns täglich Kraft. Vielleicht kann man in ein, zwei Jahrzehnten sogar messen, wieviel Prozent unserer Leistungsfähigkeit so etwas kostet.

In Unternehmen soll ich den Führungskräften oft Tipps zu Teamresilienz geben, also dazu, wie man sich gegenseitig noch besser stärken und unterstützen kann. Dann erkläre ich ihnen den Effekt, um den es hier gerade geht und sage, dass es schon einmal ein riesiger Schritt vorwärts wäre, wenn wir uns mit so etwas nicht mehr gegenseitig *belasten* würden.

Und dieser Zusammenhang ist für Führungskräfte oft sehr unbequem. Er rührt nämlich an ein Tabu. An das Unausgesprochene, das Inoffizielle; an Dingen, die wir bislang ganz oft sich selbst überlassen und über die Machtspiele und die Lynchjustiz des Mobbings funktionieren. Es betrifft die *wahre Meinung*, die wir über Leute haben und bei der wir angestrengt so tun, als würden wir sie den Menschen nicht jede Sekunde des Tages aktiv unter die Nase reiben. *Solange ich so tun kann, als wäre mir nicht bewusst, was ich aussende, muss ich mich nicht damit befassen und ich trage ich keine Verantwortung dafür.* Nun, als Führungskraft muss man die Folgen des eigenen Verhaltens ohnehin ausbaden – wenn man solche Prozesse da einfach laufen lässt, dann ist man ihnen und den Konsequenzen eben auch ausgeliefert.

Die Wahrheit ist, dass alle Ihre *besten Pferde* und Ihre *Leistungsträger* und ihre *Mitschwimmer* und Ihre *Low Performer* ganz genau wissen, was Sie von ihnen halten. Die könnten auf einer Zehnerskala auf einen Punkt genau erraten, was Sie ihnen in Wahrheit für eine Bewertung geben würden. Sie sagen es Ihnen, Dutzende Male am Tag, mit jeder Kopfdrehung, mit der Stellung Ihrer Füße, Ihrem Tonfall, der Anzahl und Wahl der Worte, den Wangen, den Augenbrauen, Lippen, Fingern, mit allem. *Und es gibt keine Möglichkeit für Sie, das zu verbergen.*

Sie können natürlich Ihr *Verhalten* ändern und zu Ihren Problemfällen besonders nett sein. Das wird dazu führen, dass Ihr Problemfall denkt: „Und verlogen ist er/sie auch noch." Wir erinnern uns: Vielleicht kann man nicht immer hinter eine Maske sehen, aber wir sehen immer, *ob da eine Maske ist*. Darum sprechen wir hier von *Authentizität und Integrität*[3], anstatt an äußerem Verhalten herumzutüfteln.

Zusammenfassend zeigt uns Puzzleteil sieben, dass unsere Entwicklung als Führungskraft limitiert ist durch unsere Entwicklung als Person. Wer sich zutraut, Verantwortung für andere zu übernehmen, muss erst einmal Verantwortung für sich selbst tragen können: Einen Menschen, der seinen eigenen Baustellen, Bedürfnissen und Schwächen nicht in die Augen sehen kann und der so kompliziert ist, dass *die anderen* das immer kompensieren müssen, den kann niemand als Anführer ernst nehmen.

Wer spürt, dass die anderen ihn oder sie nicht für voll nehmen (und das spürt jeder[3]) – und wer sich den Respekt der anderen nicht verdient hat, der kann oft nur autoritär regieren. Um den Unterschied zwischen verschiedenen Formen von Dominanz geht es deshalb im kommenden Abschnitt.

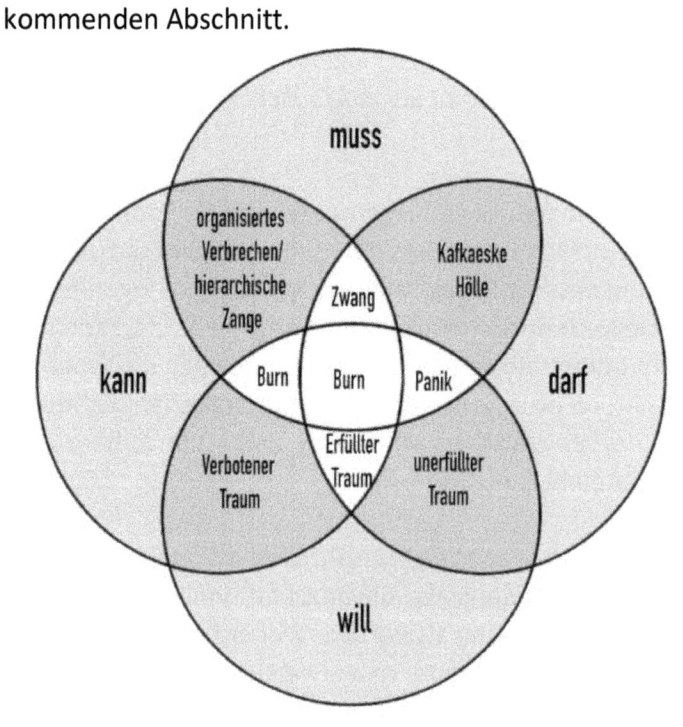

Identitätskonflikte machen krank

muss

organisiertes Verbrechen/ hierarchische Zange

Kafkaeske Hölle

Zwang

kann — Burn | Burn | Panik — darf

Erfüllter Traum

Verbotener Traum

unerfüllter Traum

will

Mögen Sie Venn-Diagramme? In welcher Zone soll sich Ihre Arbeit und die Ihrer Mitarbeiter bewegen?

Burnout ultrakompakt

Burnout ist keine leere Batterie. Burnout ist eine *kaputte* Batterie, die Erholung verhindert.

Die wichtigsten Merkmale dieser Form des depressiven Kollapses sind:

a) *Altruistischer Narzissmus*, oder auch: „Die brauchen mich!" Die Überzeugung, dass der Laden nach drei Tagen ohne einen selbst zu einem Krater implodieren würde.
Die Wahrheit ist: Alle Rädchen einer Maschine sind ersetzlich und werden bei Ausfall umgehend ausgetauscht.

b) Bedürfnisleugnung. Menschen, die sich dem Burnout annähern, ignorieren zunächst ihre Bedürfnisse und ihre Sinnlichkeit. Sie *reißen sich zusammen* und wechseln in einen Durchhaltemodus. Im zweiten Schritt kommen ihre Bedürfnisse selbst in Freizeit und Urlaub nicht mehr hoch und werden unspürbar. Im nächsten Schritt funktionieren Menschen nur noch. Dann stellen sie sich die Sinnfrage, auf die sie keine Antwort finden – und kollabieren. Sie fallen für Monate oder Jahre aus.

c) In Burnout gehen Menschen, die glauben, immerzu dies und das zu müssen.
Sie. Müssen. Gar. Nichts.

Eignung

Als Menschen, als Führungskräfte, gehen wir Beziehungen ein. Wie abhängig wir sind und in welchem Umfang wir private oder berufliche Beziehungen stabilisieren können, kann man in einem einzigen Diagramm zeigen:

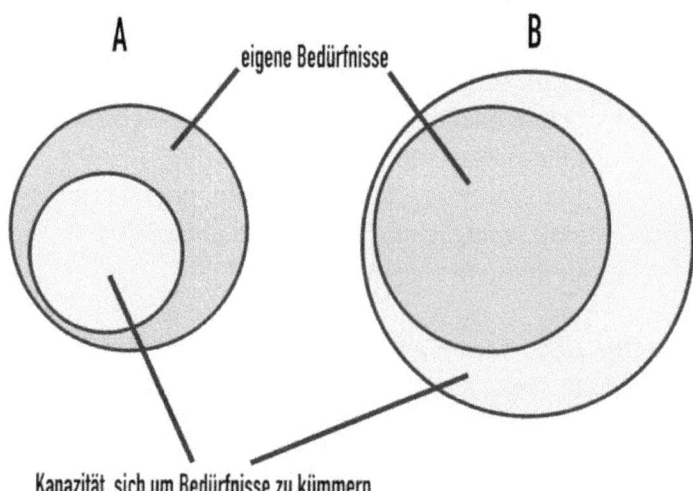

A B
eigene Bedürfnisse

Kapazität, sich um Bedürfnisse zu kümmern

Person A hat für das Funktionieren im Alltag mehr Bedürfnisse, als sie selbst versorgen kann. Sie ist auf andere angewiesen; auf Partner, Kolleginnen, Freundinnen und Freunde, um diese Lücke zu schließen.

Person B kennt die eigenen Bedürfnisse und kann sich selbst versorgen; entweder durch Genügsamkeit, dadurch, dass sie sich selbst gut kennt, oder beides. Sie hat Kapazitäten übrig, um sich auch noch um die Bedürfnisse anderer zu kümmern; Kolleginnen,

Partnerinnen, Freunde, oder auch die Bedürfnisse eines Unternehmens.

Ein Ziel der eigenen Persönlichkeitsentwicklung – vielleicht das wichtigste – ist es, sich von einer Persönlichkeit des Typs A zu einer Persönlichkeit des Typs B zu entwickeln. Unabhängig zu werden und Partnerschaften und Kooperationen einzugehen, weil man es *möchte*, nicht, weil man *darauf angewiesen ist*.

Deshalb beginnt Führung bei Selbstfürsorge. Nur, wer selbst mit sich und allein klarkommt, hat überhaupt noch Kapazitäten übrig, auch noch nach den Bedürfnissen anderer zu schauen und die Beziehungen und Teamdynamiken zu regulieren. Aus dieser Fähigkeit kommt auch das Selbstvertrauen, Dinge dynamisch und spontan zu regeln. Dieses Selbstvertrauen mindert die Angst vor dem Unvorhergesehenen (Vertrauen erhöht die Risikotoleranz$_2$) und damit auch unseren Drang, alles und jeden zu kontrollieren und zu beherrschen.

Eine dominante Persönlichkeit – und darum geht es im kommenden Kapitel – dominiert nicht durch Zwang, sondern durch Kompetenz. „Ich kann mich um mehr als nur mich selbst kümmern" ist die Art von Kompetenz, nach der wir bei Führungspersönlichkeiten suchen, privat wie beruflich. Am zielführendsten finde ich für die Entwicklung von A nach B dieses Mantra:

Sei hilfreich und unempfindlich.

Puzzleteil acht: Die drei Wege der Dominanz

Frage:	Was ist Dominanz?
Antwort:	Dominanz bedeutet, das Verhalten anderer Menschen maßgeblich zu beeinflussen; wie unterschiedlich das passieren kann, sehen wir in diesem Kapitel.

Menschen sind exzellente Beobachter von Körpersprache[3]. Wir drücken unsere Meinungen von uns selbst, von unserem Gegenüber und von der Art unserer Beziehung zueinander permanent durch unsere Körpersprache aus[7].

Eines der zentralen Elemente, welche wir über unsere Körpersprache manifestieren, ist Macht:

Wer schenkt *wem* Aufmerksamkeit, reagiert auf *wen*, hört wem zu, wer nimmt und gibt Raum, wer hat vor wem Angst, wer lacht wie laut worüber – diese Dinge werden in Millionen von Nuancen nahezu ohne Unterbrechung ausgetragen, wo mehrere Menschen zusammenkommen.

Menschen, die meine Kurse zu Schlagfertigkeit besuchen, sind oft anfangs ungeduldig, wenn sie nicht einfach schnell wirksame Tipps und Tricks für elegante und schmerzhafte Retourkutschen von mir bekommen. Stattdessen gehen wir an die Wurzel des Problems – und die ist *Angst*. Wenn ein verbaler Angreifer es schafft, uns kurz Angst zu machen, dann lähmt uns diese Angst und verhindert die spielerische Kreativität, die es für eine schlagfertige Antwort bräuchte[24]. Bleibt eine kreative Reaktion aus, die Leichtigkeit und Angstfreiheit beweist, weiß der Angreifer, dass er uns jederzeit Angst machen kann: Er gewinnt. *Statuskämpfe basieren immer darauf, wer wem zuerst Angst machen kann.* Die eingeschüchterte Person knickt entweder ein, gibt auf oder passt sich an den Gewinner an. Das Problem bei Schlagfertigkeit ist *nicht*, dass man nicht klug oder kreativ genug wäre; das Problem ist, dass man sich Angst machen lässt und diese einen für die relevanten drei Sekunden lähmt.

Schlagfertigkeits-Kurse mit Tipps und Tricks sind deshalb aus denselben Gründen wirkungslose Veranstaltungen wie die meisten Selbstverteidigungskurse. Wo ich als Angegriffener hintreten oder schlagen *würde*, wenn ich mich wehren *würde*, ist unerheblich, wenn die Angst mich lähmt. Es gibt fast immer Tränen in meinen Schlagfertigkeitskursen, wenn Menschen begreifen, dass und warum sie wehrlos sind und warum Tipps, die aus Angst nicht zur Anwendung kommen, nutzlos sind. Aber nur, wenn Menschen das verstehen, können sie auch etwas dagegen tun und das Problem lösen. Wer Menschen helfen will, sich zu verteidigen, der muss an den Ursprung gehen – egal, ob es um verbale Selbstverteidigung geht oder um physische. Es gibt Menschen, *die werden erst gar nicht angegriffen*. Das

---

[24] *Immunity to Change,* Prof. Kegan & Lahey, 2009

liegt daran, dass wir sehr schnell einschätzen können, wer sich überhaupt wehren würde und wer nicht[3].

Zurück zum Thema Macht und wie sie mit Aufmerksamkeit zusammenhängt. Es gibt letztlich drei Gründe, warum wir Menschen Aufmerksamkeit schenken:

Entweder, sie sind potenziell gefährlich für uns und wir müssen auf ihre Bedürfnisse, Befehle und Launen aufpassen, um uns zu schützen. *(Gefahr)*

Oder sie stärken, inspirieren und helfen uns. Dann ist es in unserem Interesse, aufzupassen, wie sie Dinge meistern und zuzuhören, wenn sie sprechen. *(Chance)*

Oder sie sind drittens Menschen, für deren Entwicklung wir Verantwortung haben, zum Beispiel unsere Kinder. Dann passen wir auf, dass sie sich nicht wehtun und unterstützen sie bei ihrer Entwicklung. *(Chance und Gefahr)*

Und aus diesen drei Gründen können wir alle drei Führungstypen ableiten.

Der erste Führungstyp ist der *tyrannische*. Diese Führungskraft ist durchsetzungsstark und kann mit (nonverbalem) Hinweis auf die eigene Energie, Entschlossenheit und das disziplinarische Bestrafungsarsenal dafür sorgen, dass Menschen ihre Aufgaben ausführen – und dafür, dass niemand sich traut, desinteressiert oder fahrlässig zu sein. Durch die Aufmerksamkeit, die diese Führungskraft von allen

Seiten bekommt, kann sie die dafür verantwortliche Angst als Respekt deuten. Diese Verwechslung findet aber nicht nur dank des Ego-Mechanismus im Kopf der Führungskraft statt; überhaupt verwechseln sehr viele Erwachsene *respektabel sein* mit der *Fähigkeit, anderen Angst zu machen*. Dieser Führungstyp ist geeignet, um Menschen zum unnatürlichen, wiederholten Ausführen einfacher, anstrengender Tätigkeiten anzutreiben. Sie ist daher die ideale Führungskraft für die Welt des 19. Jahrhunderts und des frühen 20. Jahrhunderts.

Der zweite Führungstyp hier ist der *souveräne*. Die souveräne Führungskraft hat Kompetenzen und Expertise, die essenziell für das Rudel sind. Sie kann Dinge erklären, hat Überblick und Fachkompetenz. Sie weiß, was zu tun ist, kennt die Prozesse und kann diese erklären und anleiten. Sie kann einen übergeordneten Kontext anbieten, in den sie Informationen einbettet, bewertet und ins Verhältnis zueinander setzt und erhält daraus ihren Status – sie führt als Experte. Sie wird auf kleinere Angriffe gar nicht eingehen und lässt sich vielmehr von den anderen verteidigen, weil sie weiß, dass sie benötigt wird. Der souveräne Führungstyp ist die ideale Führungskraft für die Welt des 20. Jahrhunderts.

Der dritte Führungstyp trägt einen Teil der Verantwortung für seine Mitmenschen. Es ist der *fürsorgliche*. Diese Führungskraft ist der benötigte Typ für das 21. Jahrhundert. Warum? Die Antwort ist schlicht: Glasfaserkabel.
Die Welt von 1965 war kompliziert, aber überwiegend linear. Der Markt war berechenbar und wenn man

bestimmte Regeln kannte und sie fleißig und konsequent befolgte, dann war Erfolg nahezu sicher. Eine Welt, in der Informationen über beliebige Ereignisse binnen Sekunden alle Winkel der Erde erreichen und augenblickliche Reaktionen und Rückkopplungseffekte verursachen, ist nicht länger *kompliziert*, sondern *komplex*. Komplexe Systeme lassen sich weder vorausberechnen, noch anhand fixer Regeln navigieren. Wenn das Thema Sie interessiert, fragen Sie Ihren KI-Assistenten nach dem Unterschied zwischen VUCA und BANI.

Alles, was wir tun können, um uns in einer Welt wachsender Komplexität zu behaupten, ist, dieser Komplexität eine möglichst hohe eigene Komplexität entgegenzusetzen. Nun ist das Einzige, was wir derzeit kennen, das komplexer ist als ein menschliches Gehirn, ein *Verbund kooperierender menschlicher Gehirne* (mit oder ohne künstliche Systeme zur Unterstützung).

Im 19. Jahrhundert war die Aufgabe einer Führungskraft, dafür zu sorgen, dass Menschen hart arbeiten und körperlich strapaziöse Aufgaben zuverlässig ausführen. Im 20. Jahrhundert war die Aufgabe einer Führungskraft, ihren Aufgabenbereich zu kennen und die Angestellten so anzuleiten, dass diese die Expertise der Führungskraft oder der Geschäftsleitung in die Tat umsetzen. Die Führungskraft war gewissermaßen das Hirn und die Angestellten die Hände.

Im 21. Jahrhundert sind die Aufgaben und Umstände von Unternehmen zu komplex, um von einzelnen Experten sowohl in ihrer Breite als auch in ihrer Tiefe erfasst zu werden. Es braucht selbst für Unterbereiche der geschäftlichen Unternehmung ganze Teams von Experten, um die Aufgabe und mögliche Lösungen zu beleuchten. Wenn diese Teammitglieder nun miteinander in Konkurrenz stehen, weil sie durch individuelle Beiträge Karriere machen wollen (oder sollen), dann bekämpfen sie sich wahrscheinlich, was nicht im Interesse des Unternehmens ist. Die meisten großen Unternehmen wissen das und suchen deshalb gezielt nach fürsorglichen Führungskräften, die inspirieren, regulieren, vermitteln und das Team zusammenhalten; die also *dem Team dienen*. Allerdings knirscht der Generationenwechsel, weil es noch sehr viele Führungskräfte vom Typ eins und zwei in vielen wichtigen Positionen gibt. Diese haben über Jahrzehnte den Führungsstil auf ihre eigenen Bedürfnisse hin optimiert und nicht auf die des Unternehmens hin. Sich zu verändern bedeutet aus ihrer Sicht zunächst eine Verschlechterung. Wer daran scheitert, diesen Führungskräften zu erklären, wo *für sie selbst* noch eine Verbesserung drin ist, der verschwendet jeden Cent, den er für (Pflicht-)Seminare für diese Führungskräfte ausgibt.

Nun heißt dieses Kapitel ja „Dominanz". Wie unterscheiden sich die drei Führungstypen also in ihrer Dominanz?

Der tyrannische Typ regiert mit Angst. „Ich kann dich ohnehin zwingen, zu tun, was ich sage – also machst Du es besser, ohne, dass ich Dir wehtun muss." Er steht in bester Tradition mit dem deutschen Bildungssystem des 20 Jahrhunderts[4]. Die Vorteile dieser kalten Dominanz: Die Leute passen auf, hören zu, und versuchen, nicht negativ aufzufallen. Die Nachteile: Die Entschlossenheit, Versagen und Fehlverhalten sofort zu bestrafen, sowie dies permanent auszustrahlen, ist anstrengend. Der Tyrann muss durch eine konstant hohe Energie dafür sorgen, als Gegner ernstgenommen zu werden. Außerdem ist neurobiologisch Angst der Antagonist von Kreativität[25] und Neugier; sie macht Menschen zu Vermeidern und es wird unmöglich, irgendetwas Intelligentes oder Kreatives aus ihnen herauszubekommen, weil niemand mit einer ungewöhnlichen Idee Angriffsfläche bieten will. Die Kraftanstrengung ist einer der Gründe für das Entstehen eines Untertyps der tyrannischen Führungskraft: der *nette* Tyrann.

Nette Tyrannen

Es gibt einen Trend in Unternehmenskulturen, der in den USA *toxic positivity* heißt und den ich mit *Hippiefaschismus* frei übersetze. Am ehesten bekannt ist diese Art des Regiments bei uns als „Chakka"-Kultur: Alles und jeder ist immer toll, Aufbruchstimmung ist befohlen, es gibt keine Probleme. Wer Probleme artikuliert, *wird zum Problem* und ist entweder für die Lösung des Problems zuständig oder wird bestraft. Unter einer dicken, harten Schicht aus Zuckerguss gären die Probleme, die der Abteilung oder dem Unternehmen mittelfristig um die Ohren fliegen werden und wenn keine Reserve aus Sündenböcken mehr übrig ist, dann ist eben der schwierige Weltmarkt schuld an der Misere.

---

[25] *Gut Lachen Haben – die Kunst des Nichtdurchdrehens*, Müller & Dr. Hartwig, 2022

Die toxische Kultur fordert von Mitarbeitern, in den *Durchhaltemodus*[7] zu wechseln – und dabei noch schön zu lächeln.
Ein weiteres Problem toxischer Kultur ist dieses: Wenn die Mitarbeiter ihrer Führungskraft *glauben*, dass diese alles im Griff hat und mühelos performt, während sie selbst kaum die Nase über Wasser halten können, werden sie an sich zweifeln und ihren Selbstwert verlieren („was stimmt nicht mit mir?"). Wenn sie ihr *nicht* glauben, wenden sie sich entweder ab, oder sie spielen das Spiel mit – daher das „Faschismus" hinter „Hippie".

Eine Unterform des netten Tyrannen ist der „agile Tyrann". Kanban-Boards, Post-Its, Retrospektiven und Dailies sorgen für eine agile Anmutung, unterhalb derer ein klassisches Regiment aus Micromanagement, Druck und engmaschiger Kontrolle herrscht.

Das Hauptproblem für die Tyrannen selbst (ob mit nettem Anstrich oder ohne), ist aber, dass niemand sich mehr traut, ihnen Probleme zu berichten – und sie deshalb *blind fliegen*. Entscheidungen werden ohne relevante Informationen getroffen und der Erfolg wird zum puren Glücksspiel. Tyrannen sind die teuerste Form der Führungskraft für Unternehmen. Ihnen beizukommen ist für ihre Opfer beinahe unmöglich, weil die Führungsetagen selten auf Beschwerden oder auf Fluktuation reagieren, solange die blanken KPIs der Abteilung oder des Bereichs passen. „Gejammert wird immer" ist oft das vorherrschende Mantra. Das Problem an diesem Mantra ist andererseits, dass es stimmt.

Der eigentliche, knallharte Wert einer Vertrauenskultur *für die Führungskraft* ist dieser: Informationen fließen, Fehler und Probleme werden kommuniziert und man bleibt handlungsfähig. Eine Führungskraft, die handlungsfähig und in Kontrolle bleiben will, *kann kein Tyrann sein*, weil sie sich damit ins eigene Fleisch schneidet.

Der souveräne Typ regiert gar nicht. Sein häufigster Untertyp ist der *beförderte Experte*, der plötzlich ein Team übernehmen muss, weil das Unternehmen noch keine Experten-Karrierespur hat. Für den Experten hat die eigene Expertise immer ausgereicht; er kann seine Teammitglieder fachlich beraten und anweisen. Ob er aber auch zwischenmenschliche Fähigkeiten hat – inspirieren und mitreißen kann, Menschen zu Loyalität, Identifikation, Initiative und Eigenverantwortlichkeit bewegen kann, ob er vermitteln oder selbst Führungspersönlichkeiten entwickeln kann – das bleibt dem individuellen Talent und damit dem Zufall überlassen. Auch die Frage, ob die souveräne Führungskraft Identitätskonflikte[7] (welche echte, offene Tyrannen gezielt einsetzen) und die damit verbundenen vielfältigen Kosten erzeugt, können Sie an der Fachkompetenz nicht ablesen.

Um eine gute Führungskraft zu sein, muss die souveräne mehr draufhaben als Fachwissen. Die Expertise und der Verstand liefern immer nur das *Wie*; eine Führungskraft muss den Menschen aber ein *Warum* geben.
Warum das wichtig ist, erfahren Sie in den Kapiteln 9 und 15.

Der fürsorgliche Typ regiert nur dort, wo es dem Schutz oder der Entwicklung der Mitarbeiter dient. Der fürsorgliche Typ ist motiviert dadurch, andere zu unterstützen und aufzubauen. Mein Lieblingsbild hierfür ist (m)eine Mama, die vor mir als kleinem Bub in die Hocke geht, um mir mit einem Taschentuch die völlig verdreckten Wangen zu säubern. (Meine Mutter ließ immer mich auf das Taschentuch spucken, das fand sie offenbar weniger übel, als wenn sie darauf spuckt. Ich meine mich zu erinnern, dass es für *mich* keinen großen Unterschied machte.) Natürlich ist das eine Form von Übergriff, aber die Motivation ist letztlich Liebe; *Fürsorge* eben.

Im 21. Jahrhundert werden diejenigen Menschen auf der Karriereleiter nach oben durchgereicht, die neben ihrer eigenen Tätigkeit noch genügend Kraft übrighaben, *um sich auch noch um andere zu kümmern*. „Ich führe uns beide zum Erfolg" ist eine Formulierung der zugrundeliegenden Haltung.

Wenn man das schafft:
- andere zu unterstützen, ohne sich ausnutzen zu lassen;
- sich den anderen anzupassen, weil man sich selbst nicht so kompliziert macht, dass die anderen sich immer anpassen müssen;
- wenn man Potenziale unterstützen kann, weil man selbst keine Angst vor Konkurrenz hat,

dann hat man das Zeug zur Führungskarriere im 21. Jahrhundert.

Dieser fürsorgliche Typ hat den Vorteil, dass er dank seiner Haltung auch in neuartigen Situationen

Orientierung für Entscheidungen hat; und den Vorteil, dass er echt, authentisch und integer ist und dadurch viel Kraft spart (zur Erinnerung: es geht hier nicht um das äußere Verhalten und darum, das zu verändern, sondern eben um die innere Haltung, die unser Verhalten *motiviert*). Anderen zu helfen, senkt unser Herzinfarktrisiko und stärkt die eigene Resilienz[26], was zugleich einen zusätzlichen Schutz vor Burnout bietet. In seine Haltung und Persönlichkeit zu investieren ist genau das: ein Investment, das sich auf vielen Ebenen und lebenslang auszahlen wird.

Menschen, die fürsorglich sind, beweisen vielfältige Kompetenzen. Sie machen sich selbst unangreifbar, weil sie ihr Ego nicht mit aufs Spielfeld bringen. Sie beweisen, dass sie sich nicht nur um sich selbst, sondern *zusätzlich* auch noch um andere kümmern können.

Weitere Vorteile des fürsorglichen Stils:

1. Sie müssen sich und anderen nichts beweisen; das spart Kraft.
2. Sie vergrößern ihren Mehrwert, indem sie andere wertvoller machen. Das skaliert viel besser, als sich immer nur *selbst* zu verbessern und ist deshalb für das Unternehmen wertvoller. Der Erfolg ist nur ein Nebenprodukt; er fliegt einem zu, wenn man empathisch ist – was nichts damit zu tun hat, emotional oder selbstaufopfernd zu sein.
3. *Fürsorgliche Menschen sind das Asset des 21. Jahrhunderts**.

---

[26] *Giving to Others and the Association Between Stress and Mortality*, Michael J. Poulin, 2013

*Warum? Darum:

32 Prozent, ein Drittel der Bevölkerung, hat psychische Probleme, von denen 40 Prozent ohne professionelle oder private Unterstützung damit klarkommen.

39 Prozent der 18-24-Jährigen, das sind zwei von fünf, haben *schwere Formen von Ängsten, Stress oder Depression*[27].

75 Prozent, drei von vier Menschen, über alle Geschlechter, Altersgruppen und Positionen hinweg, berichten psychische Probleme *aufgrund ihrer Arbeitsumgebung*.

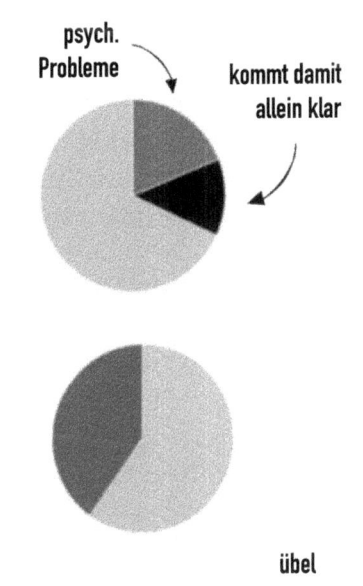

Bedenken Sie bitte: auch Menschen, die mit diesen Gestressten, Verängstigten oder Depressiven leben oder arbeiten, sind davon *betroffen*.

Das trifft vermutlich auf über 98 Prozent der Menschen zu, Sie und mich eingeschlossen.

---

[27] Axa mind health report 2024

Diese Menschen können alle niemanden brauchen, der ihnen bei der Arbeit noch mehr Druck macht. Natürlich *könnte* man es sich jetzt bequem machen und sagen:

„Sollen die halt klarkommen. Tah, diese jungen Leute, alles Weicheier! *Mein* fiktives früheres Selbst hätte sich nicht von apokalyptischen Nachrichten aus Arbeitsmarkt und Umwelt schockieren lassen! Ich hätte mich ratzfatz orientiert, mir aus dem zehntausendfach gewachsenen verfügbaren Wissen mal eben flux und zielsicher die relevanten Sachen herausrecherchiert und mich auf dem globalen Markt positioniert und durchgesetzt."

Mit solch einer Haltung hätten wir vernehmbar unsere Überlegenheit verkündet, aber wem hilft das weiter? Mal angenommen, die Menschen wären – egal, wodurch – wirklich zu zart und weich für den Arbeitsmarkt, was machen wir dann? Wer ist für wen da? Dienen die Menschen dem Arbeitsmarkt? Oder ist der Arbeitsmarkt etwas, das Menschen erfunden haben, damit es dem Menschen dient?

Wenn Menschen, warum auch immer, andere Bedürfnisse haben, dann müssen sich Wirtschaft und Arbeitsmarkt anpassen – zumindest, solange die Wirtschaft nicht vollständig von KI-gesteuerten Robotern übernommen wurde. Und ein wenig dauert das noch.

Wenn wir also Interesse an einer Führungskarriere haben, dann sollten wir uns möglichst gut an den Bedarf anpassen. Und der geht längst über ein technisches oder ökonomisches Studium allein hinaus.

> "Nehmen Sie die Menschen, wie sie sind,
> andere gibt es nicht."

Konrad Adenauer, erster Bundeskanzler der Bundesrepublik Deutschland

Fürsorgliche Menschen, *Kümmerer*, befördern eine stärkende, ermutigende Kultur, die Kreativität fördert, anstatt sie zu unterdrücken. Das hat zu tun mit der *Ökonomie des Mutes*.

*Fürsorge nährt
Tyrannei lähmt
Expertise ist leer*

Puzzleteil neun: Die Ökonomie des Mutes

Frage:	Wieso hat Mut eine „Ökonomie"?
Antwort:	Mut hat eine Ökonomie, weil Mut nicht nur ein Charaktermerkmal oder Temperament ist, das es uns erlaubt, eigene Ängste zu übergehen, sondern weil das Ausmaß von Angst stark von realen, äußeren Umständen abhängt.

Wenn wir entscheiden, welches Risiko wir eingehen möchten, beachten wir intuitiv oder kognitiv vor allem vier Dinge:

Was passiert, wenn es klappt? Also: Wie groß ist der „Jackpot"?

Wie wahrscheinlich ist es, dass es klappt?

Was passiert, wenn es schiefgeht? Also: was ist das Schlimmste, das passieren kann?

Wie wahrscheinlich ist es, dass es schiefgeht?

Das ist zwar eine vereinfachte Darstellung, aber für unsere Zwecke hier reicht das. Wir wägen also Erfolg und Erfolgswahrscheinlichkeit gegen Misserfolg und Misserfolgswahrscheinlichkeit ab. Unternehmen schaffen in der Regel Anreize für Erfolge (und auch hier stehen sie in einer Tradition mit unserem Bildungssystem[4] und der Bundeswehr). Das kann unter bestimmten Umständen funktionieren und in anderen schiefgehen: extrinsische Motivation kann intrinsische ersticken[28]. Durch hohe Anreize extrinsisch Motivierte tendieren außerdem dazu, auf die Belohnung hin zu optimieren, weswegen man bei der Gestaltung des Anreizes sehr gut aufpassen muss.

---

[28] *Undermining children's intrinsic interest with extrinsic reward: A test of the "overjustification" hypothesis*, Lepper, Greene, Nisbett, 1973

Wenn man also – damit Menschen potenziell wertvolle Risiken eingehen – Anreize schafft, dann kann schon bei deren Gestaltung einiges schiefgehen.

Noch schlimmer ist aber der zweite Anreiz, den es in vielen Organisationen noch heute gibt und der ebenfalls unserer Bildungsphilosophie geschuldet ist: *Wir bestrafen Misserfolge.* Die Hoffnung, durch Bestrafung vor Misserfolgen abzuschrecken, führt aber nicht zur Vermeidung von Misserfolgen, sondern zur Vermeidung von *Risiken.* Und intelligentes Risikomanagement ist *die Grundlage für den Erfolg von Unternehmen überhaupt.*

> Eine Anekdote darüber, *wie erfinderisch* Menschen bei sinnlosen Strafen sein können: Ein Konzern, bei dem ich einige Male war, hatte eine Art monatliche „Wall of shame", eine Schlechtestenliste derjenigen, die am meisten Fehler gemacht hatten.
>
> *Als wäre das nicht schon schlimm genug*, wurde dabei nicht einmal berücksichtigt, wer in diesem Monat wie lange gearbeitet hatte, sodass die Liste obendrein verzerrt und unfair war. Besser kann man den zerstörerischen und frustrierenden Einfluss von Tyrannei nicht versinnbildlichen. Die Verantwortlichen für dieses System wurden ausnahmslos ausgetauscht.

Durch Abschreckung machen wir Risiken emotional *teurer* und Menschen brauchen *mehr* Mut, um sie trotzdem einzugehen. Ebenfalls ein wichtiger Unterschied zwischen *Tyrannen* und *Fürsorglichen*: Mitarbeiter von Fürsorglichen wirken von außen so, als wären sie mutiger, weil ihr Risiko weniger teuer ist. Es ist weniger teuer, weil die Führungskraft nicht wie der Tyrann mit Sanktionen droht. Dass alle ihr Bestes geben, wird vorausgesetzt und nicht erzwungen.

Intelligentes Risikomanagement bedeutet unter anderem dies: es ist eingepreist, dass nicht alle Risiken gewonnen werden. Es gibt also keinen Grund, Menschen dazu zu „incentivieren", ihr Bestes zu geben. Das tun sie sowieso, wenn man ihnen Anerkennung gibt und Möglichkeiten, sich gestalterisch einzubringen, statt sie zu limitieren und zu kontrollieren. Wer Menschen bestraft, demütigt und ihnen droht, braucht sich nicht zu wundern, wenn Menschen Anlässe hierfür vermeiden. Unternehmungen, die Risiken grundsätzlich vermeiden, werden durch den Fortschritt, der anderswo passiert, zermalmt. Wer nur „Ausführende" einstellt, darf sich über fehlendes Engagement nicht wundern.
Dass Fehler passieren, ist in intelligenten Organisationen eingepreist. Wer sie bestraft, glaubt, dass ein Pferd doppelt so hoch springt, wenn man es doppelt so fest schlägt[4]. *Man kann die Frustration, welche die Tyrannei ausgelöst hat, nicht durch mehr Tyrannei reparieren.*

Begrifflich stellt es ein Paradoxon dar, von *außen* intrinsische Motivation zu erzeugen. Wenn wir von sich aus motivierte Teammitglieder haben wollen, dann scheinen wir das dem Zufall überlassen zu müssen, denn extrinsische Motivation funktioniert ja, wie wir eben gesehen haben, nicht. Doch es gibt zwei Lösungen.

Die erste Lösung ist die der Vision. Wie haben exzentrische Persönlichkeiten wie Steve Jobs oder Elon

Musk so viele Menschen inspiriert und einige davon zu para-religiösen Folgern gemacht? Sie haben in Menschen *Bilder einer erstrebenswerten Zukunft erzeugt*. Steve sagt: „Computer können schön und einfach sein" – und Menschen stellen sich vor, wie das aussehen könnte. Elon sagt: „Wir werden auf dem Mars leben, Gedanken lesen, durch Vakuumröhren schießen und eine saubere Welt voller intelligenter Roboter haben" – und Menschen beginnen, sich vorzustellen, wie das aussähe.

Gute Visionäre erzählen Geschichten[29], die bildreich sind wie gute Romane. Bilder sind wichtig, weil ein bis zwei Drittel unseres Gehirns dafür gemacht sind, innere Bilder zu machen. (Deswegen können Sie ermüdungsfrei drei Staffeln einer Serie *bingen*, obwohl Sie nach zwanzig Minuten Kopfrechnen schlappmachen.)
Und weil Bilder Emotionen wecken.

> **!** Bilder sind emotional aufgeladen; aber weil das Bild *unser eigenes* ist, ist auch die Emotion unsere eigene. Es ist unsere freie Entscheidung, begeistert zu sein – und *das* ist der Quell von Motivation.

Der Inspirierende spricht von seiner *eigenen* Idee, seiner *eigenen* Inspiration und sagt sinngemäß: Wir segeln übers Meer, wer will mit? Und ich kann frei entscheiden, ob ich will. Natürlich ist es das Ziel, Menschen für eine Idee zu gewinnen, aber die Bedeutung der Freiwilligkeit wird oft unterschätzt.

---

[29] *The Cycle of Leadership: How great Leaders teach their Companies to Win*, Noel M. Tichy, Cardwell, 2004

> Wenn wir jemanden *zwingen* oder *nötigen*,
> brechen wir nur seine äußere Gegenwehr.
>
> Wenn wir jemanden *überreden*,
> brechen wir nur seine innere Gegenwehr.
>
> Wenn wir jemanden *überzeugen*,
> erreichen wir nur den Verstand.
>
> Wenn wir jemanden *verführen*,
> erreichen wir nur sein Gefühl.
>
> Aber wenn wir jemanden *inspirieren*,
> inspiriert er andere für uns.
>
> #Gedichtesindnichtmeinestärke

Selbst ein Bild zu entwickeln, *selbst* etwas zu empfinden und zu wollen, freiwillig dem Ruf zu folgen, das ist der Quell einer *intrinsischer* Motivation, die von *außen* angeregt wurde. Das meinen Trainer wie Simon Sinek, wenn sie vom *Warum* sprechen. Dem Ziel, der Vision, auf die man gemeinsam hinarbeiten will. *Wem helfen wir? Wie sieht der emotionale Moment aus, in dem wir einem oder mehreren Menschen geholfen haben? Was bewegen wir?* So bricht man das Motivationsparadoxon.

Das gemeinsame Ziel verbindet und wird durch eine Autoritätsperson, die daran glaubt, zu einer Realität[4]. Durch Sie.

"Wenn Du ein Schiff bauen willst, dann trommle nicht Männer zusammen, um Holz zu beschaffen, Aufgaben zu vergeben und die Arbeit einzuteilen. Sondern lehre sie die Sehnsucht nach dem weiten, endlosen Meer."

Antoine de Saint-Exupéry, Pilot und Schriftsteller

Die zweite Lösung des Motivations-Paradoxons ist diese:

Führungskräfte schaffen Realitäten[4] und Menschen spüren diese[3]. So, wie es Menschen lähmt, von einer Autoritäts- oder Elternfigur geringgeschätzt zu werden[7], so wird es die meisten Menschen beflügeln, wenn diese *in ihnen etwas sehen*. Potenzial, Witz, Liebenswürdigkeit, Talent – etwas, das sie achten, bewundern, schätzen oder lieben können. *Unter keinen Umständen dürfen Sie etwas Derartiges vortäuschen – oder behaupten, wenn es nicht stimmt.* Stattdessen glauben Sie es. Spüren Sie es. Wenn Sie es bei einem Mitarbeiter nicht spüren können, lernen Sie ihn besser kennen, bis Sie eine Stärke, ein Talent oder etwas Liebenswürdiges an ihm oder ihr entdecken.

Achtung, spirituell klingender Ratschlag voraus:

Wenn Sie diesen Mitarbeiter stärken wollen, aktivieren Sie vor einer Begegnung dieses Gefühl in sich so stark, wie Sie können, ohne das Gefühl zu bekommen, sich etwas vorzumachen. Spüren Sie, wo im Körper dieses Gefühl sitzt, lassen sie es kommen und erfreuen Sie sich daran. Legen Sie keinerlei Aufmerksamkeit darauf, dieses Gefühl zu senden oder dem anderen begreiflich zu machen. *Es ist erst einmal nur für Sie.* Sie müssen es nicht verbergen, aber es geht explizit nicht um die Wirkung – Sie wollen doch nicht in die Liste der karrierelosen Schauspieler aufgenommen werden[3].

In Klammern:
Warum das „Aktivieren von Gefühlen" funktioniert, wird in Kapitel 16 weiter erklärt. Falls Ihnen die Idee, zur Lösung von Problemen auch andere Funktionen Ihres Gehirns einzusetzen als den Verstand, noch suspekt ist, kann der Bestseller *The Tools* des US-Amerikanischen Psychiaters Phil Stutz[30] vielleicht gute Überzeugungsarbeit leisten. Menschen mit hoher emotionaler Intelligenz können ihre Emotionen in wichtigen Situationen so modifizieren, dass sie zu mächtigen Energiequellen werden oder die richtigen Fähigkeiten in uns aufrufen. So, wie ein guter Prompt einem künstlichen Agenten sagt, welche Bereiche seines unfassbaren Wissens er für die Aufgabe benötigen wird.

Übrigens: derjenige Teil, der in uns selbst und auf andere Menschen die *geringsten* Auswirkungen hat, ist das sprach- und symbolgebundene, abstrakte Denken.

---

[30] *The Tools: Wie Sie wirklich Selbstvertrauen, Lebensfreude, Gelassenheit und innere Stärke gewinnen,* Phil Stutz, 2012

Zurück zum *Etwas in Jemandem Sehen:*
Menschen wollen gesehen werden. Darum validieren wir (kommt direkt im nächsten Kapitel), darum lassen wir sie strahlen und belohnen sie mit authentischem Stolz und Anerkennung. *Erwachsene fühlen genau wie Kinder.* Sie wollen, dass jemand bemerkt, wie toll sie sind.

Dazu müssen Sie sie nicht loben und auch nicht ihre Bilder an den Kühlschrank kleben. Aber wenn Sie es *bemerken*, wenn Sie stolz *sind*, dann werden sie es spüren und sich ins Zeug legen. Denn das tut richtig gut. Für viele Menschen wird es erst wahr, dass sie gut sind, *wenn jemand es sieht*. Falls Sie als Führungskraft erfolgreich sein wollen: Arbeiten Sie (falls nötig) an Ihrer Persönlichkeit, bis Sie anderen Menschen (oder den Außerirdischen aus Kapitel elf) *von Herzen etwas gönnen können* und sich nicht mehr mit ihnen in Konkurrenz fühlen, was Anerkennung und Erfolg angeht.

> Wer führen will, muss dienen. Und das bedeutet in erster Hinsicht: *Es geht nicht um Sie*[31].

Wenn sie gesehen werden, sind Menschen auch im Flow, wenn Sie im selben Raum sind, und blühen vor lauter Lust und Freude zu Höchstleistungen auf, trauen sich mehr (zu) und haben viel weniger zermürbende innere Reibung.

---

[31] Das war früher anders und ja, die Beliebtheit von Führungspositionen hat darunter gelitten. „Sich hochdienen, damit man dann noch mehr dienen kann" ist eine Aussicht, die nicht alle Persönlichkeiten pauschal anspricht.

„Und wenn die nicht auf mich hören, sondern nur stänkern und wütend und traurig und frustriert und widerspenstig sind?"

Was man als Führungskraft statt Bestrafen macht – und wieso Empathie nichts mit Gefühlsduselei und Verweichlichung zu tun hat, sehen wir nun in Kapitel zehn.

Inspiration = Warum + Anerkennung

Puzzlestück zehn: Empathie

(vor langer Zeit gehörte) **Frage:**	Ist Empathie nicht das, was Schwächlinge brauchen, die sich nicht durchsetzen können?
Antwort:	Ja. Und wenn Sie Empathie haben, kommen auch Sie mit viel weniger Kraft aus, weil Sie sich nicht immer „durchsetzen" müssen.

Wenn Sie in Ihrem Arbeitsalltag bemerken, dass *Emotionen* aufkommen (egal, ob bei Ihnen oder Ihrem Gegenüber), dann haben Sie die Inhaltsebene bereits verlassen. Sie haben dann nicht die Wahl, ob Sie die Inhaltsebene verlassen oder nicht, das *ist dann bereits passiert*. Sie können die Illusion aufrechterhalten, dass Sie sich noch auf der Inhaltsebene befinden und jedermanns Zeit mit einer fruchtlosen Scheindebatte verschwenden, in welcher alle Emotionsträger so tun, als wäre nicht alles, was sie sagen durch die Emotion im Hintergrund diktiert – *oder* Sie gehen mit den Emotionen professionell um – also so, wie es dem Wissensstand der Forschung entspricht.

So gegen 1994 war der allgemeine Tenor im unternehmerischen Umfeld noch, dass Emotionen grundsätzlich unprofessionell sind und ihr Auftreten ein Zeichen von mangelnder Selbstbeherrschung. Emotionale Ausbrüche haben wir historisch gesehen Männern viel häufiger nachgesehen oder bei ihnen positiv konnotiert als bei Frauen; und das, obwohl Frauen im Median größere Sozialkompetenz besitzen als Männer (in den Puzzleteilen 12 und 13 mehr hierzu).

Jetzt ist 1994 nun eben auch schon wieder dreißig Jahre her und die Menschheit hat inzwischen einiges gelernt. *Ja*, Sie haben per Inserat einen Systemadministrator gesucht, aber beworben haben sich doch wieder nur *Menschen*. Und trotz aller Fortschritte in künstlichen Intelligenzen wird das voraussichtlich noch eine Weile so bleiben. Menschen *haben* Emotionen und das Einzige, was unprofessionell wäre, wäre in der Illusion zu leben, dass das nicht der Fall ist.

Denn wer Emotionen in den Tabu-Bereich verschiebt und sie einfach laufen lässt, ignoriert einen zentralen Bereich menschlichen Miteinanders und *überlässt diesen zentralen Bereich dem Zufall*. Klingt nicht sehr professionell, oder?

Menschen haben in dieser Generation leicht bessere Selbstregulierungs- und Sozialkompetenzen als die Generationen zuvor[32]; allerdings sind diese Fähigkeiten insgesamt immer noch sehr schlecht. Das liegt unter anderem daran, dass sie den Menschen noch immer nicht in systematischer Weise beigebracht werden. Zwar gibt es in Kanada und Finnland inzwischen Meditationsstunden für Grundschüler, aber bis das auch zu uns kommt und wir davon profitieren, dass sich fast alle Ausgewachsenen selbst regulieren und auch wie Erwachsene benehmen können, werden noch dreißig Jahre vergehen. Rechnen Sie also nicht damit. Auch wenn man natürlich das Glück haben kann, emotional kompetenten Menschen zu begegnen, ist es statistisch gesehen unwahrscheinlich und nichts, das Sie als Führungskraft voraussetzen können. Aber verzagen Sie nicht:

Wie bei den Kooperationstechniken aus der *Angewandten Improvisation* ist es nicht nötig, dass *alle* Beteiligten diese Kompetenzen haben. Sie können als fürsorgliche Führungskraft mit einem professionellen Umgang die Weichen stellen, als Inspiration dienen und so das Team regulieren – was übrigens Ihre Kernaufgabe als Führungskraft im 21. Jahrhundert ist. Wie geht das also?

Das größte Hindernis beim Regulieren der anderen Emotionen sind unsere eigenen. Wenn Menschen ihre Frustration, ihren Ärger oder ihre Wut auf uns

---

[32] *Kids These Days: Are Face-to-Face Social Skills among American Children Declining?*, Downey, Gibbs, 2020

abschießen, reagieren wir fast immer reflexartig, indem wir selbst emotional werden. Unsere Basalganglien um die Amygdala herum aktivieren unseren Körper, um uns für die Verteidigung bereit zu machen. Der Gegner erhöht die Intensität, wir erhöhen die Intensität, der Konflikt eskaliert, bis eine Seite die andere einschüchtern[8] oder fliehen kann. So kommt man selten an den Ursprung des Konflikts und der Lösung nicht näher. Der eigentliche Konflikt wird nur vertagt. Weiter oben haben wir gesehen, dass *Hippiefaschismus* Probleme versteckt[8] – zu diesen Problemen gehören insbesondere Konflikte, die nicht gelöst werden und deren Sprengkraft in der Regel mit der Zeit wächst.

Schritt eins für das professionelle Behandeln von Emotionen ist also, *zu bemerken, wenn Emotionen auftreten*.
Der zweite Schritt ist es, den eigenen Emotionen gegenüber souverän zu sein – und hier lauern gefährliche Missverständnisse.

Souverän heißt *nicht*, die eigenen Emotionen niederzuschlagen oder zu unterdrücken. Evolutionär sitzen Emotionen im Gehirn klar am längeren Hebel und wer in der Illusion lebt, seine Emotionen zu beherrschen oder unterdrücken zu können, täuscht nur sich selbst.

Alle anderen sehen überdeutlich, wie die angeblich nüchternen Ausführungen durchtränkt sind von Emotionen und der Motivation, den anderen zu besiegen. Wenn das alle bemerken außer uns, welchen Eindruck über unsere Kompetenz macht das?

Souverän bedeutet auch nicht, sein Gegenüber mit der Intensität der eigenen Emotion in die Flucht zu schlagen. Menschen, die ihre Emotionen in einem professionellen Umfeld auf andere abfeuern, um diese in die Spur zu bekommen, finden sich vielleicht durchsetzungsstark, aber niemand nimmt einen solchen Menschen für voll. Natürlich wird es Menschen geben, die *Angst* vor so einem Menschen haben und Menschen, die von diesem Indiespurbringen profitieren und es deshalb loben. Aber wer hat Respekt vor einer Person, die ihren Gefühlsausbrüchen ausgeliefert ist wie ein kleines Kind? Und wer fühlt sich respektiert von einem Menschen, der mit verbalen Fäusten um sich schlägt wie der Bully vom Schulhof? Unterdrückung hat nichts mit Souveränität zu tun, egal, ob sie im Innen oder im Außen stattfindet. Mit Angst und Schmerz regiert nur, wer sich nicht anders zu helfen weiß.

> Souveränität Emotionen gegenüber bedeutet zwei Dinge: Das *Paketbotenprinzip* und das *Wir-Prinzip*.

Der Paketbote — dringend

Wenn eine Paketbotin klingelt, machen wir die Tür auf, sie drückt uns unser Paket in die Hand und wir kritzeln unsere „Unterschrift" auf dieses dafür völlig ungeeignete graue Mini-Display. Was passiert dann? Richtig, die Paketbotin *geht*. Dasselbe gilt für unsere Emotionen. Starke Emotionen haben in der Regel warnenden Charakter (mit den angenehmen müssen wir ja nicht „umgehen"). Ihre Aufgabe ist es, uns vor direkten Bedrohungen oder drohendem Verlust zu warnen oder vor den Opportunitätskosten einer ungenutzten Chance[5].

Die echte Paketbotin würde uns das Paket einfach vor die Tür oder in den Garten oder Flur legen und sich aus dem Staub machen. Aber Emotionen sind *dringend*. Sie sind für Leben-oder-Tod- Situationen in der Savanne gemacht und deshalb notorisch ungeduldig. *Die Emotion geht nicht weg, solange die Gefahrensituation wahrgenommen wird.* Wenn das *Ich* dann nach innen bellt: „halt die Klappe!" – also, wenn *die Exekutivfunktion im Frontalhirn die Emotion inhibiert*[6] – dann erhöht die Emotion einfach den Druck und ein inneres Armdrücken wie in Kapitel 7 entsteht.
Ein Armdrücken, das immer die Emotion gewinnt.

Anstatt uns also von innen gegen die Tür zu werfen, uns die Ohren zuzuhalten und laut „Lalala!" zu rufen, öffnen wir der Emotion höflich die Tür und sagen zu ihr: „Oh, eine Emotion. Ja bitte?" Dann sagt die Emotion, was das Problem ist und wer oder was als Auslöser erkannt wurde und macht Vorschläge, wie die Gefahr zu bannen wäre. Sie sagt das wahrscheinlich nicht in verbaler Sprache, weil sie älter ist als verbale Sprache und eher in Gefühlen und Bildern funktioniert[10]. Aber seien wir ehrlich: Sie werden schon verstehen, was die Emotion von Ihnen will.
Sie sagen also höflich danke, können je nach Belieben noch ausbuchstabieren, was die Emotion Ihnen sagen will („Aha, der Herr Schneidkowsky greift also unsere Expertise an, untergräbt unsere Autorität und sollte deshalb entschlossen in die Schranken gewiesen werden. Danke für den Hinweis.") und dann sagen Sie zu der Emotion: *„Okay, ich kümmere mich darum."* Und das

tun Sie auch, aber eben so, wie *Sie* das für richtig halten, weil Sie der Boss sind – und nicht eine sieben Millionen Jahre alte Alarmhupe aus einem Land vor der Erfindung von Hosen.

Emotionen sind wichtige Ratgeber, die viele auch subtile Reize verarbeiten und bewerten. Aber wir haben unseren Verstand und unsere Exekutivfunktionen genau dafür, diesen nicht blind hinterherzurennen und uns damit um Kopf und Karriere zu reden. Hören Sie sich die verschiedenen Stimmen in Ihrem Kopf in Ruhe an; die Hysteriker, die Moderaten, die Werte, die Bedenkenträger, die Mutmacher, die Erfahrung, die Kenntnisträger und die Vorsätze – ohne einen davon ans Ruder zu lassen! – und dann entscheiden Sie, wie Sie vorgehen. Das ist der Unterschied zwischen Verhalten und einer *Handlung*. Das ist zugleich das, was wir mit Meditation üben – und das Ideal von A wie Achtsamkeit über S wie Stoizismus bis Z wie Zen.

Das Paketbotenprinzip bedeutet also, die inneren Stimmen nicht wegzudrücken oder zu ignorieren, sondern eine offene Tür für sie zu haben – ohne ihnen blind zu folgen oder das zu versprechen. Eröffnen Sie Ihren Emotionen eine Expertenlaufbahn und übernehmen Sie die Führung Ihrer Handlungen lieber selbst. Hören Sie die Emotion an, quittieren Sie sie und nehmen sie die Botschaft als *unverbindliche Anregung*. Das schaffen Sie, weil die Emotion in dem Moment, wo sie *wirklich gehört wird, geht*.

Und dasselbe machen wir mit den Emotionen der *anderen* auch. Es reicht ja oftmals *eine* Person, die mit

Emotionen umgehen kann, um eine Situation oder einen Konflikt zu stabilisieren. In der Psychotherapie heißt diese Technik *Validieren*. Für Ihre Führungskarriere sind vor allem die Validierungsstufen 1 bis 3 relevant. Das bedeutet verkürzt gesagt, dass Sie sich für die Emotionen Ihres Gegenübers *interessieren*, dass Sie diese Emotionen *benennen* oder darüber *mutmaßen* („Ich habe das Gefühl, Du bist stinksauer"). Menschen reagieren hierauf überwältigend kooperativ; sie sind praktisch immer bereit, solche Interessensbekundungen zu präzisieren („naja, eher frustriert") oder zu bestätigen („da kannst Du aber drauf wetten!").

Auch die Emotion unseres Gegenübers hat die Aufgabe, gehört zu werden. Sobald Sie signalisiert haben, dass die Botschaft der Emotion angekommen ist, verpufft sie. Sie ist in einer Weise aus dem Weg geräumt, dass man in Ruhe fragen kann: „Und was machen wir jetzt damit?"

Die abgeholten Menschen kommen wieder an ihren eigenen Verstand heran. *Abgeholt* sind alle, die im Wir-Prinzip einbezogen sind:

Das Wir-Prinzip

Bedenken Sie, dass *Augenhöhe* etwas mit Symmetrie zu tun hat. Zu erwarten, dass die andere Person sich öffnet und uns anvertraut, sich verletzlich und potenziell manipulierbar macht, während man sich das selbst bequem durch die Schießscharte des eigenen Bunkers ansieht, *kann* funktionieren – aber sehr wahrscheinlich ist das nicht.

Manche Trainer sagen Führungskräften noch immer, dass sie Vorbilder sein sollen. Das ist so natürlich Unfug. Denn als Führungskraft haben Sie gar nicht die Wahl, ob Sie als Vorbild fungieren oder nicht – Sie *sind immer das Vorbild*. Darum scheitern Transformationsprozesse auch schnell und zuverlässig, sobald die Menschen sehen, dass die Geschäftsleitung sich selbst nicht an die neu diktierten Werte und Veränderungen hält.

Sie *sind* also das Vorbild – nutzen Sie das, um ein gutes zu sein. Erstens artikulieren Sie in Ruhe Ihre eigenen Emotionen, zeigen Sie, dass auch Sie aus Fleisch und Blut sind, oder wenn Sie herausgefordert sind. Aber eben *in Ruhe* und ohne, den Leuten diese Emotionen ins Gesicht zu sprühen.

Gehen Sie in Vorleistung. Wenn Sie zweitens darauf verzichten, den anderen die Illusion des ungerührten, emotionslosen Perfektionsroboters vorzuspielen, können Sie echte, tragfähige Beziehungen aufbauen. Wenn Sie drittens den anderen verraten, wie es Ihnen geht, ziehen Sie die ins Vertrauen. Sie signalisieren: *Dir kann ich sagen, wie es mir geht. Ich weiß, Du wirst mich verstehen*. Sie machen Ihre Emotion transparent und machen die anderen zu Beteiligten statt zu Gegnern. Wenn viertens die Emotionen der Anwesenden ausgesprochen sind und auf dem Tisch liegen, werden die Emotionen Teil der Team-Aufgaben und man kann gemeinsam damit umgehen. Der wichtigste Teil bleibt aber fünftens, dass *Menschen sich gehört fühlen, wenn wir ihre Emotionen hören*. Emotionen, die noch nicht gehört wurden, erhöhen den Druck und quengeln sich überall dazwischen.

> Einschub: **Die vier Sorten der Empathie**
>
> 1 kognitive Empathie: Ich verstehe, wie es dir geht.
> 2 affektive Empathie: Ich fühle, was du fühlst
> 3 Hilfsbereitschaft: Ich möchte dir helfen
> 4 Mitgefühl mit dem eigenen zukünftigen Selbst: Ich sende eine kleine Flaschenpost in die Zukunft, weil mein zukünftiges Ich sich darüber freuen wird.

Wenn wir mit Emotionen angegangen werden, ist unser Reflex, auch emotional zu reagieren und Energie zum Kampf bereitzustellen – Emotionen sind aber für die Grassteppe optimiert, nicht für Büroalltag. Die Kunst ist es, in dem Moment, in dem Emotionen beim Gegenüber abgefeuert werden, sofort zu reagieren und *nicht* ebenfalls zu verhärten und zu kämpfen. *Statt hart und kalt werden wir weich und empathisch.* Das bedeutet:

1. Wir nehmen die Emotion *nicht persönlich*.
2. Und dabei ist egal, ob ihr Ausbruch in unsere Richtung persönlich *gemeint* ist, oder nicht. *Wir bringen unser Ego nicht mit. Es geht nicht um uns* und wir sind auch nicht in Gefahr.
3. Wir heißen die Emotion als ungeschlachtes, aber *willkommenes und wichtiges* Schmerzsignal willkommen. Es gibt einen *Missstand* und Dank der Emotion können wir ihn beheben. Wer emotional reagiert, ist noch nicht resigniert.
4. Mein Gegenüber hat einen *Schmerz*, den er oder sie per Emotion signalisiert. Der Schmerz muss

also so groß sein, dass das Problem nicht kühl und nüchtern formuliert werden kann.
5. Ich kann Mitgefühl haben, ohne, dass ich dafür den Schmerz teilen und erleiden muss. Mir darf es gutgehen, auch wenn ich für mein leidendes Gegenüber da bin. (Ich muss mit meinem Wohlbefinden aber auch nicht *angeben*.)
6. Ich argumentiere nicht gegen Emotionen. Die Emotion ist da und lässt sich nicht wegdiskutieren. Der Inhaber der Emotion *irrt* sich auch nicht, er *hat* diese Emotion. Ich artikuliere oder erfrage die Emotion und hole sie damit ab.

Das tun wir, weil *Verhärtung und Gegenangriff* nicht zur Lösung führen, sondern nur zu einer Niederlage eines Beteiligten oder zur Verhärtung einer Konfliktfront.

Jeder Graben spaltet, jeder Kampf ist Energie, die in Kindergarten und Zirkus fließt und nicht in die unternehmerischen Ziele oder in Lösungen irgendwelcher Art. „Der Klügere gibt nach" bezieht sich nicht darauf, dass der Klügere den Dummen machen lässt und ihm zustimmt. Der Klügere hört auf, sich gegen die *immer berechtigte* Emotion seines Gegenübers zu wehren und auf sie einzuschimpfen. Der Klügere begibt sich nicht auf das Niveau der Emotion, sondern arbeitet die eigene Emotion und die seines Gegenübers per Validierung (s.o.) ab und kommt mit seinem Gegenüber so wieder auf die Inhaltsebene, wo sich plötzlich wieder zwei zurechnungsfähige Menschen gegenüberstehen, die sich selbst wieder denken hören und dem anderen zuhören können. Und die Vertrauen aufbauen können, weil man Emotionen nicht verbergen oder rechtfertigen muss und weil die eigene Verletzlichkeit vom Gegenüber nicht für Angriffe ausgenutzt wird.

Ihre Aufgabe als Führungskraft ist es, unproduktive Energieverschwendung durch ungelöste Konflikte, Grabenkämpfe, Sticheleien, Mobbing, ehrverletzendes Verhalten und ergebnislose Emotionsausbrüche abzustellen, damit die Menschen in Ihrem Verantwortungsbereich nicht kaputtgehen oder kündigen, sondern reibungsarm ihre Kräfte für die Ziele des Unternehmens einsetzen.
Hierfür unterlassen wir es, mit den anderen in den Trog zu steigen und Schlammringkämpfe während der Arbeitszeit zu veranstalten. Wenn es Emotionen gibt, werden die mit Priorität, nüchtern und professionell behandelt, damit die Arbeit weitergehen kann.
Probleme zu ignorieren und zu hoffen, dass Emotionen und Konflikte von selbst verschwinden, hat weder mit Kontrolle noch mit Führung etwas zu tun.

Und wie bei allem hier Gesagtem gilt auch hier: Sie sind nicht allein dafür verantwortlich. Sie sind nicht die Nanny Ihres Teams. Das sind erwachsene Leute.
Sie sind also nicht die erste oder einzige Ansprechperson für alles und Sie sind auch nicht die eine Person, die alle Konflikte regelt und reguliert.

Vielmehr ist Ihre Aufgabe, das, was Sie hier gelernt haben oder was Sie ohnehin schon können *den anderen beizubringen, damit die sich selbst und gegenseitig regulieren können.*

Fungieren Sie als Multiplikator. Wenn alle auf ihre eigenen Emotionen und die der anderen achtgeben, ist das zehnmal mächtiger, als wenn Sie als Superexperte versuchen, überall gleichzeitig zu sein und alle persönlich zu retten. Dezentrale Führung ohne Amt ist wichtiger denn je[33].

Leaders create leaders, Anführer machen Anführer.

> Wer Menschen anstellt, damit sie Befehle ausführen, darf sich über mangelnde Motivation nicht beklagen. Wer Menschen motivieren will, nimmt ihre Geschenke an und schenkt ihnen im Gegenzug sein Ohr.

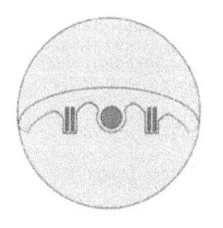

Abbildung 4, brauchen wir später

---

[33] Laut einer BCG-Studie von 2019 wollen nur 7 % der Befragten Angestellten die Führung eines Teams übernehmen.

Einschub: Härtefälle

Wenn man die vielen Ratschläge und Prinzipien beherzigt und umsetzt, die für dieses Buch gesammelt wurden, kommt man im (Führungs-)Alltag schon ziemlich weit damit. Im Laufe einer Führungskarriere werden Sie aber ziemlich sicher irgendwann an die eine oder andere Form von Härtefall geraten. Härtefälle kommen in den unterschiedlichsten Geschmacksrichtungen:

Da gibt es die eingefleischten Nörgler, die alles schlecht- oder zerreden, die Stimmung herunterziehen und selten über das absolute Minimum hinaus motiviert sind.
Es gibt Narzissten, die ein tief in die Seele eingebranntes Mangelgefühl durch verschiedenste Manöver zu kühlen versuchen, durch Selbstüberhebung, Manipulation, Mobbing und viele andere Formen von Verhalten, die das soziale Miteinander vergiften.
Es gibt die Beziehungsunfähigen oder -unwilligen, die Energielöcher und -vampire, die selbstzerstörerischen Workaholics, und Menschen, die in Suchtverhalten abdriften oder das schon längst getan haben.

Härtefälle kommen nicht aus heiterem Himmel und nicht plötzlich. Sie sind immer das Resultat langanhaltender, gegenseitiger Verhärtung und Vernachlässigung. Und auch, wenn Sie eine so gute Führungskraft sind, dass bei Ihnen keine Härtefälle entstehen, so kann (und wird) es fast sicher passieren, dass Sie solche Härtefälle *erben*. Menschen hatten in ihrer Kindheit und Jugend, in Schule, Ausbildung und in früheren Anstellungen genügend Gelegenheiten, frustriert zu werden und zu resignieren. Vielleicht kommen die zu Ihnen; vielleicht sogar in der aufrichtigen Hoffnung auf einen Neubeginn mitsamt der Motivation, alles Schmerzhafte hinter sich zu lassen und in der Absicht, der neuen Umgebung eine echte Chance zu geben.

Allerdings sagt die psychologische Forschung, dass sich Einsamkeit und Zurückweisung buchstäblich ins Gehirn einbrennen und Menschen hypersensibel gegenüber den leisesten Andeutungen erneuter Zurückweisung werden. Dann kann deren erlebte Frustration neu ausbrechen und sie mit Schmerz und Hoffnungslosigkeit überrollen wie ein Lavastrom: *Wusste ich es doch, es ist überall so.* Dann haben Sie plötzlich umzugehen mit einem Trauma, mit dessen Entstehung Sie überhaupt nichts zu tun hatten. Dennoch müssen Sie sich, die frustrierte Mitarbeiterin und die Teammitglieder schützen – im Interesse aller und im Interesse der Unternehmung.

Und dann kann schnell der Punkt kommen, an dem Sie nicht mehr weiterwissen. An dem Sie nicht wissen, wo Ihre Verantwortung beginnt und wo sie endet; wo die Übergänge sind zwischen Kollegialität, Führungsverantwortung, Freundschaft, Coaching und Therapie – wo Sie mit Ihrem Latein ans Ende kommen, weil die Führungstipps sich auf normale bis schwierige Mitarbeiter beziehen, nicht aber auf solche, die seelische Verletzungen erlitten haben oder auf dem Spektrum zwischen beginnender und fortgeschrittener Erkrankung sind. Und das sind sehr viele[8].

Sie müssen nicht mit jeder Form und jedem Grad von Härtefall alleine umgehen können. Wichtig ist lediglich, dass Sie *erkennen*, wenn Sie nicht mehr weiterkommen und welche internen und externen Hilfsangebote es gibt. Oft gibt es in größeren Unternehmen feste Institutionen, die zunächst anonym beraten und helfen können oder die Vermittlungs- und Hilfsangebote bereitstellen. Insbesondere sind diese Servicestellen dafür vorgesehen, um zu ermitteln, welche Art von Hilfe überhaupt sinnvoll ist. Braucht es eine Mediatorin, einen Coach, eine Suchtexpertin oder einen Therapeuten?

Jeder Härtefall ist, auch wenn es vielleicht Ähnlichkeiten gibt, individuell; ein Unikat. Hier allgemeine, universelle Lösungen zu versprechen, wäre unseriös. Stattdessen zwei *Ratschläge* zu diesem Themenkomplex:

Erstens: Geben sie sich selbst gegenüber zu, wenn Sie an einer Stelle nicht weiterkommen. *Holen Sie sich* (kollegialen) Rat und *Hilfe, bevor* es zu Eskalationen kommt. Sie müssen nicht auf alles eine Antwort haben; es reicht, wenn Sie wissen, wer Antworten haben oder finden könnte. Es gibt in größeren Unternehmen Spezialisten, die den ganzen Tag mit solchen Dingen umgehen und für die Ihre Kopfnuss möglicherweise eine Routineaufgabe ist und wo mehr Abstand besteht.

Zweitens: *Beginnen Sie nicht erst damit, sich um Leute zu kümmern, wenn diese schon Probleme haben oder Probleme machen.* Denn wer so verfährt, muss immer wie die Feuerwehr jedem Brand hinterherrennen; was irgendwann nicht mehr geht, weil man genügend andere Dinge zu tun hat. Seien Sie von Vornherein nahe an den

Menschen dran und führen Sie echte, bedeutsame Gespräche mit ihnen. Investieren Sie in eine Vertrauensbeziehung; dann bemerken Sie, wenn es ungünstige Tendenzen gibt, lange, bevor ein hoher Reparaturaufwand an Mensch, Beziehungen oder Firmenbesitz entsteht.

Und dafür braucht es Mut. Mut und das Vertrauen darauf, dass Sie gemeinsam mit anderen eine Lösung finden können, *obwohl Sie selbst keine Lösung sehen können*. Vertrauen Sie darauf, dass Sie sich Hilfe holen können und sollen und dass mit dieser Unterstützung auch Möglichkeiten entstehen, die Sie noch gar nicht erahnen.
Dafür ist es wichtig, dass Sie wissen, wo Sie diese Hilfe bekommen können. Informieren Sie sich also am besten gleich bei Antritt einer Führungsposition darüber, welche Hilfsangebote und Institutionen es in Ihrem Unternehmen gibt: Sozialberatung, Betriebliches Gesundheits- und Eingliederungsmanagement (BGM und BEM), Werksärztlicher Dienst oder Betriebsrat. Und suchen Sie sich ggf. eine Coach oder einen Trainer, dem Sie vertrauen und mit dem oder der Sie sich regelmäßig austauschen können – oder die Sie zumindest konsultieren, wenn Sie nicht mehr weiterwissen.

Die häufigsten Tränen, die meine Kollegen, befreundete Betriebsräte und ich in Veranstaltungen und Besprechungen mit Führungskräften sehen, sind die der Erleichterung.
Sie müssen nicht so lange warten, bis Sie verzweifelt sind. Weiter hinten im Buch finden Sie Hinweise, an wen Sie sich wenden können.

Anekdoten, Beispiele, Konkretes

Empathie

Ein dreizehnjähriger Ire rettete 2015 einem Erwachsenen das Leben. Der Erwachsene saß auf der Außenseite einer Brücke und bereitete sich innerlich darauf vor, zu springen. Der Junge kam zufällig vorbei und sah den Mann. Er sah ihn an und fragte ihn: **„Are you okay?"** („Alles gut bei Dir?"), woraufhin ein Gespräch entstand und der Mann sich nicht das Leben nahm. Als er später befragt wurde, wie und warum der Junge ihn von der Tat abhalten konnte, sagte er, dass ihm vor dem Jungen noch nie jemand diese Frage gestellt hatte. *Kein Mensch in seinem Leben hatte ihn je gefragt, wie es ihm geht.* Die allerkleinste Prise von echtem Interesse kann Leben retten.

Eine Führungskraft übernahm einen Mitarbeiter aus einem anderen Team. In einem Gespräch konfrontierte sie ihn mit Details in seinem bestehenden Arbeitsvertrag und beschwerte sich über Sonderregelungen, die da getroffen worden waren. Sie wirkte dabei unerwartet aufgebracht. Der Mitarbeiter hatte offenbar ein gutes Verhältnis zu ihr und erklärte ihr in Ruhe, dass diese Sonderregelungen ihm als Notwendigkeit präsentiert worden waren, dass das irgendwie der Verwaltungsstruktur geschuldet gewesen sei und dass er an den seltsamen Sonderregelungen selbst nicht hing. Doch der Ärger der Führungskraft verflog nicht, trotz aller Erklär- und Beschwichtigungsversuche. Der Mitarbeiter war sich seines guten Verhältnisses zu ihr so sicher, dass er sich

nicht vorstellen konnte, dass sie ihn *deswegen* so anging. Er blieb ruhig und fragte sie, wie es ihr ginge. Daraufhin brach sie in Tränen aus – es ging offenbar um Entwicklungen in einer privaten Sache, von der der Mitarbeiter wusste. Er tröstete sie mit ein paar warmen Worten und der Ärger war verflogen. Die Vertragsklauseln wurden nie wieder thematisiert.
Es war kein inhaltlicher Konflikt, darum gab es auf dieser Ebene auch keine Lösungsmöglichkeit. Der Wechsel auf die Beziehungsebene sagte *ich möchte, dass es dir gut geht, ich stehe zu dir, ich kämpfe nicht mit dir, auch wenn du die Krallen zeigst; zeig mir den Schmerz*. Die Vertrauensbeziehung zwischen den beiden wurde weiter gestärkt. Welche Seite welche reguliert, ist egal. Menschen sind Menschen.

Wenn wir Menschen als Erwachsene behandeln, haben wir eine gute Chance, dass sie sich wie welche verhalten. Wenn wir Menschen als Freunde behandeln, haben wir eine gute Chance, dass sie sich wie welche verhalten.

Wenn wir das in eine *Masche* umwandeln, um sie manipulieren zu können, werden sie das aber bemerken. Echtes Interesse zahlt auf das Beziehungskonto ein. Wenn wir nur so tun, als würden wir darauf einzahlen, indem wir das äußere Verhalten nachmachen (und „spielen", siehe Kapitel 16), dann sehen diese Menschen ja trotzdem, dass auf ihrem Konto nichts angekommen ist. Und dann werden sie uns selbstverständlich und zurecht das Vertrauen entziehen. Manche für immer.

Kraft kann man an vielen Ecken sparen, aber nie bei Interesse, Empathie und Aufrichtigkeit. Zu teuer.

Puzzleteil elf: Arbeiten mit Außerirdischen

Frage:	Wieso fühlen sich manche Menschen bei der Arbeit an wie Außerirdische?
Antwort:	Weil sie es sind. Dafür müssen wir aber wieder etwas weiter ausholen.

Da Sie bis hier gelesen haben, wissen Sie schon, dass hier oft weit ausgeholt wird, um sehr breite und fundamentale Einsichten miteinander zu vernetzen. Darum sind Sie auch nicht verwundert, wenn das in diesem Kapitel wieder passiert. Nach diesen teilweise wuchtigen und intensiven Abschnitten wird es Zeit für ein auflockerndes und erhellendes Quiz. Ein Quiz aus gerade einmal vier Fragen.

Die Kontinente

Machen wir ein Gedankenexperiment. Stellen Sie sich den Kontinent Europa vor. Stellen Sie sich vor, der gesamte Kontinent wäre menschenleer. Population null. Weit und breit nur Landschaft. Dasselbe machen wir mit Nordamerika. Also von Kanada bis Mexiko: kein Mensch. Und mit Südamerika: komplett unbewohnt. Und Australien machen wir auch gleich noch leer. Warum?

Nun, es gab doch in der Erdgeschichte eine Zeit, in der so viele Menschen weniger gelebt haben wie heute auf diesen Kontinenten leben. Also, nehmen wir von der heutigen Weltkarte alle Menschen weg, die in Europa,

Nord- und Südamerika und Australien leben. Können Sie es sich vorstellen? Alles klar, dann sind Sie bereit.
Die erste Quizfrage lautet: *Wann war das?* Wann waren wir so viele Menschen weniger, wie heute in den ausgegrauten Regionen leben?

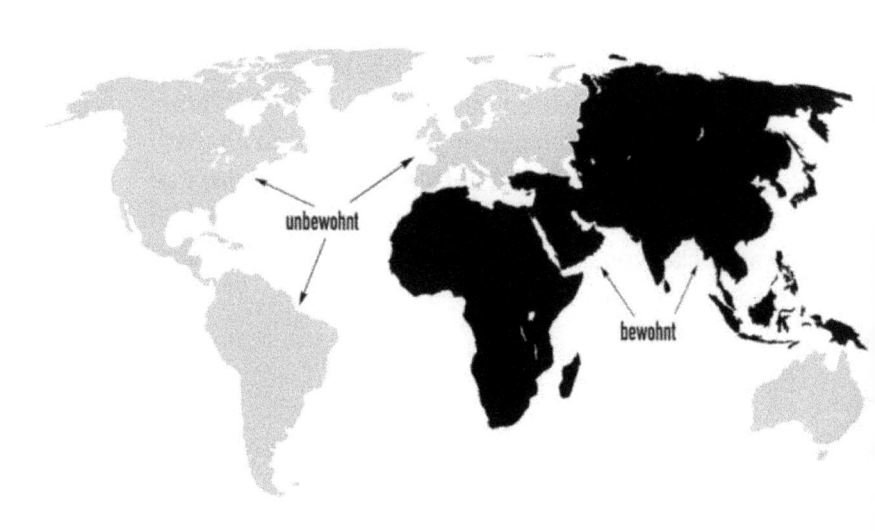

Wenn Sie die volle Punktzahl wollen, tragen Sie Ihren Tipp hier in dieses Feld ein. Antwort eins: ⟶

Einfach oder schwierig? Beantworten Sie das nach Gefühl oder versuchen Sie, das anhand von Ihnen bekannten Informationen zu schätzen oder zu berechnen? (Merken Sie sich das doch für Kapitel 12).

Führen wir das Gedankenexperiment fort. Nehmen wir jetzt zusätzlich auch noch Afrika komplett weg; wir ziehen also die 1,4 Milliarden Menschen, die dort heute leben, zusätzlich ab. Damit kommen wir noch weiter in die Vergangenheit.

Frage zwei: Wann war die Menschheit an diesem Punkt? (Die Menschheit heute abzüglich der Bevölkerung von Europa, Nord- und Südamerika, Australien und Afrika)

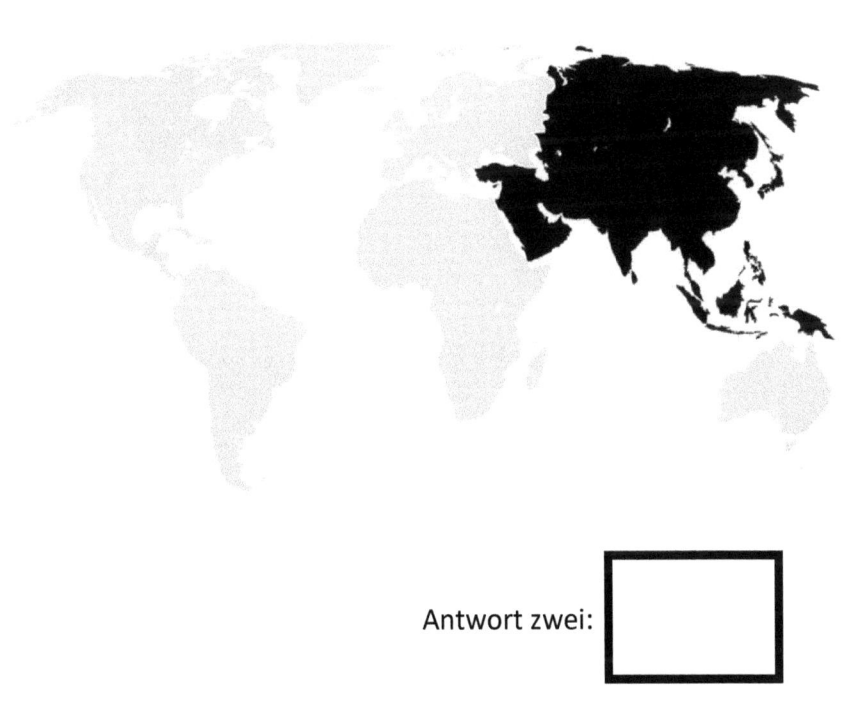

Antwort zwei:

Und weiter geht's. Jetzt nehmen wir neben Europa, ganz
Amerika, Afrika und Australien auch noch China weg.
Ebenfalls 1,4 Milliarden Menschen. Wann war das?

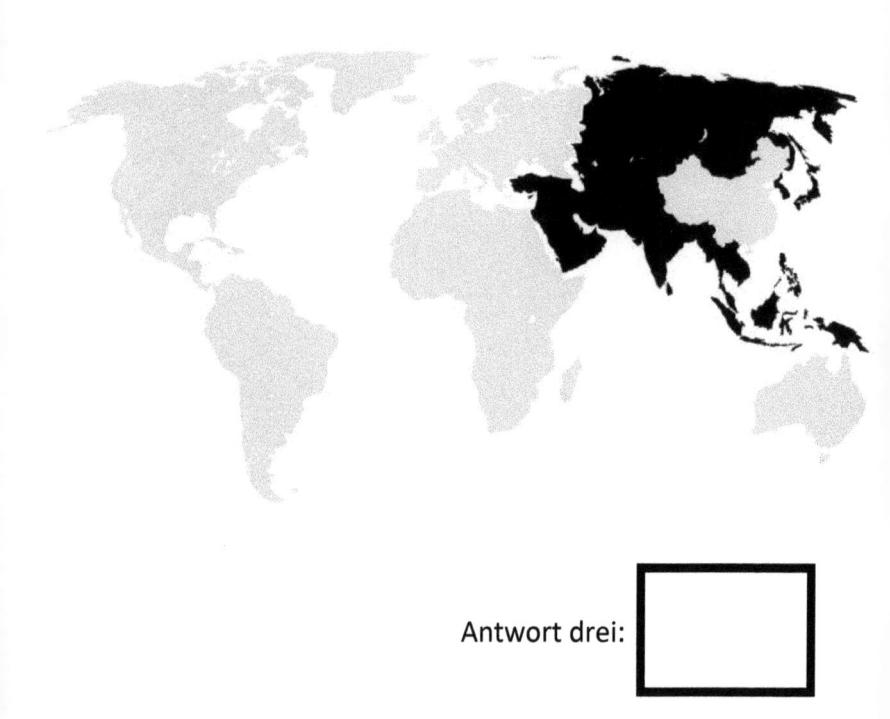

Antwort drei:

Und zuletzt nehmen wir nun noch Indien, das
bevölkerungsreichste Land aller Zeiten, komplett weg.

Also: Wann waren wir so viele Menschen weniger, wie heute in Europa, Nord- und Südamerika, Afrika, Australen, China und Indien insgesamt leben?

(Was bleibt da noch groß übrig, werden Sie sich vielleicht fragen. Aber trauen Sie sich mal und schätzen Sie – erfährt ja niemand.)

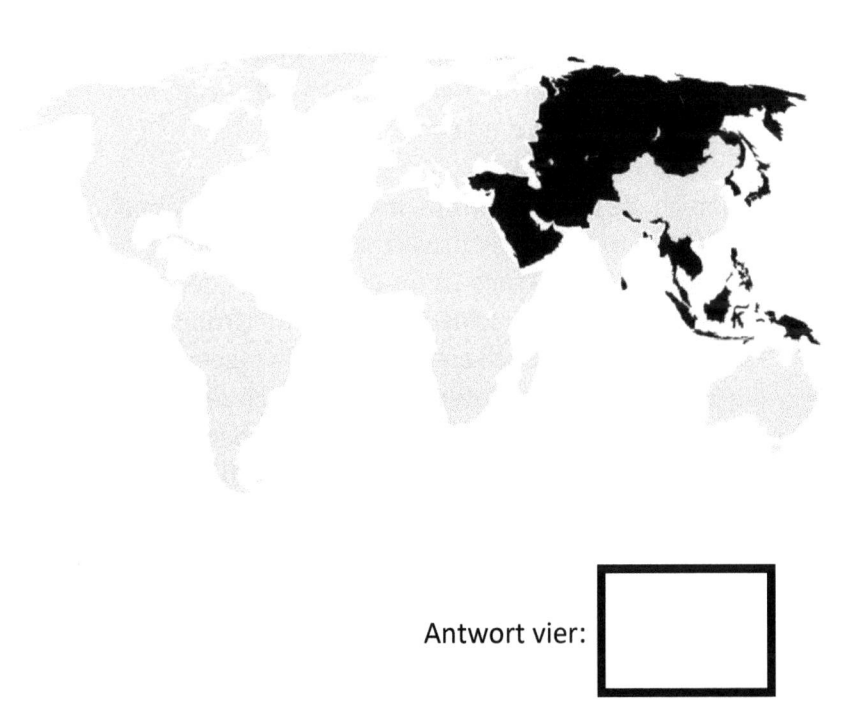

Antwort vier:

Geschafft!
Wie sicher sind Sie sich mit Ihren Tipps?
Dieses Quiz mache ich gerne zum Vortragseinstieg mit größeren Gruppen. Es ist bemerkenswert, wie weit die

verschiedenen Schätzungen auseinandergehen. „Vor dreihunderttausend Jahren" und „vor fünfzigtausend Jahren" sind eher auf der großzügigen Seite der Schätzungen, die bisher kamen.
Aber auch, wenn Sie in Zeiträumen von einigen Tausend oder bis zehntausend Jahre unterwegs waren, sind Sie in guter Gesellschaft.
Am häufigsten tippen die Menschen auf der Skala von Jahrhunderten. Einfach für Sie zur Orientierung, was andere so mutmaßten. Manche wittern auch einen Trick („bestimmt irgendwas total Krasses") und bemühen sich, ihre intuitiven Schätzungen entsprechend anzupassen – vielleicht haben Sie das ja auch gemacht.

Bevor ich die Lösung verrate, möchte ich noch darauf hinweisen, wie bemerkenswert die Spannweite der Antworten ist. Die Frage ist für die Mehrheit der Teilnehmenden unterschiedlichster Berufsgruppen und Führungsebenen so schwierig, dass viele regelrecht in die Luft schießen und raten, weil sie es sich selbst größenordnungsmäßig nicht herleiten können. Ich hatte bislang erst *einen einzigen* Teilnehmer, der höchst treffsicher geschätzt hat[34] und ich werde immer aufmerksam, wenn jemand bei ungewöhnlichen Fragestellungen *sehr gut schätzen* kann.

Vermutlich liegt das Faszinationspotenzial an diesem Quiz (Ich hoffe, Sie fanden es auch interessant, darüber zu grübeln) darin, dass man es sich so schwer herleiten kann, wenn man die Antworten nicht zufällig *weiß* – und darin, wie erhellend die Antworten sind.

---

[34] Grüße an Paul G. aus Darmstadt

Übrigens: Das Einfügen von Australien in dieses Quiz ist eigentlich ein Gag. Nach Einwohnern ist Australien die drittgrößte *Stadt* der Welt. Ich hoffe, das hat Sie nicht zu sehr abgelenkt.

Kommen wir also zur Lösung.

Frage eins: Die Welt ohne Europa, Nord- und Südamerika und Australien:
Das war im Jahr 2003.

Frage zwei: Die Welt ohne Europa, Nord- und Südamerika, Afrika und Australien:
Das war im Jahr 1985.

Weltbevölkerung von 1985

Frage drei: Die Welt ohne Europa, Nord- und Südamerika, Afrika, China und Australien:
Das war im Jahr 1970.

Weltbevölkerung von 1970

Frage vier: Die Welt ohne Europa, Nord- und Südamerika, Afrika, China, Indien und Australien: Das war im Jahr 1927. Damals lebten auf der Erde zwei Milliarden Menschen.

Weltbevölkerung von 1927

Königin Elisabeth II wurde 1926 geboren. Im Laufe dieses einen Lebens hat sich die Menschheit *vervierfacht*. Seit der Geburt meines Vaters in den 1950ern hat sie sich verdreifacht.

> Noch vor einem einzigen Jahrhundert war die Erde so menschenleer, als würde man die heutigen Europäer und Inder auf einer ansonsten unbewohnten Erde verteilen.

Na, wie nah waren Sie dran?
Vielleicht noch eine interessante Zahl in diesem Kontext: Die *Zahl der hungernden Menschen weltweit* wird für das Jahr 2003 mit rund 950 Millionen angegeben. Im Jahr 2020 waren es noch 770 Millionen. „Wieso wird so wenig gegen den Welthunger getan?", mahnen die

NGOs dieser Welt gerne. Wir haben aber eben gesehen, dass die Weltbevölkerung im gleichen Zeitraum *um* etwa 1,7 Milliarden Menschen zugenommen hat. Die weltweite Agrarindustrie hat ihre Versorgungskapazität also in rund 20 Jahren um fast zwei Milliarden Menschen erhöht. Damit hat sie in zwei Jahrzehnten die Ernährung für die gesamte menschliche Zivilisation von 1927 buchstäblich aus dem Boden gestampft[35] – aber eben nicht genug, um mit dem bislang exponentiellen Wachstum der Menschheit[36] schrittzuhalten.

Warum verwende ich dieses Quiz zur Einstimmung? Das mache ich vor allem dann gerne, wenn es um die Andersartigkeit der *Generation Z* geht. Der Grund, warum die Generation Z für die Generation der Babyboomer so rätselhaft ist, liegt daran, dass die Generation Z Außerirdische sind. Wie meine ich das? Ich meine das so:

> *Wir leben heute auf einem anderen Planeten als dem, auf dem unsere Eltern geboren wurden.*

„Ich sitze in einem ICE und nehme über mein Smartphone an einem Online-Meeting über den Einsatz von KI in Sozialen Medien teil" ist ein Satz, von dem mein Vater in meinem Alter nur „Meeting" verstanden hätte. Und ich bin ja schon ein Fossil im Vergleich zu den

---

[35] Plus die Ernährung der rund 80 Milliarden Landnutztiere, welche die Menschheit pro Jahr schlachtet; Quelle: Food and Agriculture Organization of the United Nations

[36] Natürliches Wachstum beginnt immer exponentiell und kippt dann in logarithmisches Wachstum. Die Weltbevölkerung wird wahrscheinlich bei zehn bis elf Milliarden stagnieren.

Gen-Zlern, die jetzt auf einen Arbeitsmarkt treffen, welcher buchstäblich in einem anderen Jahrtausend geprägt wurde. Geprägt in einer Zeit, in dem Fleiß und Durchhaltevermögen nicht nur notwendige Bedingungen für ein Leben in Wohlstand waren, sondern auch *hinreichende*. Wer im Westen in der Mitte des 20. Jahrhunderts in der Lage und bereit war, viel und hart zu arbeiten, der konnte sich *sicher* ein Leben in Wohlstand aufbauen. Das ist heute nicht mehr so. Sagt auch der britische Selfmade-Millionär Mark Tilbury. Und das liegt nicht nur daran, dass schon für meine Generation Wohlstand[37] etwas anderes bedeutet als „ein Dach über dem Kopf, ein Stück Fleisch auf dem Teller und ein Auto, mit dem ich überall hinfahren kann".

Wir leben auf einem Planeten, der mit der Welt von 1950 kaum noch etwas zu tun hat. Menschen können keine vierzig Jahre mehr den gleichen Beruf ausüben und nicht mehr vierzig Jahre lang dieselbe Maschine bedienen, weil es weder die Maschine noch den Job überhaupt so lange geben wird.

Wir haben Heilungen für Krankheiten gefunden, die es 1950 noch gar nicht gab, haben Roboter auf dem Mars und in den Hosentaschen intelligente Assistenten mit dem Zugriff auf das Wissen der Menschheit, können jeden Menschen binnen 10 Sekunden erreichen, egal wo auf der Welt, und können binnen eines Tages jeden Winkel der Erde erreichen. Alle 30 Sekunden wird ein Patent angemeldet, alle 12 Sekunden eine wissenschaftliche Publikation veröffentlicht.

---

[37] Hierzu mehr in Puzzleteil 12.

Die Geschwindigkeit des Fortschritts hat so zugenommen, dass auf jeden Fall im Laufe Ihres Lebens noch etwas an Ihnen vorbeifahren, -gehen oder -schweben wird, von dem Sie nicht wussten, dass es überhaupt die Technologie dafür gibt. Der Experte für künstliche kognitive Architektur Dave Shapiro wettete 2023, dass menschenähnliche, künstliche Intelligenz noch im Erscheinungsjahr dieses Buches, 2024, erreicht werden wird. OpenAI-Chef Altman spricht von „wenigen Tausend Tagen". Es gibt Wissenschaftler, die sagen, dass sich die Medizin in den kommenden Jahrzehnten so weit entwickeln wird, dass heute geborene Menschen abgesehen von Unfällen technisch gesehen unbegrenzt lange leben werden können. Und das ist angesichts der unfassbaren Beschleunigung, welche künstliche Intelligenz bereits jetzt in der Grundlagenforschung erzeugt – jetzt, wo sie noch gänzlich in den Kinderschuhen steckt – alles andere als unvorstellbar.

Als die Queen geboren wurde, galt das Atom als unteilbar, das Penicillin war noch nicht entdeckt, jeder vierte Mensch starb vor seinem fünften Lebensjahr und zwei von drei Deutschen waren Landwirte. (Heute ist es einer von hundert). Clärenore Stinnes brauchte für ihre heroische Weltumrundung im Auto mehr als *zwei Jahre.*

Unsere Kinder sind aus der Sicht von Menschen, die in den 1950ern geboren wurden, Außerirdische. Außerirdische, die zudem künstliche Außerirdische in ihren Hosentaschen haben. Menschen, deren Jugend und Entwicklungsphase länger und länger wird, damit sie einen höheren Komplexitätsgrad in ihrem Denken und in anderen komplexen Fähigkeiten erreichen können.

Es gibt einige Missverständnisse und Klischees der Generationen übereinander und es wird viel verallgemeinert und geschimpft. Die kommenden Abschnitte sind für diejenigen, die sich gerne pauschalisierend über die anderen Generationen äußern:

Diejenigen Alten, die über die Jungen schimpfen, begreifen nicht, dass es den Planeten, auf dem sie aufgewachsen sind, nicht mehr gibt. Man kann es in Westeuropa durch das Befolgen von Regeln und mit Fleiß allein nicht mehr zuverlässig zu Wohlstand bringen. Ein Eigenheim ist ohne Erbe für junge Menschen praktisch nicht mehr zu erwirtschaften, sagt Generationenforscher Rüdiger Maas.
Die Alten begreifen nicht, dass die Jungen schon mit 15 über die Sozialen Medien in einer Echtzeit-Weltöffentlichkeit stehen, die es früher nicht gab. Dass die Jungen nicht mit den Besten ihres Dorfes oder ihrer Gegend konkurrieren, sondern mit den Besten der Welt, in jedem Gebiet, gleichzeitig. Sie verstehen nicht, dass die Explosion an Freiheiten und Möglichkeiten mit einem unglaublichen Aufwand an Entscheidungen verbunden ist und wie groß der Druck ist, erfolgreich zu sein, *wenn es doch alle Möglichkeiten gibt*. Die jungen Leute messen sich täglich an angeblichen Selfmade-Milliardären, Hollywood-Stars, Wunderkindern, Teenager-Gründern und Models, an deren Abbildern kein einziger Pixel mehr echt ist; sie messen sich mit den krassesten und unwahrscheinlichsten Erfolgsgeschichten, während die meisten von ihnen mit

einer Wirklichkeit konfrontiert werden, die nichts davon zulässt.

Und gleichzeitig: Roboter arbeiten härter, Computer schreiben bessere Texte und malen bessere Bilder als sie selbst je werden; das alles in einer Zeit, in der niemand mehr an die Rente glaubt[38] und in der eine weltweite Seuche von näher rückenden Kriegen, permanenten sozialen Spannungen und einer absehbar nicht zu verhindernden Klima-Apokalypse mit explodierenden Lebensmittelpreisen und Hunderten von Millionen von Flüchtlingen ergänzt wird. Und um einzuschätzen, wie schlimm oder überlebbar diese Krisen sind, die uns ganztägig aus den Bildschirmen entgegensprudeln, bräuchte es die Gelassenheit der Erfahrung, die junge Leute naturgemäß nicht haben. (Und die Alten *unterschätzen* derweil die Gefahr von Krisen, weil sie alle bisherigen ja überstanden haben – *survivor's bias* nennt man diese Art der Fehleinschätzung.)

Diejenigen Jungen, die über die Alten schimpfen, begreifen nicht, dass es auch früher schon psychische Probleme und Frustration gab. Sie begreifen nicht, dass die Alten nicht nur alle Probleme geschaffen haben, sondern eben auch die komplette Welt, in der die Jungen aufwachsen.
Dass die Alten die Probleme wie Rassismus, Sexismus, Ungleichheit, Bildungsmängel, Armut und Ausbeutung nicht erschaffen haben, sondern dass sie sie nur noch

---

[38] 67% von über 20.000 Befragten gaben an, sich große oder sehr große Sorgen wegen Altersarmut zu machen. *NDR-Umfrage* 2024

nicht alle gelöst haben. Die schimpfenden unter den Jungen sehen nicht, welche Kämpfe die Alten bestritten haben und dass auch sie sich den drängendsten Problemen ihrer Zeit entgegengestellt haben. Diese Jungen begreifen nicht, dass der Kapitalismus nicht das Problem ist, sondern dass er nur *nicht alle Probleme löst* – und schon gar nicht sofort. Viele Junge begreifen nicht, dass die Welt nicht auf sie persönlich gewartet hat und dass man sich eine gesellschaftliche Position, Anerkennung und Gestaltungsspielräume erst verdienen muss – und dass Respekt auf Gegenseitigkeit basiert.

Viele Junge *und* Alte begreifen nicht, dass es diese sinistren Geheimmächte nicht gibt, die organisiert die Welt zerstören, sondern dass viele wohlmeinende Menschen auf unterschiedlichste Arten und in unterschiedlichsten Strukturen gegen unterschiedlichste Widrigkeiten kämpfen – und dass niemand einen Anspruch darauf hat, dass jemand anderes die eigenen Probleme löst. Die Jungen und die Alten begreifen oft nicht, dass trotz lokal drückender Krisen jeder neue Tag für die Menschheit der beste aller Zeiten ist, weil es insgesamt immerzu vorwärts geht[39]. Ja, nicht bei jedem Menschen, jeder Nation, jeder Firma und jeder

---

[39] Dringender Literaturtipp für wissenschaftlich fundierten Optimismus: *Factfulness* von Hans Rosling

Personengruppe gleichzeitig; lokal kann es auch schlimme Rückschritte geben; Kriege, Krisen, Tragödien sind an der Tagesordnung, überhaupt keine Frage. Aber so, wie trotz lokaler Schneestürme das Klima insgesamt immer wärmer wird, geht es in Gesundheit, Lebenserwartung, Wohlstand und Bildung mit dem Median der Menschheit beständig bergauf.

Die Größe der Probleme und Nebenwirkungen, die die Menschheit erschafft, liegt an der unglaublichen Macht, die uns unsere Zahl und unsere technologischen Fortschritte vor allem in den letzten 100 Jahren verliehen haben. Vor 150 Jahren hatten wir gar nicht die Möglichkeiten, das Weltklima irgendwie zu beeinflussen oder 70 Prozent aller Insekten zu vernichten oder 110 Millionen Haie pro Jahr zu töten; wir waren schlicht zu unbedeutend.

Jede Technologie, jede Entscheidung hat Nachteile und Nebenwirkungen[40]. Und jeder hat eine andere Idee davon, wie die Welt zu retten wäre und wo die Prioritäten liegen. Das Unbequeme an diesem undurchschaubaren Kuddelmuddel ist, dass es nur zwei Möglichkeiten gibt, damit umzugehen: Kompromisse oder Krieg. Und es gibt eine wachsende Anzahl von Leuten auf der Welt, die die erste Variante für unzumutbar halten, weil sie die zweite nie erlebt haben.

Niemals in der Geschichte hat die Welt sich annähernd so rasant und fundamental verändert wie heute. Zugleich ist heute der Tag mit der geringsten

---

[40] Darum dürfen Sie als Führungskraft auf Beschwerden hin auch zugeben, wenn Ihre Entscheidung auch Nachteile hat. Das ist in Ordnung, solange die Vorteile durch ihre Art oder Größe überwiegen.

Veränderung im Vergleich zu denen, die kommen werden. In einer Welt, die sich immer weiter verflüssigt und ausdifferenziert, wird einem alles, an das man sich klammert, zwischen den Fingern zerfließen wie Sand. Ein Leben in permanenter, fundamentaler Ungewissheit. Eine Aussicht, die vielen Menschen den kalten Schweiß auf die Stirn treibt – und die für unsere Kinder normal ist.

Ein Leben, das uns auf völlig andere Arten fordert als alles, das wir aus der Erfahrung oder der Geschichte kennen könnten, und das im Mittel dennoch luxuriöser, reicher, gesünder, gebildeter, vielseitiger, erfüllender und vermutlich länger ist als von allen Menschen, die vor der Queen lebten – und der allermeisten, die heute leben.

Von den Jungen wird bei der Arbeit viel mehr verlangt – also verlangen sie auch mehr von der Arbeit.

Respekt verbindet

Puzzleteil zwölf:
Superkraft & Flaschenhals

Frage:	Wie werde ich eine bessere Führungskraft, wie ticken Menschen und wie gehe ich damit um?
Antwort:	Puh, da machen wir besser zwei Kapitel dazu.

In Ihrem Führungsalltag ist es wichtig, dass Sie Menschen verstehen und dass Menschen Sie verstehen.

Darum tauchen wir jetzt vergleichsweise tief ein in eine Dimension der Persönlichkeitsentwicklung, mit der Sie garantiert in Ihrem Leben schon zu tun hatten, mit der Sie sich aber fast sicher noch nie systematisch beschäftigt haben. Wir beginnen mit einem Aspekt, der Sie direkt betreffen könnte und fahren dann fort zu dem Bereich, der Kommunikationsfähigkeiten bereichert.

Für die Entwicklung der eigenen Führungskompetenzen gibt es im Wesentlichen zwei limitierende Faktoren. Aus der jahrzehntelangen Autismus-Forschung von Cambridge-Professor Simon Baron-Cohen[41] wurden zahlreiche Erkenntnisse nicht nur über Menschen auf dem Autismus-Spektrum, sondern auch über „neurotypische" Menschen gewonnen. Aus dem Besonderen haben wir mehr darüber gelernt, wie das Gewöhnliche funktioniert.

Menschen gehen, grob gesagt, mit zwei verschiedenen Arten von Komplexität um, die ihnen im Leben begegnen.

Zum einen ist da die *Komplexität des Unbelebten*, also Atome, mechanistische und funktionale Zusammenhänge, Geometrie und Arithmetik, der Kern der Naturwissenschaften von Astronomie über Chemie bis Zytologie; Programmiersprachen, Formeln: *Systeme*.

---

[41] Falls der Name bei Ihnen Assoziationen weckt: er ist tatsächlich Cousin von *Sasha* Baron-Cohen, der wiederum vor allem bekannt ist durch seine Bühnenfiguren *Ali G.* und *Borat.*

Und zum anderen ist da die *Komplexität des Belebten*, also *soziale Komplexität*. Witze verstehen und erzählen können, Charme, Charisma, zwischen den Zeilen lesen können, Loyalität und Freundschaften, Empathie, überzeugen, Grenzen setzen, mit eigenen und fremden Emotionen umgehen, Timing, Authentizität, Haltung, Körpersprache lesen: *mit Menschen umgehen können*.

Beides sind sehr unterschiedliche Arten von Komplexität und Menschen investieren oft nicht gleich viel in beide. Stellen Sie sich die Kompetenzen in den beiden Feldern als zwei Ballons vor, die Sie aufpusten können. Nun sind die Luftballons, die wir bekommen haben, potenziell verschieden. Kennen Sie diese Ballons, die so hart und zäh sind, dass man erst einmal einen dicken, roten Kopf bekommt, bevor überhaupt irgendwelche Luft es da rein schafft? Und es gibt andere Luftballons, die sich sehr leicht aufpusten lassen. Das steht dafür, wieviel Einsatz ein Mensch braucht, um in einer Sache besser zu werden; also im Grunde das Talent für den Umgang mit der einen und der anderen Komplexität. Das kann bei beiden Ballons ähnlich sein – oder verschieden.

Wenn man jetzt erlebt, dass der *eine* Ballon sich leicht aufpusten lässt und der andere nur schwer, dann konzentriert man sich vielleicht lieber auf denjenigen, bei dem der Einsatz sich auch lohnt; bei dem man Fortschritte sieht und Erfolgserlebnisse sammelt. Wenn ein Mensch in diesem Bild also einen Ballon hat, der sich scheinbar wehrt und einen, bei dem es ganz leicht geht, dann besteht die Chance, dass er sich lieber mit dem leichten befasst als mit dem anderen.

Durch die intensive Beschäftigung mit der einen Seite hat der Mensch natürlich eine gute Chance, dass der eine Ballon, auf den er sich konzentriert, überdurchschnittlich groß wird (weil die meisten anderen Leute ihre Beschäftigung ja so *ungefähr* gleich auf beide verteilen). Damit verbunden ist ebenfalls die Chance, dass der eher vernachlässigte andere Ballon unterdurchschnittlich bleibt.

Für dieses Kapitel liegt der Fokus jetzt nicht darauf, ob bei einem Menschen nun beide Ballons noch klein sind (wie zum Beispiel bei Kindern) oder beide riesengroß wie bei, sagen wir, Physiker und Charme-Legende Richard Feynman; oder wieviel „Luft" insgesamt in den Ballons ist.
Hier schauen wir darauf, was es bedeutet, wenn ein Mensch zwei Ballons von *deutlich unterschiedlicher Größe* hat und was es bedeutet, auf welcher Seite der Mensch sein *Fundament* hat. Dieser Begriff wird weiter unten erklärt.

Natürlich ist in Wirklichkeit alles viel, viel komplexer und individuelle Unterschiede überwiegen bei Gehirnen immer. Man kann in so einem kurzen Kapitel nur die Grundidee vermitteln; deswegen möchte ich Sie bitten, Ihre Empfindlichkeit gegenüber Verallgemeinerungen in diesem Kapitel auf „niedrig" zu stellen. Ja, es ist alles komplexer und individueller und wir schließen nicht auf einzelne Individuen, aber irgendwo müssen wir ja mal beginnen. Wir hauen für unsere Erkenntnis-Skulptur erst einmal die grobe Kontur aus dem Marmor, also bitte haben Sie Nachsicht, wenn nicht sofort jede Locke des Haupthaars schon ausgestaltet ist.

Einen Menschen, bei dem beide „Ballons" ungefähr gleich groß sind, nennt Prof. Cohen einen *Brückenbauer*.

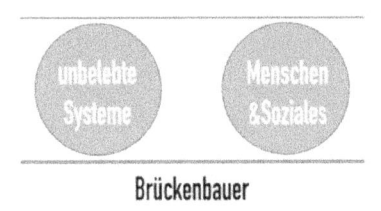

Brückenbauer

Um ein Bild zu bekommen, was eine Schieflage bedeuten könnte, kommen hier einige Beispiele dafür, wie das aussieht, wenn wir gedanklich aus dem einen Ballon langsam „die Luft herauslassen".

Beginnen wir bei jemandem, der einen stattlichen Systeme-Ballon hat und lassen aus dem sozialen, empathischen Ballon langsam die Luft heraus. Wir nehmen unserem fiktiven menschlichen Versuchskaninchen also schrittweise die Sozialkompetenzen weg.

Wenn wir gerade so viel ablassen, dass wir unter den Durchschnitt kommen, dann wären stereotype Beispiele für solche Menschen *Geeks* und *Nerds*. Also diejenigen Leute, die jetzt nicht unbedingt im Zentrum jeder Party stehen, die wir aber fragen würden, wenn wir ein Problem mit dem Computer oder bei einer Physik-/Chemie-/Matheaufgabe hätten.
Leute, die sozial gesehen nicht unbedingt Bonuspunkte sammeln und vielleicht auch mal den einen oder anderen subtilen Hinweis nicht mitschneiden, die aber absolut ihren Alltag bewältigen und mit ihren Fähigkeiten auch gut Karriere machen können.

„Geeks"

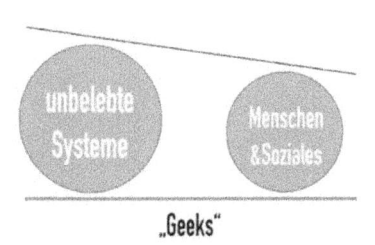

Lassen wir mehr Luft ab (und füllen diese Luft in den Systeme-Ballon), nähert sich das Klischeebild *Sheldon Cooper* aus *Big Bang Theory* an – das Stereotyp eines Menschen, der sich mit Systemen hervorragend auskennt, den wir aber als Asperger-Persönlichkeit beschreiben können und der in sozialen Interaktionen so verlässlich aneckt, dass man sich in einer ganzen Fernsehserie fortlaufend über Variationen hiervon amüsieren kann.

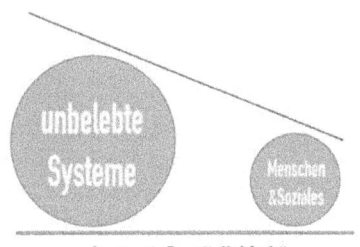

„Asperger Persönlichkeit"

Lassen wir noch mehr Luft ab aus unserem Sozialkompetenz-Ballon und wir kommen in den Bereich echter Autismusstörungen, zum Beispiel echtem Asperger-Autismus, der auch mit einer weiter erhöhten Chance auf überdurchschnittliche Leistungen auf der Systeme-Seite einhergeht. Hier gibt es im Alltag schon immer wieder erhebliche soziale Probleme, weil das Problem der *Substitution* relevant wird: Das Gehirn-

Netzwerk für *unbelebte Komplexität* dominiert fast vollständig und wird ständig herangezogen für die Bewältigung *sozialer Komplexität* – und diese Zweckentfremdung funktioniert nur sehr schlecht. Sozialverhalten von Menschen ist sehr nuanciert und schon leichte Abweichungen führen zu Störungen und Irritationen. Spott und soziale Ablehnung stellen hier bereits erhebliche Probleme dar, die nur selten durch überragende Leistungen im Bereich des Unbelebten kompensiert werden können.

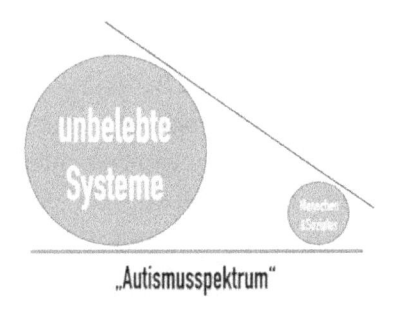

„Autismusspektrum"

Lassen wir fast die ganze Luft aus dem Empathie-Ballon ab, gelangen wir zu den schwersten Autismen, die klar als Behinderung benannt werden müssen und die häufig eine autonome Bewältigung des Alltags unmöglich machen. In den raren Fällen, in denen zugleich alle Luft in einen leichtgängigen Systeme-Ballon ging, kommt es zum Savant-Phänomen: Menschen mit unvorstellbaren, hochspeziellen Fähigkeiten. Menschen, die zum Beispiel nach dem Überfliegen einer Stadt ein hochdetailliertes Panoramabild dieser Stadt zeichnen können; die eine Sprache in einer Woche lernen oder die ersten 25.000 Stellen der Zahl Pi aufsagen können. Es leben nur einige Dutzend Menschen mit solch bemerkenswerten

Ausnahmefähigkeiten und der Preis, den sie dafür bezahlen, ist hoch.

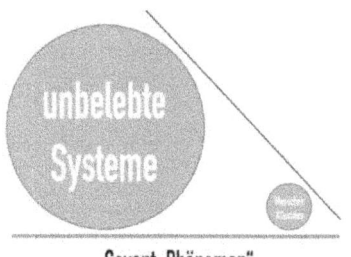

„Savant-Phänomen"

Beachten Sie bitte, dass wir bei diesen Beispielen stets davon ausgegangen sind, dass die mit der „Schwergängigkeit" des einen Ballons verbundene *Chance*, auf der anderen Fähigkeitenseite überdurchschnittlich stark zu werden, auch eingelöst wurde. Es handelt sich hierbei aber um eine Chance, keine Gewissheit. Nur, weil jemand sozial hölzern ist, muss er deswegen keine Kapazität auf dem anderen Gebiet sein. So um ausgleichende Gerechtigkeit bemüht wie wir ist die Natur leider nicht.

Diejenigen Menschen, die eine solche Ungleichheit zugunsten des Systeme-Ballons haben wie hier in den vier Beispielen beschrieben, nennt Cohen *Systematisierer*.

So viel zu den Nachteilen fehlender Sozialkompetenzen bis tief in den pathologischen Bereich hinein. Für fehlende Akzeptanz und soziale Ablehnung reichen aber schon weitaus geringere Defizite in den Sozialfertigkeiten. Zum Beispiel Mängel bei Integrität oder Authentizität$_3$.

Superkräfte des Systematisierers

Sowohl Systematisierer als auch Empathen sind in gewisser Weise spezialisiert. Und es ist doch einleuchtend, dass jemand, der von Kindesbeinen an fünfmal die Woche Tennis spielt mit dreißig vermutlich besser Tennis spielen wird als jemand, der mit zwanzig anfängt, zweimal die Woche Tennis zu spielen.

Systematisierer sind überdurchschnittlich gut im Erkennen von Mustern. Das wissen wir, weil IQ-Tests (trotz ihrer eher geringen Aussagekraft) aufgrund ihrer Standardisierbarkeit hochbeliebt sind. IQ-Tests sind regelrecht gemacht für Systematisierer, weswegen IQ-Vereine wie Mensa e.V. voll sind von ihnen. Sie können oftmals glänzend auch komplexe unbelebte Zusammenhänge erkennen, quantifizieren und in kreativer Weise Schlussfolgerungen ziehen oder Modelle entwickeln. Das ist die Superkraft von Systematisierern. Sie haben das Problem oft längst durchschaut, noch während es ausgesprochen wird, und können viele Parameter eines Problems zugleich in sich abbilden und miteinander prozessieren. Ihre Geduld wird deshalb beim Umgang mit „Normalos" oft auf die Probe gestellt.

Diese Spezialisierung erzeugt umgekehrt ein Defizit beim Lesen von lebendigen Komplexitäten wie Körpersprache oder sozialer Dynamik. Das reicht, je nach Spezialisierungsgrad, bis zu einer Diagnose, die Cohen *mind-blindness* nennt, also einer teilweisen bis totalen Blindheit gegenüber dem Innenleben anderer Menschen. Werfen wir nun einen Blick auf die andere Seite, die der Empathen.

Empathen

Beginnen wir wieder bei ausgeglichenen Ballongrößen und lassen nun schrittweise die Luft aus dem Systeme-Ballon ab. Dadurch begeben wir uns schrittweise weg vom Brückenbauer hin zu einem Menschen, den Cohen *Empath* nennt.

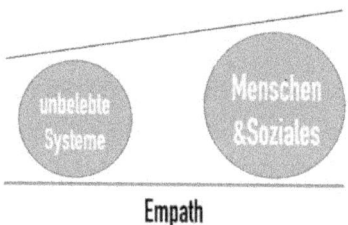

Empath

Hier finden wir nun zuerst die Menschen, die sich auf einer Party oder bei anderen gesellschaftlichen Anlässen sicher und charmant bewegen können, die aber auch gerne „damit angeben, wie schlecht sie früher in Mathe waren." Sie sehen an der Beschreibung schon, dass sich damit sehr viele Menschen identifizieren könnten; und die Vor- und Nachteile dieser kaum messbaren „Schieflage" sind wohl kaum von größerer Relevanz als die des Gegenstücks auf der anderen Seite, den *Geeks*. Lassen wir mehr Luft ab (und wir nehmen diese Luft ja für die andere Seite), bekommen wir „Mensch-Menschen." Leute, denen andere zum Beispiel schnell vertrauen, die wissen, wie sie selbst und andere ticken, die gewinnend, nahbar, loyal und zugewandt sein können, die vielleicht „den Laden zusammenhalten", die aber keine besonderen Talente beim Umgang mit Technologie sind oder die naturwissenschaftliche oder abstrakte Phänomene treffsicher erklären können. (Wir erinnern uns: sonst wären sie *Brückenbauer*).

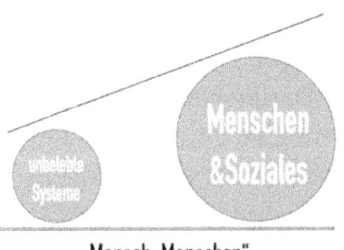

„Mensch-Menschen"

Wenn wir hier mehr Luft ablassen, beginnt auch hier das Phänomen der *Substitution* Überhand zu nehmen. So, wie der Systematisierer mit seinen Einschätzungen in sozialen Situationen scheitert, weil er die Bedeutung von Fakten überbewertet und Untertöne überhört, kann der Empath den sozialen Aspekt einer Situation überschätzen und dadurch Fehleinschätzungen erliegen.

Superkräfte der Empathen

Empathen sind meiner Überzeugung nach ebenfalls überdurchschnittlich gut im Erkennen von Mustern. Aber eben *Muster im Verhalten und in Signalen von Menschen (oder Lebewesen überhaupt)*. Leider kann man zwischenmenschliche Situationen und die Vielschichtigkeit des hineinspielenden Kontexts wissenschaftlich überhaupt nicht isolieren und daher auch absehbar keine standardisierbaren Tests entwickeln, auf deren Ergebnisse Empathen dann genauso stolz sein könnten wie Systematisierer auf ihr Ergebnis beim IQ-Test (und *oh, das sind sie*).

Wir haben zu belebter Komplexität bislang keine Formulare, die man ausfüllen kann und auch keine virtuellen Szenarien, in denen Menschen sich sozial bewähren können und an deren Ende dann eine Zahl steht, die uns sagt, wie stark die Sozialfähigkeiten eines Menschen sind. Darum gibt es bis heute Bewerbungsgespräche und Assessment-Center. Nichts hätten Arbeitgeber lieber als ein billiges, treffsicheres, standardisierbares und automatisierbares Verfahren zum Ermitteln von sozialen Fähigkeiten. Aber so etwas wird erst über virtuelle Realitäten und wirklich gute KI im Ansatz abbildbar. Bis dahin müssen Empathen sich *empfehlen lassen*: Sie müssen andere von ihren Fähigkeiten überzeugen, indem sie sie demonstrieren. So hangeln sie sich von Torwächter zu Torwächter.

Eine weitere bei Empathen wahrscheinlichere Superkraft ist etwas, das man letztlich mit *Mystik* übersetzen muss. Mystik ist der Ursprung von Spiritualität überhaupt, die geistige Erforschung seiner selbst und darüber hinaus zu den eigenen Werten und dem Gefühl des Göttlichen in sich. Wenn Ihnen diese Formulierung unangenehm ist, machen wir es technischer, ohne den Inhalt zu verändern: Empathen sind besser darin, Kontakt mit denjenigen Hirnfunktionen herzustellen, die nicht in verbaler, symbolgebundener Sprache funktionieren. Das passiert natürlich oftmals wenig systematisch, sondern geradezu alchemistisch; aber über Bilder, Zeremonien und Rituale kann man zu Hirnregionen sprechen, die dem sprachzentrierten Systematisierer unzugänglich bleiben. Es würde mich nicht verwundern, wenn die Medizin irgendwann einen Großteil des rätselhaften Placeboeffekts auf solche Fähigkeiten zurückführen könnte – auch wenn das natürlich nur Spekulation ist und der Aufbau geeigneter Experimente *herausfordernd* wäre.

Sich selbst auf diesen nonverbalen Ebenen zu regulieren und sich in emotionale und Energiezustände zu bringen, die für eine Situation geeignet sind, ist eine Kernfähigkeit erfolgreicher Leute; *emotionale Intelligenz*.

Bedürfniszentrierung, Dankbarkeitspraxis, Routinen, das innere Kind/innere Team, Humor, Spiritualität (und auch ihre zahllosen esoterischen Auswüchse) gehören alle zu diesem Feld der Selbstregulierung. Buzzword: *Mindset*.

Hierzu einen intuitiven Draht zu haben oder in systematischer Weise besser zu werden ist ein Faktor, der definitiv mit über eine langanhaltende Karriere entscheidet. Wer klug ist, kann diesen Bereich nicht ignorieren und nicht dem Zufall überlassen. Aber so, wie die Spezialisierung beim Systematisierer Kosten und Risiken erzeugt, ist das auch beim Empathen der Fall.

Ein fiktives Beispiel zur Veranschaulichung der Unterschiede in der Auffassung zwischen Systematisierern und Empathen:

Während einer globalen Pandemie präsentiert ein fiktiver Gesundheitsminister eine neue Harvard-Studie, aus der hervorgeht, dass das Tragen von Masken die Übertragung von Viren um X Prozent verringern kann.

Ein Systematisierer würde in dieser Situation so etwas sagen wie: „Ich will diese Studie sehen", damit er oder sie sich anhand der Fakten und anhand der Validität der Studie ein eigenes Urteil bilden kann. Ein Empath bewertet das Ganze als soziale Situation: Der Minister will, dass wir tun, was er sagt, und wedelt dazu mit einem Zettel, auf dem „irgendetwas steht, womit er sich rechtfertigt". Manche Empathen werden der Empfehlung folgen, andere nicht. Ausschlaggebend sind hierfür aber je nach Ausprägungsgrad zunehmend soziale Kategorien, nicht derjenige Teil, der sich auf die unbelebten Zusammenhänge bezieht.

Jetzt kommt ein Abschnitt, der nach Vorträgen zuverlässig zu bösen Kommentaren führt. Mir ist es noch nicht gelungen, das Folgende so zu erklären, dass niemand sich in seiner Identität angegriffen fühlt und ohne durch Herumgeeiere an Klarheit zu verlieren. Wenn der kommende Abschnitt Sie kränkt, dann kann ich da leider nichts mehr unternehmen. Aber dann wissen Sie immerhin, wo Prof. Cohen Sie auf seiner Skala verorten würde. Der Abschnitt:

Lassen wir noch weiter Luft ab aus dem Systeme-Ballon, dann werden Situationen *immer* sozial gelesen. Und manche Situationen sind eben im Kern nicht rein sozial. Wenn Urmenschen von einem Unwetter überrascht werden und glauben, dies wäre der Ausdruck von *Zorn* durch Naturmächte oder Götter, dann ist das eine Anwendung belebter, sozialer Logik auf ein unbelebtes, mechanisches Ereignis. Oder wenn ich glaube, einen Parkplatz gefunden zu haben, weil *das Universum* meine diesbezügliche gedankliche Bestellung entgegengenommen hat, ist das dasselbe Prinzip. Konzepte wie „Plandemie", die implizieren, dass eine Epidemie, die mechanisch durch ein aus Atomen bestehendes Virus entstanden ist, in Wahrheit ein *soziales* Ereignis ist – eine Verschwörung geheimer Mächte – werden so verständlich.

Menschen mit einem sehr kleinen Systeme-Ballon werden zunehmend anfällig für magisches Denken. So, wie der Systematisierer das Soziale unterschätzt, unterschätzt der Empath tendenziell die Auswirkungen von unbelebter Mechanik. Glaube an Esoterik, Homöopathie, Übernatürliches und zahllose Varianten von Verschwörungstheorien sind Ausprägungen eines Ungleichgewichts, das neurologisch so etwas ist wie das „Gegenteil von Autismus" und das eben auch mit Risiken und Nachteilen einhergeht – aber eben ganz anderen. Es ist verblüffend, wie wenig Aufmerksamkeit der Stand der Forschung zu diesem Phänomen von der Öffentlichkeit erhält.

Dieses Phänomen erreicht oft – wie das Autismusspektrum – den Grad einer Entwicklungsstörung, mit gravierenden Auswirkungen auf Lebensentscheidungen und Risikomanagement. Ist es nicht verblüffend, dass wir – ganz anders als Autisten – hiervon betroffene Menschen oft einfach verspotten und ausgrenzen und diese Problemstellung zu einem Teil ihrer *Persönlichkeit* erklären? Das ist diesen Menschen gegenüber nicht fair und eben auch nicht hilfreich. Bei Menschen auf dem Autismusspektrum hat die Mehrheit der Bevölkerung inzwischen verstanden, dass sie besondere Bedürfnisse haben, die man berücksichtigen sollte. Bei der Gegenseite herrscht hier noch immer Unverständnis, Ablehnung, Spott und offene Feindseligkeit (von beiden Seiten). So, wie die Neigung auf der Systematisiererseite von einem *Merkmal* über eine *Charaktereigenschaft* zunehmend auch zu einem *Handicap* wird, ist das auf der Empathenseite auch der Fall.

Der Empath nimmt dort große Risiken auf sich, wo die Bilder, die emotionalen Bewertungen, die intuitiven

Prozesse der nonverbalen Anteile des Geistes als *die Wirklichkeit* angesehen werden. Das Trügerische, das unsere emotionalen Ratgeber mit ihren Bewertungen von Situationen an sich haben, ist das Ausmaß an Gewissheit und das „Selbstvertrauen", mit dem sie zu uns sprechen:

> Das Gefühl beinhaltet das Gefühl, dass das Gefühl wahr ist.

Unsere Instinkte sind gemacht für *soziale* Kategorien und *soziale* Situationen. Sie zu zweckentfremden für Zusammenhänge, die hohe mechanische Komponenten haben, ist gefährlich. „Man sieht nur mit dem Herzen gut, das Wesentliche ist für das Auge unsichtbar" ist eine Wahrheit, die Empathen aus der Seele spricht – die sich aber nur auf Zwischenmenschliches und auf das eigene Erleben bezieht; nicht darauf, wie man einen Motor repariert, welche Reißfestigkeit ein Dachträger haben muss oder wie sich die Risiken einer Impfung und einer Viruserkrankung zueinander verhalten.

Wenn wir solchen Menschen einfach erklären, dass sie mit ihrer Einschätzung *falsch liegen* und sie mit Fakten überschütten, dann werden sie auch *das* als sozialen Akt lesen. Nämlich als einen der Ablehnung, der Selbstüberhöhung und des Spottes. („Ich weiß das besser als du, du verstehst das nicht, ich erkläre dir das mal, du bist dumm.") Dann gehen diese Menschen einfach woanders hin; zu Leuten, die sie, also ihr Gefühl, verstehen. *Menschen, deren Emotion gehört wird, fühlen sich gehört*[10].

Wenn dann von außen immer mehr (Fakten-)Druck auf die entstehenden Gruppen ausgeübt wird, werden diese sich gegen solche für sie unverständlichen und übergriffige Attacken gemeinsam zur Wehr setzen – so entstehen Bewegungen wie die der Querdenker, der harte Kern der Flacherden-Bewegung oder auch der Q´Anon-Kult, der weltweit Millionen und selbst in Deutschland schätzungsweise 200.000 Follower hat[42].

Das ist der Grund, warum während der Pandemie der Widerstand trotz immer besserer Faktenlage immer erbitterter wurde. *Fakten bewirken nichts bei Menschen, die für ihre Entscheidungen keine Fakten verwenden*. Erhöhter Druck führt hier nur zum *Backfire-Effekt*, der den Widerstand Leistenden in seiner Sicht noch weiter verstärkt und *nur* zur Frontverhärtung beiträgt.

Für krasse Empathen sind naturwissenschaftliche Zusammenhänge genauso kryptisch und suspekt wie die Emotionen anderer für Menschen auf dem Autismusspektrum. Weil wissenschaftliche Artikel für sie von wissenschaftlich klingendem Nonsens nicht zu unterscheiden sind, vertrauen sie nicht Studien, sondern *Menschen*. Bevorzugt denjenigen, die ihnen *aus dem Herzen sprechen*, also ihrer gefühlten Wahrheit Stand geben. Das macht sie in Krisen abhängig und verführbar.

Grundsätzlich: Wenn wir in einem Konflikt mit Fakten nicht weiterkommen, dann liegt der Konflikt oft nicht in der Sache – oder Fakten sind nicht das, was den Ausschlag geben wird.

Weiter oben im Kapitel wurde das Fundament erwähnt. Damit ist gemeint, was *das Eigentliche* für einen

---

[42] *QAnon Is Thriving in Germany. The Extreme Right Is Delighted*, Bennhold, Katrin, The New York Times, 11. Oktober 2020.

Menschen ist, die „letztliche Wahrheit", auf der alles andere mittelbar aufbaut. Für Menschen mit stark systematisierender Tendenz ist dieses Eigentliche mit höherer Wahrscheinlichkeit ein mechanistisches Universum. Sterne, Atome, Galaxien, Kräfte und Naturgesetze. Aus diesen hat sich mit der Zeit das Leben entwickelt; und darauf basieren soziale Interaktionen und Bewusstsein und Gefühle. Das *Eigentliche* darunter ist für Systematisierer aber so etwas wie „ein wobbelnder Quantenschaum aus Energie und Teilchen". Der Systematisierer tendiert, was Leben angeht, zur Evolutionstheorie – aufgrund der überwältigenden Faktenlage.
Ein Beispiel für ein mögliches Lieblingsbuch: *Eine kurze Geschichte der Zeit* von Stephen Hawking.

Für einen starken *Empathen* ist das Fundament wahrscheinlicher das Bewusstsein: Emotionen, Erleben, das Leben selbst: *Ich*. Und darauf aufbauend andere Bewusstseinsträger: Menschen. Durch das menschliche Handeln und Fühlen und Erleben sind Dinge wie Theorien und Wissen entstanden, aber das *Eigentliche* ist das Bewusstsein, das Soziale. Menschen eben. Und, bei vielen, eine Form von Göttlichem oder Universellem, Kosmischem und/oder Übernatürlichem. Ein Beispiel für ein mögliches Lieblingsbuch: *Der Kleine Prinz* von Antoine de Saint-Exupéry.

Aus diesen Einsichten wollen wir nun Strategien ableiten. *Was tun wir damit*, wie verschieden Menschen in ihren Kompetenzen mit Unbelebtem und Belebtem sind?

Führungskräfte sind Brückenbauer

Puzzleteil 13: Systematisierer und Empathen

Frage:	Wo muss ich investieren, um möglichst schnell besser zu werden?
Antwort:	Für eine Expertenkarriere ins Thema; als Führungskraft dort, wo es am mühseligsten und irrelevantesten erscheint (sorry).

Führungskräfte brauchen beides; Sachverstand und soziale Kompetenzen. Führungskräfte werden an vielen Orten nach wie vor bevorzugt wegen ihrer Fachkompetenz befördert. Falls Sie zur Führungskraft befördert wurden, ist daher die Chance, dass Sie Fachkompetenz besitzen, ziemlich hoch.
Die Chance, dass es sich bei dieser Fachkompetenz um einen *hard skill*, also die *systematische Behandlung von Unbelebtem* handelt, ist ebenfalls hoch.

Das bedeutet im Umkehrschluss, dass der Engpass für Ihre weitere Entwicklung zu einer noch besseren Führungskraft vermutlich *nicht* Ihre hard skills sind.

Darum werben so viele Trainer für soziale Kategorien, für Haltung, Kultur oder organisiertes Vertrauen[43].

---

[43] *Die angstfreie Organisation: Wie Sie psychologische Sicherheit am Arbeitsplatz für mehr Entwicklung, Lernen und Innovation schaffen,* Amy C. Edmondson, 2020

Der häufigste Flaschenhals für die Karriere von Führungskräften ist heute:

> 1. die Fähigkeit, mit eigenen *und* fremden Emotionen und Bedürfnissen umzugehen,
> 2. Vertrauen zu verdienen *und* zu schenken und
> 3. Konflikte zu lösen –

allesamt soziale Kategorien.
Insofern könnte sich (auch) in Ihrem ureigenen Interesse ein Blick auf diese Dinge umso mehr lohnen, *je weniger Sie das für relevant halten*.
Zweitens sind die Erkenntnisse aus diesem Kapitel wichtig für unser Kommunikationsverhalten. So zu sprechen, dass unser Gegenüber nichts versteht, ist Zeitverschwendung. Hören Sie hin: in welchen Kategorien spricht Ihr Gegenüber? Welche Worte verwendet er oder sie? Sind das häufiger technische, mechanische Begriffe, die Zusammenhänge des Unbelebten beschreiben? Oder eher soziale Kategorien, die sich auf Handlungen, Emotionen, Beziehungen, Wünsche, Schuld, Verdienste oder Machtausübung beziehen?

Wenn ein Mensch hier eine klare Präferenz hat, ist er über entsprechende Kategorien vermutlich auch besser zu erreichen und besser zu überzeugen. *Sprechen Sie die Sprache Ihres Gegenübers.* Verstehen Sie, wie Menschen in dieser Hinsicht ticken.

Übrigens handelt es sich bei dieser Persönlichkeitsdimension nicht um eine starre Eigenschaft. Selbst, wenn wir grundsätzlich eine deutliche Präferenz für einen der beiden Ballons haben:

Tagesform, Stimmung und Situation haben natürlich einen großen Einfluss. Der Anblick einer technischen Zeichnung wird vielleicht eher unseren systematisierenden Anteil wecken, der Anblick unseres verzweifelt weinenden besten Freundes vielleicht eher den empathischen.

Wir können uns außerdem auch aktiv auf bestimmte Aspekte einer Sache *fokussieren*. Auch ein Systematisierer kann sich vorstellen, wie jemand anderes sich fühlt und auch ein Empath kann verstehen, wie ein Laser funktioniert. Das kann aber mehr Konzentration erfordern als bei anderen Menschen, weil man ohne diese gezielte Aufmerksamkeit vielleicht wieder in seine Gewohnheit rutscht. Aber genau durch diese Konzentration kann ein Mensch, der sich häufig mit der ungewohnten Sache beschäftigt und diese Aspekte bewusst mit einbezieht, auch schnell besser werden und damit die Gefahren, die mit Defiziten auf der einen oder auf der anderen Seite einhergehen, verringern. Es zählt das Interesse und die Übung. Durch Interesse und durch das Steuern Ihrer Aufmerksamkeit können Sie bestimmte Fähigkeiten *kultivieren* und eine Datenautobahn zu Ihrem Bewusstsein legen.

Vielleicht hatten Sie beim Lesen dieses Kapitels einen Verdacht, dass bestimmte Gruppen eher zur einen und andere eher zur anderen Seite tendieren könnten. Und ja: das stimmt. Obwohl man natürlich nicht auf Individuen schließen kann, haben Studien gezeigt, dass der Median-Mann leicht zum Systematisierer tendiert und die Median-Frau leicht zum Empathen. An dem

Klischee, das vielleicht auch Sie beim Lesen im Kopf hatten, ist also im Großen und Ganzen etwas dran.

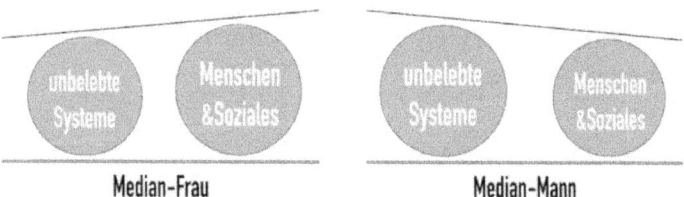

Median-Frau   Median-Mann

Je „männlicher" ein Gehirn ausgeprägt ist, desto mehr Verbindungen hat es *innerhalb* jeder Gehirnhemisphäre (sog. *Assoziationen*), je „weiblicher" ein Gehirn ausgeprägt ist, desto größer ist der Hirnbalken, also das die beiden Gehirnhälften miteinander verbindende *corpus callosum,* und desto mehr sog. *Kommissuren*, also Verbindungen zwischen den beiden Hirnhälften gibt es.

Faustformel: Männer sind stärker *längs* verschaltet, Frauen stärker *quer*.

Bevor wir aber einfach ein Geschlechterklischee abnicken und „wusst ich's doch" denken, hier ein weiterer Aspekt aus Cohens Forschung:

Bei unserer Entstehung im Mutterleib werden nacheinander verschiedene Hirnareale gebaut und ausgebildet. Hunderte von verschiedenen Hirnregionen, in einer orchestrierten Reihenfolge[44]. Nun ist es so, dass die Art der Ausreifung jeder einzelnen funktionellen

---

[44] *Prenatal versus postnatal sex steroid hormone effects on autistic traits in children at 18 to 24 months of age*, B. Auyeung, Cohen, 2012

Hirnregion *jeweils* unter dem Einfluss des momentanen Hormonhaushalts der Mutter steht, wodurch eine Art natürlicher Zufallsgenerator entsteht. Der entscheidet, welches Funktionsareal „männlich" und welches „weiblich" ausgeprägt wird. Je höher der momentane Testosterongehalt im Fötus, desto höher die Chance, dass Hirnareale „männlich" ausgeprägt werden.

Auch, wenn man früher „schlecht in Mathe" war, hat man wahrscheinlich ein Gefühl dafür, wie hoch die Chancen sind, dass bei mehreren Hundert Münzwürfen hintereinander *immer* Kopf kommt. Nach spätestens ein paar Dutzend Würfen würden wir nachsehen, ob mit der Münze alles stimmt[45]. Weil es so viele Hirnregionen sind, ist es mathematisch *vollkommen ausgeschlossen*, dass ein Mensch ein rein männlich oder ein rein weiblich ausgeprägtes Gehirn hat.

Sorry, Chuck, das gilt auch für Dich

Zwar wird durch den Hormoncocktail, der uns in Kindheit und Pubertät durchströmt, das ganze Gehirn nochmals regelrecht in eine Richtung gebürstet, doch die ursprüngliche Ausprägung der einzelnen Funktionsareale bleibt höchstwahrscheinlich erhalten. Das ist einer von vielen Gründen, warum Gehirne höchst individuell und

---

[45] Beim Münzwurf sind die Chancen etwa 50,8 zu 49,2 Prozent. *Fair coins tend to land on the same side they started: Evidence from 350,757 flips,* František Bartoš, 2023

einmalig sind. Und warum man mit allgemeinen und Durchschnitts-Aussagen praktisch nie auf ein Individuum Rückschlüsse ziehen kann. Inwieweit die Aussagen in diesem Kapitel also auf Sie zutreffen und worin Sie sich wiederfinden, das *könnte* unter anderem mit Ihrem Geschlecht zu tun haben – könnte aber eben auch nicht. Schauen Sie einfach, was resoniert.

> Apropos Klischees: Ein wiederkehrendes Missverständnis, das entsteht, wenn ich Prof. Cohens Systematisierer-Brückenbauer-Empathen-Komplex erkläre, ist, dass es sich hierbei um den klassischen Unterschied zwischen „Kopfmenschen" und „Gefühlsmenschen" handle und dass es hier um nüchtern versus emotional oder um Herz versus Verstand geht. *Das ist nicht der Fall.*
>
> „Empathisch" heißt nicht „emotional". Oder sensibel. Oder weich. Die krassesten, kältesten, berechnendsten Psychopathen können höchst empathisch sein und emotionale Menschen gänzlich unempathisch.
>
> *Emotional* ist ein Mensch, der intensive Emotionen erlebt (und wir nennen ihn so, wenn wir seine Emotionen und ihre Wechsel von außen gut erkennen können). *Empathisch* ist ein Mensch, der Emotionen treffsicher *lesen* kann.
>
> Der Empath kann die Emotionen anderer lesen, weswegen er grundsätzlich eine bessere Chance hat, auch seine eigenen genau spüren und kategorisieren zu können. Aber auch hierfür gibt es keine Garantie.

Es gibt Menschen, die quasi nur ihre eigenen Emotionen und Bedürfnisse sehr genau und differenziert spüren und Menschen, die das genau nur bei anderen schaffen, nicht aber bei sich selbst – und alle Mischformen dieser beiden Kompetenzen.

Zu diesem Missverständnis gehört auch, dass Kopfmenschen, also hier die Systematisierer, weniger Emotionen hätten, oder dass sie diese besser kontrollieren oder unterdrücken könnten. *Auch das ist keinesfalls richtig.* Systematisierer haben dieselbe Spannbreite an emotionaler Intensität wie alle anderen Bevölkerungsteile auch – durch ihre mangelnde Kompetenz auf der Empathieseite (sonst wären sie ja Brückenbauer) können sie mit ihren Emotionen aber *nicht so gut umgehen*. Sie verstehen sie nicht so gut, können sie nicht so klar benennen und können sie natürlich nicht so gut regulieren.

Menschen, die beschließen, „diesen Fühli-Fühli-Kram" einfach zu ignorieren, leben in einer permanenten Illusion. Sie tun so, als würden sie unabhängig von ihren Emotionen nüchtern argumentieren – was niemand schlechter kann als sie. Während andere Menschen mit ihren Emotionen *umgehen*, ignorieren sie ihre Emotionen – wodurch die eigene Emotion einfach unreguliert *machen kann, was sie will* und die Emotion des Gegenübers ungehört und das Paket ohne Abnehmer[10] bleibt.

Auch Menschen, die Körpersprache, Stimme, Mimik für irrelevantes Beiwerk halten, *haben* einen Körper, *haben* Körpersprache, *haben* einen Tonfall, *haben*

> Mimik, über die andere sie permanent auslesen. Sich auf diesem gesamten Gebiet blind, taub und wehrlos zu stellen, macht Menschen zu einem offenen Buch und liefert sie anderen aus. Das kommt für eine Führungskraft mit Ambitionen nicht in Frage.

Es gab jetzt in diesem Buch mehrere Plädoyers dafür, dass Führungskräfte wahrscheinlich einen fachlichen Schwerpunkt haben und an ihren sozialen Kompetenzen arbeiten sollten – für sich und um der anderen Willen.

Nun haben wir in diesem Kapitel gesehen, dass es auch Menschen gibt, deren Schwerpunkt *nicht* bei Unbelebtem und bei Systemen liegt.

Männer und Frauen

Wenn ich mit Männern arbeite, die aus dem Finanz- oder Technologiebereich kommen, ist die Quote an Systematisierern natürlich nochmals höher. Ich erkläre dann soziale Interaktionen eher mechanistisch, neurologisch und in Form von neurobiologischen Prozessen, damit die Teilnehmer mir folgen können. Und taste dabei vorsichtig ab, ob Bilder, Emotionen oder „esoterische" Techniken verpönt sind, deren Wirksamkeit durch Psychologie, Psychotherapie und Jahrtausende menschlicher Kultur belegt sind, oder ob nicht vielleicht doch eine kleine Offenheit dafür besteht. Diejenigen Teilnehmer, die sich hier öffnen können, machen in kurzer Zeit gewaltige Fortschritte.

Seit ein paar Jahren arbeite ich nebenbei für ein Unternehmen mit knapp 90 Prozent Frauenanteil. Auch dort gibt es weibliche Systematisierer, aber das ist nicht die Regel.

Frauen lassen sich bei ihrer Führungskarriere am liebsten von Frauen beraten. Oftmals von Frauen, die selbständig sind und selbst keine Führungskarriere gemacht haben. Und das kann schlimm nach hinten los gehen. Ich selbst war bei mehreren solcher Trainings zugegen und während es definitiv großartige Trainerinnen zum Themenkomplex *Frauen in Führung* gibt, waren meine eigenen Erfahrungen katastrophal – und immer aus demselben Grund:

Den Frauen wurde sinngemäß eingetrichtert, dass sie *den Habitus von Männern nachmachen müssen*. Dies wurde stets sowohl als notwendige, als auch hinreichende Bedingung für eine Karriere in einer von Männern dominierten Umgebung dargestellt.

Falls Sie eine Frau sind: Bitte fallen Sie auf so etwas nicht herein. Lassen Sie sich nicht das Lächeln verbieten, spielen Sie keine Figur, machen Sie keine Gorilla-Machtpose[3] und „spielen Sie nicht Mann". Erstens beschwören Sie so ein Imposter-Syndrom[3] hervor, falls Sie Erfolg damit haben.
Und zweitens *werden* Sie damit vermutlich keinen Erfolg haben. Die Gründe dafür haben wir in diesem Kapitel gesehen: Systematisierer sind *inhalts- und faktenfixiert*. Systematisierer sind Leute, die tendenziell *zu wenig* auf soziale Signale reagieren. Wenn Sie einen Mann perfekt

nachmachen, werden die meisten Männer das gar nicht *bemerken*.

Status, Anerkennung und Vertrauen bekommt nicht, wer am lautesten brüllt, sondern *wer den größeren Kontext aufzeigen kann*. Also wer den besten Überblick über komplexe Zusammenhänge beweist. Wer am meisten *kann* und *weiß*. Systematisierer bemerken sofort, ob auf der Sachebene Substanz kommt oder nicht. So zu tun, als hingen Karrieren *allein* davon ab, wie grimmig man guckt, wird der Intelligenz von Systematisierern nicht gerecht. Das zu behaupten schmeichelt lediglich der Kundin, der suggeriert wird, dass sie ihr Karriereproblem in einem Bereich lösen kann, der ihr *ohnehin schon liegt*: der sozialen Kompetenz. Wie praktisch.

> **„Frauen sollten oft nüchterner sein und weniger emotional"**
>
> Zwölffache Fliegengewicht-Weltmeisterin Regina Halmich, Interview 2024

> So, wie der Systematsierer seine Führungskarriere riskiert, indem er „dieses ganze soziale Gefühlsdings" ignoriert (und damit faktisch dem Zufall überlässt), riskiert der Empath seine, indem er die Relevanz fachlicher Kompetenz unterschätzt.

Wer einen Vortrag hält und keine Antworten liefern kann, die nicht ohnehin in den Folien stehen, fliegt als Blender auf.

Sozialkompetenz und Fachkompetenz sind *beides* Flaschenhälse und limitierende Faktoren für Ihre Führungskarriere. Egal, wo Sie sich sehen: *Investieren Sie stets dort, wo es Ihnen am unangenehmsten ist.*
Erfolg ist Arbeit. Eine gute Führungskraft kennt die eigenen Schwächen und arbeitet gezielt an diesen. Diejenigen Bereiche, in denen wir uns ungern beschäftigen, sind wahrscheinlich genau deshalb unsere Schwächen.

Empathen und Systematisierer haben für ihre Lebens- und Karriereentscheidungen *unterschiedliche Risiken*:

> ! Weil starke Empathen ihr Fundament wahrscheinlich auf Bewusstsein und Erleben haben, ist für sie das Risiko höher, in diese Sicht bestätigende Selbstheilungs-Kulte und -Literatur zu versinken und gesichertes Wissen zu vernachlässigen.

> ! Systematisierer riskieren wegen ihrer Faktenorientierung, ihre Persönlichkeitsentwicklung zu vernachlässigen und ihre zwischenmenschlichen Potenziale nicht zu entwickeln. Oder, aus Ignoranz innerer und interpersoneller Prozesse, zu verwahrlosen oder sogar zu vereinsamen.

Erobern Sie als erstes Ihre Angst, unvollkommen zu sein. Wer in einem bislang wenig geübten Bereich gut werden will, muss die Phase aushalten, in der er oder sie ein Anfänger und ein Tollpatsch ist. Stehen Sie dazu. Sie haben bei Ihren Schwächen nur die Wahl, ob Sie inkompetent bleiben, oder ob Sie Anfänger werden. Alle Meister waren lange Zeit geduldige, demütige Anfänger.

Ziehen Sie die anderen ins Vertrauen – und lassen Sie sich helfen. Alle im Team sind dafür verantwortlich, dass das Team gut funktioniert.
Die Führungskraft muss sich deshalb regelmäßig Rückmeldung aus dem Team holen. Wenn Sie das tun und sich dem Feedback eines Teammitglieds aussetzen, haben sie zudem gleich die Möglichkeit, souverän[3,10] zu reagieren und dadurch das Vertrauen der einzelnen Teammitglieder in Sie zu vertiefen.

Wie geht das?

1	Fragen Sie aktiv und etwa monatlich im 1:1 nach Feedback. Haltung: Ich bin eine gute Führungskraft, wenn ich *für Dich* eine gute Führungskraft bin.
2	Hören Sie zu.
3	Verteidigen und rechtfertigen Sie sich nicht. Es geht nicht um Sie[9] oder um Schuld, sondern um das Erleben und die Wünsche der Teammitglieder.
4	Fragen Sie nach.
5	Sie haben keine Verpflichtung, das alles umzusetzen. Relevant ist Feedback, das *immer wieder kommt*, von derselben Person oder aus verschiedenen Quellen.
6	Bedanken Sie sich für das Feedback und bleiben Sie gelassen. So lernen die Teammitglieder, dass Sie auch potenziell persönliche Themen souverän[10] behandeln können und sich nicht mit Ihren überlegenen Mitteln rächen. Die Chance, dass Leute sich trauen, mit heiklen Punkten zu Ihnen zu kommen, wächst und Sie wissen, was los ist.

Führungskräfte müssen mit abstrakten Zusammenhängen umgehen können *und* Kompetenz im Umgang mit Menschen – sich selbst eingeschlossen – besitzen.

Sollten Sie der Überzeugung sein, hier an keiner Stelle mehr Verbesserungspotenzial zu besitzen, dann lassen Sie sich doch diesen sehr kurzen Austausch zwischen mir und (m)einer 23jährigen Studentin auf sich wirken:

Ich: **„Wieso kommst Du nicht mehr ins Seminar?"**

Sie: **„Kommunikation? Kann ich schon."**

[Sachverstand] x [Sozialkompetenz] gleich Erfolg

Systematisierer lesen zu wenig zwischen den Zeilen. Empathen sind so damit beschäftigt, zwischen den Zeilen zu lesen, dass sie verlieren, was *in den Zeilen selbst* drinsteht.

Einschub: Ein Plädoyer

Führungskräfte sind in aller Regel intelligente Menschen. Falls Sie angesichts der bisherigen Ausführungen über Sozialkompetenzen manchmal entnervt reagiert oder die Augen verdreht haben, sind Sie vielleicht ein Systematisierer.

Über Jahrzehnte hinweg haben wir Führungskräfte nach ihren *hard skills*, nach ihrer Fachkompetenz, ausgewählt und befördert. Führungskräfte schätzen den Stellenwert fachlicher Kompetenzen (60,7%) höher ein als den von sozialen Kompetenzen (37,8%)[46]. Obwohl es eine Trendwende gibt und obwohl es viele Führungskräfte gibt, die auch im Umgang mit Menschen ein Talent besitzen oder schlichtweg hinreißend sind, überlassen Unternehmen dies oft noch dem Zufall, wenn sie nur nach Fachkompetenz filtern.

85 Prozent der Unternehmen bereiten beförderte Mitarbeiter nicht auf ihre Führungsrolle vor[47]. Wenn Sie Führungskraft sind, dann sind Sie vermutlich in der fachlichen Kompetenz Ihrer Arbeit ziemlich gut. *Es gibt für jemanden, der fachlich stark ist, keinen besseren Karrierehebel, als sich in den* (mutmaßlich vernachlässigten) *Sozialkompetenzen zu verbessern.* Eine Führungskarriere hat mehrere limitierende Faktoren. Wenn Ihre Fachkompetenz keiner davon ist und Ihnen in Ihrem Feld keiner was vormachen kann, dann muss es wohl ein anderer sein…

> **„Suche nach drei Dingen in einem Menschen –** *Intelligenz, Energie* **und** *Integrität.* **Wenn er das dritte nicht hat, brauchst du dich um die ersten beiden erst gar nicht zu bemühen."**

Warren Buffett, US-amerikanische Investorenlegende

---

[46] RKI-Studie, 2006
[47] Umfrage von Stepstone, 2023

Warum dieses Plädoyer?

Wenn Menschen sich auf ihre Fachkompetenzen und ihre Verbesserung darin konzentrieren und sehr lange sehr gut damit fahren, entwickeln und kultivieren sie manchmal eine Abscheu gegen „Gefühlskram". *Die anderen sollen sich einfach zusammenreißen und nicht so empfindlich sein.* Wenn man damit erfolgreichen Führungskräften mit Themen wie Empathie, Körpersprache und Haltung kommt, dann sehen sie vor dem inneren Auge offenbar ein Bild von barfüßigen Blumenkindern, die über die Wiese hüpfen. Um es hier mal in aller Deutlichkeit zu sagen: Sozialkompetenzen sind knallharte, komplexe Fähigkeiten, die konkret über Führungserfolg und Karrieren entscheiden. Sich hier zu drücken, weil man vor langer Zeit mal schlechte Erfahrungen mit so etwas gemacht hat, ist feige. Und wenn es etwas gibt, das Führungskräfte brauchen, dann ist es: Mut.

Erfolgreich sind nicht diejenigen Menschen, die andere Menschen überwinden. Es sind diejenigen, die ihre eigenen Ängste und ihr eigenes Ego überwinden können und die ihren eigenen Schwächen ins Auge blicken können, um sie zu überwinden.

In jeder Kunst muss man die Phase überwinden, in der man inkompetent ist und in der die Könner auf diesem Gebiet tausend Jahre entfernt wirken. Und das *sind* die Genies auch – und bleiben es, wenn man sich nie ins kalte Wasser traut. Sobald man sich traut, sind es vielleicht nur noch zehn Jahre.

Den besten Hebel für Verbesserung hat man, wenn man an seinem größten Engpass arbeitet. Das, was Sie am wenigsten können, hält Sie am meisten zurück. Jede investierte Minute mit Ihren größten Schwächen ist pures Gold wert. Wenn Sie sich hingegen in Ihrem Lieblingsfeld mit großem Aufwand um ein weiteres Prozent verbessern, wird das außer Ihnen kaum jemand bemerken. Falls Sie sich wiedererkannt haben in dieser Skepsis *Gefühlskram* gegenüber, lassen Sie sich folgendes sagen, was ich selbst auf die harte Tour gelernt habe und das meine eigene Karriere um mindestens ein Jahrzehnt zurückgeworfen hat:

> **Es ist vollkommen egal, wie klug Sie sind, wenn niemand Ihnen zuhört.**

Und das werden Menschen nicht, wenn Sie sich nicht an die komplexen sozialen Regeln von Rudeltieren halten. Wenn Sie dem nun gedanklich entgegnen: *Ich bin ja die Führungskraft, deswegen müssen Leute mir zuhören und machen, was ich sage*, dann schauen Sie doch nochmals ins Kapitel Nummer acht über Dominanz.

Fachkompetenz wird für Führungspositionen *vorausgesetzt*. Ein hinreichender Faktor ist sie schon lange nicht mehr. Ich habe persönlich mehrere Male mitangesehen, wie verdiente Führungskräfte mit Jahrzehnten Erfahrung entmachtet oder per Abfindung hinauskomplimentiert wurden, weil sie *nur* fachlich super waren, aber ihren Aufgaben als Führungskraft nicht so nachkamen, wie das heute verlangt wird.

Zur Veranschaulichung zwei Anekdoten, in denen Systematisierer in eine Klemme gerieten, die sie mit ihrer Fachkompetenz nicht lösen konnten:

Anekdote eins

In einer Institution gab es einen (inoffiziellen) Machtkampf zwischen dem Leiter und einem Mitarbeiter (unserem Systematisierer). In einer kleineren Runde erklärte der Leiter, wie das weitere Vorgehen aussähe. Der Systematisierer widersprach offen, erklärte, warum dies nicht funktioniere, und machte einen detaillierten Gegenvorschlag. Der Leiter ging daraufhin 15 Meter weg, berührte ein Gerät, ohne irgendetwas damit zu tun, kehrte zurück und verkündete: „Ich habe eine Idee. Wir machen das so:" Daraufhin präsentierte er wortwörtlich den gesamten Vorschlag des Systematisierers, inklusive der wortwörtlichen Begründung.

Was passierte daraufhin? Die Anwesenden nickten. Niemand schien zu bemerken, dass diese Idee vor zwanzig Sekunden bereits exakt so beschrieben worden war. Es sah nicht so aus, als wäre es gute Miene zum bösen Spiel – die Anwesenden *dachten offenbar wirklich, es wäre die Idee des Leiters*. Der Systematisierer war sichtlich irritiert über dieses Geschehen. Ein wirklich verblüffender Vorgang.

Anekdote zwei

In einer Krisensitzung bekam ein Teammitglied, ein Systematisierer, wenig Gehör. Auf die Frustration angesprochen, sagte das Mitglied:
„Weißt Du, es gibt hier Leute, denen reicht es schon, dass ein Vorschlag von mir kommt, um dagegen zu sein."
Daraufhin sagte die scheinbar damit gemeinte Person über den Tisch in die Stille hinein: „Stimmt."
Mitglied: „Habt ihr das eben gehört? Da, er sagt's sogar."
Niemand antwortete.
Chef: „Wollen wir dann jetzt mal weitermachen?"
Mitglied: „Er hat es sogar zugegeben, gerade eben!"

In den kommenden Minuten leugneten mehr als die Hälfte der Anwesenden, *dass dieser Wortwechsel überhaupt stattgefunden hatte*, während drei Anwesende fassungslos den Kopf darüber schüttelten. Das Thema wurde ignoriert und die Gruppe fokussierte sich auf den nächsten Tagesordnungspunkt. Der Systematisierer wurde im Folgenden inhaltlich ignoriert und brachte die anderen – wegen der schlechten Stimmung, die er verbreitete – zusehends gegen sich auf. Alle Anwesenden bezeichneten ihre Haltung dem Systematisierer gegenüber als neutral oder wohlgesonnen und ihn als Spitzen-Mitarbeiter.

Diese, ähnliche und krassere Situationen kennen wir, glaube ich, alle. Situationen, in denen die Beziehungsebene die Inhaltsebene nicht nur beeinflusst, sondern *ersetzt*. Bereits auf der *Wahrnehmungsebene* finden hier Filter- und (Selbst-)Manipulationsprozesse statt. Diese sind vorbewusst und entziehen sich daher zum Teil der Kenntnis der Betroffenen. In solchen Momenten inhaltlich zu argumentieren, ist aussichtslos. Hier finden ausschließlich Machtkämpfe statt und selbst die Versuche, das zu kaschieren, wurden bereits eingestellt. In solchen Konstellationen ist an eine konstruktive Zusammenarbeit nicht mehr zu denken, ehe eine Mediation, ein Coaching oder eine Therapie stattgefunden haben. Und kein Ausmaß an fachlicher Brillanz kann die Systematisierer in den beiden Szenarien retten oder ihnen überhaupt helfen.

Wegen dieser und vielen anderen Anekdoten aus Coachings, Trainings und Mediationen hier mein Rat: *Unterschätzen Sie niemals, wie stark die Wahrnehmung von Menschen durch ihre Emotionen und Bedürfnisse verzerrt sein kann. Auch und insbesondere unsere eigene.*
Soziale Fähigkeiten, die Superkräfte der Empathen, setzen knallharte Limits für Erfolg und Karrieren.

Puzzleteil 14: Wechselkurs Kultur zu Euro

Frage:	Dieses Kultur-Ding. Was bringt denn das eigentlich?
Antwort:	Im Wesentlichen: Vertrauen$_{2,8}$. Und, dass man auch im 21. Jahrhundert noch Geld verdienen kann.

"Culture eats strategy for breakfast."

Peter Drucker, Austro-US-Amerikanischer Ökonom

Wenn es um die Generation Z geht, mache ich neben dem Kontinente-Quiz[11] auch gerne eine kleine Befragung. Ich erkläre, dass das Trendence-Institut Zehntausende junger Menschen (unter 30) darüber befragt hat, was ihnen bei Unternehmen am wichtigsten ist. Also, worauf sie achten, wenn sie sich bewerben oder wonach sie entscheiden, *ob* sie sich bewerben. Dann lasse ich sie raten, was die Top-Antworten sind.

Sie können ja mal kurz die Augen schließen und überlegen, was Sie tippen würden. Dazu müssten Sie aber *jetzt* innehalten, ehe Sie den kommenden Abschnitt anlesen.

30 Sekunden Denkpause

Okay, weiter geht's!
In der Regel rufen die Teilnehmer zuerst:
„Work-Life-Balance!" und dann: „Gehalt!"
Und dann verkünde ich die Lösung.
„Gehalt" landete 2021 noch auf Platz *sieben* der Top Ten. Das war noch vor dem Inflationsschub, weswegen dieser Punkt inzwischen nach oben geklettert ist.

Verblüffte Gesichter gibt es aber erst, wenn ich verkünde, dass die „Work-Life-Balance" es auf Platz *neun* und damit gerade so noch in die Top Ten geschafft hat. Platz neun, zwischen „Weiterbildungsmöglichkeiten" und „Sicherheit der Anstellung" (Platz 8).
Bevor ich Ihnen verrate, welche Antworten auf dem Siegertreppchen stehen, sollte ich wohl erklären, warum „die Alten" denken, die Jungen würden vor allem auf

Work-Life-Balance bestehen und warum das (zumindest bei sehr vielen) nicht so ist.

Weil man jungen Menschen bei jeder Anweisung erklären muss, wofür das gut ist und warum sie es tun sollen, gelten sie bei Menschen, die aus dem Jahrhundert des produktiven Gehorsams kommen, als *faul*. Und während es zweifellos in dieser Generation ebenso Faulpelze gibt wie in jeder anderen Generation auch, ist es nicht plausibel, dass die Kinder von heute eine andere genetische Disposition haben sollten als alle anderen; oder ein grundsätzlich anderes Temperament. Ihr Arbeitsethos entspricht übrigens dem der früheren Generationen:

Arbeitsethos: Zustimmung zu der Aussage „Arbeit ist in meinem Leben wichtig"[48]

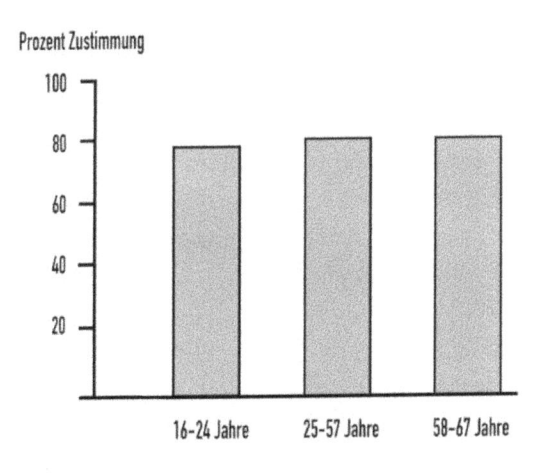

Prozent Zustimmung

Altersgruppe	Zustimmung
16-24 Jahre	~78%
25-57 Jahre	~81%
58-67 Jahre	~82%

---

[48] Repräsentative Umfrage des Meinungsforschungsinstituts Yougov, 2023. Und: „Fleiß und Ehrgeiz sind wichtig" finden 82% der 12- bis 25jährigen in der Shell Jugendstudie 2024.

(Ich hätte mit 16 sicher nicht gesagt, dass Arbeit in meinem Leben wichtig ist).
Die jungen Leute sind auf einem anderen Planeten geboren[11], auf dem alles viel komplizierter ist und bei dem Fleiß und Gehorsam nicht mehr direkt in Wohlstand umgewandelt werden können.

Ein *Follower* zu sein macht austauschbar, *Trendsetter* geben den Ton an. Das lernen die Kids heute von klein auf. „Sich einfach anzustrengen" funktioniert super in einer Welt, in der man mit zwei Gehältern unqualifizierter Jobs ein Haus und zwei Autos kaufen und zwei Kinder großziehen kann, also ungefähr zwischen 1955 und 1985, aber nicht in einer Welt, in der auch ein Akademiker-Paar nur unter bestimmten Umständen über Jahrzehnte hinweg ein kleines Heim abbezahlen kann. *Die Generationen haben sich nicht geändert, die Welt hat es* – sagt auch die 21-jährige Startup-Newcomerin des Jahres 2023, Mona Ghazi, im Interview.

Der zweite Grund, warum *Work-Life-Balance* auf Platz neun landet, ist, dass dieser Begriff für die heutige Generation sinnleer und unverständlich ist. Was meine ich damit? Jetzt muss wieder mein Vater als Beispiel herhalten.
Mein Vater wollte ein einfaches, gutes Leben. Ein Dach über dem Kopf, gutes Essen, Sport, Freizeit, Urlaub. Der allgemeine Deal war, dass man für die Finanzierung eines solchen Lebens Zeit vermieten muss, in der man tut, was jemand einem sagt. So, wie wir das ja in der Schule schon gelernt haben[4].

Dadurch ergibt sich neben dem *Leben* auch eine Parallelwelt, die man nur aufsucht, weil man das Geld will, eine Art „ätzendes Anti-Leben". Und jetzt ergibt sich natürlich die Aufgabe, sich klug zu verhalten. Wer zu wenig arbeitet, hat kein Geld für sein richtiges Leben, wer zu viel arbeitet, hat am Ende ein volles Konto und ein leeres Leben. Also gilt es, das Leben und dieses Anti-Leben namens Arbeit so gegeneinander aufzuwiegen, dass ein tragbarer Kompromiss dabei herauskommt.

Auch heute gibt es dieses Modell noch und es gibt definitiv Menschen in den Generationen X, Y und Z, die ihren Arbeitsplatz einfach als Einkommensquelle für ihr Leben sehen und ein achselzuckendes Verhältnis diesem Brotjob gegenüber haben[7].
Für die anderen Mitglieder von Y und Z findet diese Logik aber keine Anwendung. Aus einem einfachen Grund:
Die leben auch bei der Arbeit.
Seit Jahrzehnten propagieren wir, dass man seine Arbeit lieben muss und in ihr aufgehen und dass sie die Erfüllung und Sinn bieten muss und die eigene Familie sein soll. Alle suchen ihr Ikigai!

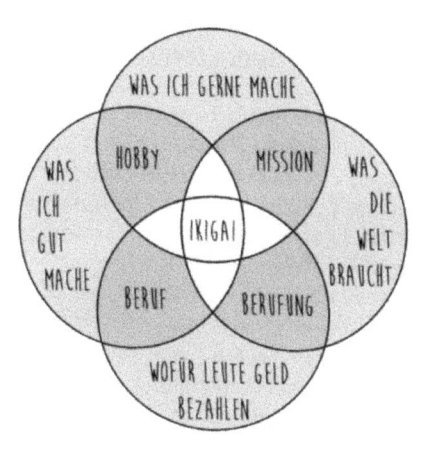

Wie viele Unternehmen haben behauptet, dass sie *wie eine Familie* wären? Und jetzt, wo viele junge Menschen das glauben, reagiert die Arbeitgeberseite verblüfft. Viele junge Menschen behandeln ihre Kollegen wirklich wie Familienmitglieder, vertrauen ihnen alles an und lassen sich regelrecht von ihnen therapieren. Viele junge Menschen sind vereinsamt[49] (was gravierende Gesundheitsprobleme mit sich bringt[50]) und werden immer weniger in Gemeinden oder Vereinen aufgefangen; Therapieplätze sind in Deutschland künstlich verknappt[51]. Zudem sehen viele, dass sie, wenn sie gestalten, die Wale retten oder den Plastikkontinent im Indischen Ozean abbauen wollen, am ehesten einen Hebel haben, wenn sie in Unternehmen sind oder welche gründen.

Die jungen Menschen leben auch bei der Arbeit, die Chefin ist die Mutti und die Kollegen sind die Clique. *Nicht bei allen* – die Gesellschaft diversifiziert sich immer weiter aus, weswegen es *immer schwieriger* wird, eine ganze Generation über einen Kamm zu scheren. Aber dieser Trend ist einer, den es früher so nicht gab. Darum rangiert *work life balance* in vielen Umfragen auf den hinteren Rängen – engagierte junge Leute verstehen nicht, was das Wort bedeuten soll.

---

[49] *Loneliness in the workplace report*, 2020: Einsam fühlen sich 50% aller Babyboomer, 71% aller Millennials und 79% der Generation Z; in Deutschland hat sich die berichtete Einsamkeit allein zwischen 2017 und 2021 mehr als verdoppelt (*Starker Anstieg des Einsamkeitsgefühls bei Paaren*, IW-Kurzbericht Nr.1, 2024)

[50] *Affective Neuroscience of Loneliness: Potential Mechanisms underlying the Association between Perceived Social Isolation, Health, and Well-Being*, Anna J. Finley und Stacey M. Schaefer, 2022

[51] Durch die im Kern noch immer gültige Bedarfsplanung der Kassensitze durch den gemeinsamen Bundesausschuss 1999

Kommen wir zu den Top drei der Antworten auf die Frage, wonach junge Menschen suchen. Auf Platz drei, Bronze, landet „Nette Kollegen und Zusammenhalt". Die Silbermedaille holt sich „Wertschätzung der Mitarbeiter" und auf Platz eins, Gesamtsieger, ist „Guter Führungsstil."

Und hier kommen Sie ins Spiel. Das *Nummer-eins-Kriterium* beim Gewinnen und Behalten von jungen Talenten sind Sie, die Führungskraft. Die Top drei werden komplett durch soziale Kategorien gestellt, die wichtigste davon der Chef oder die Chefin. 2023 sind 87% der qualifizierten Arbeitnehmer grundsätzlich wechselbereit[52] – und Sie sind einer der wichtigsten Gründe, warum sie gehen oder bleiben.

Die jungen Leute wissen natürlich, wie es bei Ihnen im Unternehmen in Wahrheit zugeht (die Tafel mit den Unternehmenswerten im Eingangsbereich wird von den Bewerbern genauso ignoriert wie von den Menschen, die dort arbeiten), weil sie *das Internet* haben und weil die früheren Mitarbeiter auf Kununu, Glassdoor, Stepstone, Linkedin und XING detailliert Auskunft darüber erteilen. Mal angenommen, ich wäre 25 und

---

[52] Trendence HR-Monitor November 2023

hätte das Mantra „also bei einem Unternehmen, das weniger als 4 von 5 Sternchen bei *Kultur* hat, würde ich nie anfangen". Was müsste passieren, damit ich mich *trotzdem* bei einem Unternehmen bewerbe, das z.B. nur 3,2 Sternchen in der Rubrik Kultur hat?

Eine Möglichkeit wäre, wenn dieses Unternehmen feudal bezahlt. Dann denke ich vielleicht: „Hm, naja, das ist schon echt viel Geld. Vielleicht kann ich da zwei Jahre lang arbeiten und die bezahlen mir noch ´ne Coaching-Ausbildung und dann such' ich mir was Vernünftiges." Und hier haben Sie Ihren Umrechnungskurs von Kultur zu Euro. Den Umrechnungskurs, wie der tägliche Tonfall, die tägliche Körpersprache, die *wahre Meinung und Haltung* der Führungskräfte bestimmt, wie viel Gehalt man Leuten bezahlen muss, damit sie bleiben (oder überhaupt erst kommen). Wenn wir einen Führungsstil haben, der den Leuten nicht gefällt, dann gehen sie weg und unser Unternehmen muss noch mehr bezahlen. Wir bezahlen die Trainer-Fortbildung für jemanden, der sein Wissen zu einem anderen Unternehmen mitnimmt, *das weniger bezahlt.*

> Führungskräfte haben über viele Jahrzehnte hinweg die Führungskultur optimiert – auf die Bedürfnisse der Führungskräfte. Und nicht auf die des Unternehmens.

Dadurch, dass wir gegenwärtig einen Arbeitnehmermarkt haben und die Anzustellenden die Bedingungen diktieren, erfolgt eine Korrektur, *von der die Unternehmen profitieren.* Dass das bei manchen alteingesessenen Führungskräften, die sich ihr kleines Fürstentum aufgebaut haben, überhaupt nicht gut ankommt und dass sie dann auf die Jungen schimpfen, ist nur allzu verständlich. Die haben berechtigte Verlustängste und die werden Ihnen jeden Transformationsprozess untergraben, wenn Sie ihnen nichts in Aussicht stellen können, das besser *für sie* ist als ihre momentane Stellung.

Wie weiter oben erwähnt: Ich darf gerade zusehen, wie solche Führungskräfte aus Unternehmen, die in Transformation sind, reihenweise mit Abfindungen fortgeschickt werden.

„In Hinblick auf die allgemeinen Werte der Generation Z zählen *Wohlfühlen, Fürsorge, Harmonie, Anerkennung* und *Wertschätzung* zu deren Wertorientierungen."[53]

Nun wäre es ja leicht, in einem Buch belehrend über abstrakte Werte zu schwadronieren, ohne Menschen etwas Konkretes mit an die Hand zu geben. Darum folgen im kommenden Kapitel meine persönlichen *Elf Gebote*, an denen man ablesen kann, ob ein Unternehmen eine Kultur hat.

Sie sind in Form spezifischer *Dos und Don'ts* verfasst, die ich in den vergangenen Jahren Bankvorständen, Konzernleitungen und Führungskräften des mittleren Managements vorgestellt habe.

> Manche Menschen leben auch bei der Arbeit

---

[53] *Die Arbeitszufriedenheit der Generation Z - eine empirische Studie,* Hannah Reuten, 2020

Puzzleteil 15: Die Elf Gebote der Kultur

Frage:	Kultur also, aha. Wie mache ich konkret eine Bestandsaufnahme und was mache ich *konkret*?
Antwort:	Schauen Sie, welche der kommenden Gebote eingehalten werden, leben Sie sie selbst vor und einigen Sie sich mit Ihren Leuten, welche sie wollen.

In einem Unternehmen mit Kultur werden diese Regeln nicht nur *meistens* eingehalten, sondern so konsequent, dass die Menschen sich darauf *verlassen*, dass sie eingehalten werden.
Dieses Sich-darauf-Verlassen nennen wir: Vertrauen.

Achtung!
[Trommelwirbel]

**Die *Elf Gebote der Kultur*
nach Mario**

Ein Cartoon von mir mit Steintafeln wird sie beeindrucken.

	Die Elf Gebote der Kultur nach Mario
1	**Niemand wird zur Sau gemacht. Jemals.**

Wir greifen Menschen nicht persönlich an, weder direkt noch indirekt, weder in ihrer Anwesenheit noch in ihrer Abwesenheit. Wir sprühen ihnen unsere Emotionen nicht ins Gesicht, sind nicht ehrverletzend, untergraben nicht ihre Reputation, geben ihnen keine Namen (weder von Tieren noch von Körperöffnungen) und beladen sie nicht mit Schuld.

	Die Elf Gebote der Kultur nach Mario
2	**Niemand *lässt zu*, dass jemand zur Sau gemacht wird. Jemals.**

Wir leben unsere Kultur nicht nur, wir verteidigen sie auch. Mein Beispiel ist an dieser Stelle immer: Wenn Sie sehen, dass die CEO einen Mitarbeiter vom Facility Management auf dem Flur zur Sau macht, dann gehen Sie hin und sagen freundlich: „Entschuldigung, so reden wir hier nicht miteinander. Atme mal durch und dann sag in Ruhe, was du sagen willst."

An der Stelle ist es beim Vortrag oft besonders still. Manche schmunzeln oder giggeln, weil das allzu weit weg ist von ihrer Wirklichkeit oder von dem, was sie sich selbst vorstellen können oder trauen würden.

Aber das ist es, was Kultur bedeutet. Kultur bedeutet, dass alle sich auf diese Kultur eingeschworen haben.

Und wenn Sie in solch einer Situation dazwischengehen, schützen Sie drei Dinge auf einmal:

Erstens den armen Menschen vom Facility Management, der sich sonst die nächsten drei Nächte in den Schlaf weint.

Zweitens die CEO, die ansonsten mit ihrem zügellosen Verhalten ihren Ruf beschädigen würde, indem sie die Standards der Kultur nicht erfüllt.

Und drittens die Kultur selbst. Eine Kultur, die nicht verteidigt wird, wird schnell leergefressen.
Insbesondere, wenn die Menschen sehen, dass die Leute an der Spitze sich nicht daran halten, erodiert die Kultur *im Handumdrehen*. Führungskräfte haben nicht die Wahl, ob sie Vorbilder sind.
Führungskräfte s.i.n.d. die Vorbilder.

Die Elf Gebote der Kultur nach Mario
3 **Niemand verspottet jemanden, jemals – oder lässt das zu.**

Ich bin ein großer Freund von Spottkultur und in meinem Freundeskreis ist Spott ein beliebtes Mittel, um sich gegenseitig Feedback zu geben. Gleichzeitig lehnen wir uns daran an, dass unsere Beziehungen diesen Spott aushalten – was die Beziehungen wiederum stärkt. In den USA wurde Spott über Rap Battles und *Roasting* sogar zur Kunstform erhoben.
Im unternehmerischen Kontext bin ich da vorsichtig. Wenn Sie zu dieser Art von Humor tendieren, können Sie

ja mal vorsichtig antesten. Wenn alle es lustig finden, ist das für Ihren Bereich oder Ihr Team vielleicht auch etwas. Wenn alle es lustig finden außer einem, dann ist es *Mobbing*. Falls Sie also zweifeln, lassen Sie hier lieber Enthaltsamkeit walten und behüten das Gebot, wie es ist.

Die Elf Gebote der Kultur nach Mario
4 **Niemand regiert durch, ohne die anderen anzuhören oder seine Entscheidung zu erklären.**

Auch diese Kulturregel braucht ein paar Anmerkungen, um nicht falsch verstanden zu werden.

Bevor Sie wichtige Entscheidungen treffen, hören Sie die verschiedenen Perspektiven und Meinungen an, so, wie Sie auch Ihre inneren Stimmen erst einmal alle zu Wort kommen lassen, ehe Sie handeln$_{10}$. Hören Sie die Experten an und die Laien; denn die haben oft die erfrischendsten und verblüffendsten Fragen und Sichtweisen.

Dadurch wird Ihre Abteilung nicht zu einer Demokratie. Sie tun ja nicht, was die Leute Ihnen sagen. Aber Sie sammeln Informationen und holen die Expertisen, Wünsche und Befürchtungen ein. Und sollten Sie schon eine Tendenz haben, jemand argumentiert aber in eine andere Richtung, dann nehmen Sie diese aktiv zur Kenntnis. Sagen Sie: Ja, das ist ein guter Punkt. Und nehmen Sie den mit in Ihre Überlegungen auf.

Wenn Sie dann genügend Informationen haben: Entscheiden Sie.
Und wenn Sie die Entscheidung verkünden, erklären Sie, warum es zu dieser Entscheidung kommen musste. Machen Sie das transparent. (Nur) so machen Sie sich von dem Verdacht frei, aus einer Laune, als Despot, oder weil Ihnen eine Variante selbst sympathischer oder nützlicher war, so entschieden zu haben. *Diese Erklärung stellt keine Rechtfertigung dar* und wirbt auch nicht um Absolution oder Verständnis der Leute. Sie beziehen die anderen ein, weil sie erwachsene Menschen und Teil des Prozesses sind und es deshalb verdient haben.
Wenn es dann noch Argumente oder Widerstand gibt, dann haben Sie diese ja schon gehört und einbezogen. Sie können zugeben, wenn es sich hierbei um echte Nachteile oder Probleme handelt, weil die Vorteile Ihrer Entscheidung ja (hoffentlich) überwiegen. *Jede Entscheidung ist ein Kompromiss, jede Strategie hat Nachteile.* Der Kampf, zu behaupten, dass das nicht so wäre, ist verlorene Liebesmüh.

Und wenn Sie vorab einen Mitarbeiter befragt haben und er oder sie hat nichts gesagt, kommt aber nach der Entscheidung mit Einwänden, verweisen Sie auf die Chance bei der nächsten Entscheidung – jetzt ist es zu spät.
Behandeln Sie Erwachsene wie Erwachsene – das erhöht die Chance, dass sie sich auch wie welche benehmen.

Die Elf Gebote der Kultur nach Mario	
5	**Wir loben uns gegenseitig für Erfolge – *und* für beständigen Einsatz**

Ehrliche Anerkennung ist die Währung in Rudeln. Als Führungskraft sind Sie Lehrer und Mama in einem. Sie schaffen die Realität[4]. Abgeschlossene Projekte, Verkäufe oder Verträge fallen ohnehin oft auf und werden zelebriert; trotzdem sollten Sie die Errungenschaften Ihrer Mitarbeiter nicht nur feiern, sondern auch anregen, dass ihre Mitarbeiter sich untereinander Anerkennung für Leistungen ausdrücken.

Wir erinnern uns: Sie beleben die Kultur und schützen sie, aber Sie *sind nicht die Kultur* und auch nicht die eine Person, die sie leben soll. Wenn ein Mitarbeiter etwas zu feiern hat, dann soll es auch gefeiert werden. Nicht gesehen zu werden frustriert – und die deutschen Angestellten sind schon frustriert genug[7].
Es gibt aber auch Positionen auf dem Spielfeld, wo es nicht von selbst immer wieder Ereignisse gibt, die man feiern kann. Nicht jede Spielerin macht das Kopfballtor. Auf manchen Positionen und durch manche Mitspieler wird einfach kontinuierlich geliefert – in diesem Fußball-Beispiel vielleicht Betreuer, Physios oder Leute, die gegnerische Tore verhindern... Verlieren Sie diese Personen nicht aus den Augen. In zweierlei Hinsicht!

Erstens muss auch beharrliches Auftauchen und Leisten ohne Ausfälle gelegentlich mal (ehrlich!) gewürdigt werden.

Und *zweitens* gibt es Mitarbeiter, die einerseits immer Ja sagen, wenn jemand um Hilfe bittet, die andererseits aber nicht so gut darin sind, auf sich selbst aufzupassen[54]. Diese *Obliger* oder *Teamspieler* sind sehr beliebt, weil sie in der Regel den Laden zusammenhalten mit ihrer Aufopferungsbereitschaft. Sie machen etwa 40 Prozent der Bevölkerung aus und können in bestimmten Branchen mehr als die Hälfte der Belegschaft ausmachen. Das sind die Kandidaten, die sich still und heimlich in den Ruin schuften können, wenn Sie nicht auf sie aufpassen.

Behalten Sie diese Menschen im Auge und erinnern Sie sie gegebenenfalls an ihre Sorgfaltspflicht: Ebenso wenig, wie man den Drucker am Ende des Flurs kaputt machen darf, darf man einen Mitarbeiter schädigen – auch *sich selbst* nicht. Machen Sie klar, dass Sie mit langfristiger Einsatzfähigkeit dieses Mitarbeiters rechnen und dass er die Pflicht hat, so auf seine Kräfte zu achten, dass er auch in drei Monaten, drei Jahren und auch in dreizehn Jahren noch fit und einsatzbereit bei der Arbeit auftaucht. „Du magst bereit sein, Dich zu opfern – aber *wir* sind nicht bereit, Dich zu opfern."

Die Elf Gebote der Kultur nach Mario	
6	**Wir können alle Probleme ansprechen, weil unsere Meinung über den anderen feststeht.**

Dieser Punkt bezieht sich auf das Thema *Hippiefaschismus*[8] oder *toxische Positivität*. Kultur bedeutet letztlich den irrsinnigen Vorteil, dass die Menschen *in Wahrheit* am selben Strang ziehen.

---

[54] *The Four Tendencies: The Indispensable Personality Profiles That Reveal How to Make Your Life Better*, Gretchen Rubin, 2017

Wenn man in inhaltlichen Debatten trotz sehr klarer Argumentationslage nicht weiterkommt, dann ist es meistens kein inhaltlicher Konflikt. Sondern entweder ein Beziehungskonflikt oder ein strategischer (Karriere-)Konflikt. (Verhandlungen & Konflikte haben mit Puzzleteil 18 ihr eigenes Kapitel).
Wenn es ein Beziehungskonflikt ist, gilt:

- den breitesten Kanal wählen (also Präsenz vor Video vor Telefon vor E-Mail),
- dem Konflikt früh stellen statt Ausweichen,
- dem anderen die eigenen Emotionen und das eigene Erleben nennen,
- das Erleben und die Emotionen des Konfliktpartners validieren[10].

In einer Kultur zahlen alle ein[2], und das kommt auch mit realen Kosten. Zum Beispiel spielen wir nicht gegeneinander, intrigieren nicht, untergraben die Reputation der anderen nicht, wir *kämpfen nicht* um Macht und Beförderungen. Darauf zu verzichten, verringert unsere eigenen Möglichkeiten – es ist aber ein Gewinn für alle (und das Unternehmen), wenn alle darauf verzichten.

Je mehr Leute aber darauf verzichten, *desto größer wird der Vorteil eines Regelbruchs*. Diese moralischen Opportunitätskosten führen in einem Umfeld mit begrenzten Ressourcen (wie z.B. Führungspositionen) immer zu einer globalen Limitierung der Kultur, zumindest ab einer Organisationsgröße, in der nicht alle sich ständig begegnen und es zu Anonymitäten kommt. Darum muss Kultur auch stets dezentral und vor Ort

verteidigt werden – vom mittleren Management, das die eigenen Teammitglieder zur Kulturtreue inspiriert.
In einer idealen Kultur herrscht so viel Vertrauen, dass man Menschen, mit denen man in eine Konflikt- oder Konkurrenzsituation gerät, einweiht und gemeinsam mit diesen das Problem löst – anstatt den Kampf anzunehmen und den anderen auszustechen.

> **Alle Kämpfe, die in einem Unternehmen stattfinden, binden Energien, die nicht der Unternehmung zugutekommen.**

Es geht in dieser Regel darum, so ehrlich und mit offenen Karten zu spielen, so authentisch und integer[3] zu sein, dass niemand sich je in ihrer Ehre, ihrem Rang im Rudel oder ihrer realen Machtposition herausgefordert sieht und verteidigen muss. Nur dann bekommt man die Informationen, die man benötigt, um intelligente, treffsichere Entscheidungen zu fällen und nur dann kann man seine Kräfte auf die Inhaltsebene und auf das Lösen von Problemen fokussieren.

Die Elf Gebote der Kultur nach Mario
7	**Wir verbringen mehr Zeit miteinander als nötig.**

Wer sich immer nur als Kollegen erlebt, sieht sich auch nur als Kollegen und als „Funktionsträger". Agendalose Meetings und kleine Feiern können helfen; aber gehen Sie auch mal zusammen weg, einfach so, ohne Teamevent. Nur echte, menschliche, tragfähige

Beziehungen sorgen dafür, dass Leute nicht sofort davonrennen, sobald ein Konkurrent ein paar Taler mehr bietet. Denken Sie an die Generation Z-Umfrage. Platz drei: Guter Zusammenhalt und nette Kollegen[14].

	Die Elf Gebote der Kultur nach Mario
8	**Wir feiern Erfolge gemeinsam, lachen und weinen gemeinsam.**

Während der Pandemie, durch die selbst in Deutschland in vielen Unternehmen das Laptop Einzug hielt, erhielten wir vielfach Einblick in die Wohnzimmer der Kollegen, sahen ihre Sofas, ihre Haustiere und Familien.
2020 war eine nervenaufreibende Zeit, in der jeder sechste mit einem Kollegen weinte[55]. Das hat funktionale Teams aber noch näher zusammengebracht (während dysfunktionale Teams massiven Bruchtests ausgesetzt waren).

Menschen haben Emotionen[Beleg erforderlich]. Das zu akzeptieren und für die anderen eben *nicht* schauspielern zu müssen, um einer absurden, antiquierten, sterilen Fehlkonzeption von Professionalität zu entsprechen, ist befreiend und rückt Menschen ihrer Natur und echten Beziehungen wieder näher.
Insbesondere Systematisierer – und daher in der Mehrheit Männer – haben regelrecht Angst vor den Emotionen anderer. Mit Ärger, Wut und Aggression

---

[55] *Employee Experience White Paper*, Microsoft, 2021

können sie noch am ehesten umgehen, weil deren Ausdruck durch Männer kulturell nie ein Problem war. Der Umgang mit anderen Emotionen wurde heranreifenden Männern früher aber nicht nur nicht beigebracht, das gesamte Thema war (und ist mancherorts noch) zutiefst tabubehaftet. Diese kulturelle Verstümmelung von Männern hat ja überhaupt erst zu diesen lachhaften Umgangsformen in der Haltungsform *Firma* geführt, an denen Menschen bis heute leiden. In manchen Ländern bekommen die Kinder in der Grundschule jetzt Meditationsunterricht und ganze Kohorten lernen endlich systematisch, sich selbst zu regulieren. Es kommen also andere Zeiten auf uns zu. Aber bis das hierzulande etabliert wird und bis diese Kinder dann in den Arbeitsmarkt eintreten, vergehen noch 25 bis 30 Jahre (also vielleicht Generation Beta oder Gamma). So lange sollten wir nicht warten. Lebenslanges Lernen ist ohnehin alternativlos, soziale Fähigkeiten sind gefragter denn je und den besten Wirkungsgrad in der Persönlichkeitsentwicklung hat man, wenn man sich mit den unangenehmsten Themen auseinandersetzt. Führungskräfte brauchen Mut.

Die Elf Gebote der Kultur nach Mario
9	**Es geht nicht nur um die Arbeit.**

Die Jungen machen es vor. Wer ein *Warum* für seine Tätigkeit zwingend verlangt, verliert sich nicht in Vorgaben, KPIs oder unternehmerischem Irrsinn, nur weil dieser „historisch gewachsen" ist. So jemand verliert nicht seine Menschlichkeit und pervertiert ein Unternehmen nicht bis hin zu dem Grad, wo es das

Gegenteil von dem tut, wofür es gegründet wurde. Für immer mehr junge Menschen *ist der Arbeitsplatz das primäre oder einzige soziale Umfeld*[14].
Es geht bei Unternehmen darum, die Menschheit (im Kleinen oder im Großen) voranzubringen. Profit hat lediglich die Funktion, Kapital anzuziehen und Investitionen zu ermöglichen, um *die Kernaufgabe des Unternehmens besser auszuführen*. Profitmaximierung ist also bereits ein Fehlanreiz. Das haben auch zahlreiche CEOs erkannt; 181 von ihnen unterzeichneten 2019 ein entsprechendes Statement[56].
Es geht darum, tragfähige Beziehungen aufzubauen, weil diese das letzte sind, was Technologie uns im Jahrhundert denkender, malender, schöpferischer Computersysteme wegnehmen kann. Es geht darum, Fähigkeiten auszubilden, mit der explosionsartigen Veränderung der Welt schritttzuhalten und immer wieder neu zu erforschen, was es heißt, zu leben, zu arbeiten, produktiv zu sein und Fortschritt zu erzeugen.

Leistung bedeutet vor allem: gezielte Regeneration. Sportler wissen das schon lange. Kreativität bedeutet einen Wechsel zwischen Konzentration, systematischem Erforschen und Ausprobieren einerseits und Müßiggang andererseits. Von konvergentem und divergentem Denken im Wechsel. Effizienz bedeutet, *die Natur des Menschen und seines Gehirns gezielt einzusetzen*, anstatt ständig unter Handicaps wie Angst, Schlafmangel, Problemzentrierung und falsch konstruierten externen Anreizsystemen arbeiten zu müssen.

---

[56] Business Roundtable Redefines the Purpose of a Corporation to Promote 'An Economy That Serves All Americans'

Was Arbeit ist, was ihr Ziel ist, wie sie funktioniert, all diese Dinge werden sich in immer kürzeren Abständen und immer radikaler verändern. Im 21. Jahrhundert wird die Menschheit immer mehr ihrer Probleme übersetzen in Probleme, die mit Energieeinsatz gelöst werden können, während gleichzeitig das Angebot an Energie weiter erhöht (und ihr Preis gesenkt) wird. Wenn zugleich digitale Assistenzsysteme (und Roboter) allgegenwärtig werden, die sich um die Umsetzung unserer Wünsche selbständig kümmern, dann wird Arbeit deutlich anders aussehen als heute.
Wie genau, kann niemand mit Sicherheit sagen. Das macht die Sache ja so spannend. Wir müssen neugierig bleiben – und beieinander. Und um Menschen dazu zu motivieren, brauchen wir Leute, die sprechen, mitreißen, inspirieren *und* zuhören können. Und keine Schleifer und egomanischen Karrieristen.

Die Elf Gebote der Kultur nach Mario
10   **Wir helfen uns immer gegenseitig.**

Es gibt kein „dafür bin ich nicht zuständig". *Mindestens* finden wir heraus, an wen unsere Kollegin sich wenden kann, aber wir schicken niemals jemanden weg.
Es ist bemerkenswert, was für widernatürliche und absurde Umgangsformen für Menschen normal werden, sobald sie durch so ein Drehkreuz gehen oder irgendwo einstempeln. Es ist manchmal fast so, als würden Leute alles, was sie je übers Menschsein, über Umgangsformen, Körpersprache und Beziehungen gelernt haben, vergessen, sobald sie ihre Firma betreten. („Was mache ich denn mit den Händen?").

	Die Elf Gebote der Kultur nach Mario
11	**Das WIR steht über allem.**

Das hier ist die Quintessenz. Wir können als Team überallhin gehen, wir können jede Transformation durchmachen und alles überstehen, solange wir zusammenbleiben und uns nicht atomisieren lassen.
In den USA wurde für die Median-Bürgerin der höchste Lebensstandard aller Zeiten vernichtet, weil in einem System, das auf der Selbstregulierung der Kräfte basiert, die Arbeiter atomisiert wurden und sie die Gewerkschaften seit den 1970er Jahren in Scharen verlassen haben. Heute leben 78 Prozent der US-Amerikaner „von Gehaltsscheck zu Gehaltsscheck", bei 29 Prozentpunkten von diesen 78 reicht dieser Scheck nicht einmal für die Lebenshaltungskosten[57].
Einzelkämpfer haben gegenüber Kooperierenden immer das Nachsehen.
Menschen sind Kooperationswesen, Rudeltiere[1]. Das ist es, was uns diesen Durchmarsch ermöglicht hat und was den Unterschied macht. AOL, Kodak, Olivetti, Polaroid, Blockbuster, Nokia und Commodore verschwanden, während Nintendo, Amazon Web Services, Microsoft und Ørsted[58] fundamentale Innovationen bis hin zum Branchen-wechsel vollzogen.
Was wir tun, ändert sich. Wie wir es tun, ändert sich. Für wen, wo, vielleicht sogar das Warum. Aber das Wir muss

---

[57] *2023 survey* von Payroll.org und *2023 Forbes Advisor survey*
[58] 2012 rettete der frühere LEGO-Vorstand Henrik Poulsen Dänemarks größten Energiekonzern, indem er ihn vom Gas- und Ölriesen zum Windenergiekonzern transformierte.

im Zentrum stehen. *Wir sind nicht kundenzentriert*! Wir kümmern uns erst einmal um unsere Leute und darum, dass *wir* miteinander auskommen und funktionieren. Und dann kümmern wir uns gemeinsam um die Kunden. Alles kann sich ändern, alles muss sich ändern. Aber Menschen bleiben Rudeltiere.

Amazon sagt zwar, dass für sie Kundenzentrierung ganz, ganz oben steht. Das setzt aber bereits voraus, dass man miteinander auskommt und sich darüber einig ist, was das überhaupt bedeutet. Amazon kann sich auf die Kunden fixieren, weil sie die kulturellen Voraussetzungen dafür bereits geschaffen haben.

Das waren die elf Gebote der Kultur. Nehmen Sie sich gerne ein paar Stunden Zeit, um mit Ihren Leuten einen vergleichbaren Kanon auszuarbeiten, dem alle zustimmen müssen. Sobald er abgesegnet ist, gilt er und erlaubt, Verstöße anzumahnen und die Kultur zu verteidigen. Er muss nicht in allen Teams oder Abteilungen gleich sein, es muss nur erst einmal einen *geben*. Wenn man sich mit anderen Bereichen zusammentut und die Überschneidungen der Werte ermittelt, kann man eine *Bottom up*-Bewegung starten, dessen transformatorische Kraft bis in die Geschäftsleitung wirkt.

Denn *von oben herab* ist einfach nicht, wie Kultur funktioniert.

Kultur siegt.

Puzzleteil 16: Haltung, Baby!

Frage:	Welches ist die richtige Haltung für das Leben, das Universum, Führung und überhaupt alles?
Antwort:	Dann also los.

In dem unterschätzten Disney-Film *Ein Königreich für ein Lama* gibt es eine Szene, in welcher der zum Lama verwandelte Prinz und sein Diener an einen Baumstamm gefesselt den Fluss hinuntertreiben. Der Diener sieht flussabwärts, der Prinz kann nicht sehen, was kommt. Daraufhin entspinnt sich sinngemäß dieser Dialog:

Diener: „Uh-oh."
Prinz: „Lass mich raten: wir treiben auf einen tosenden Wasserfall zu, stürzen vermutlich in die Tiefe und wissen noch nicht, ob wir das überstehen?"
Diener: „Jou."
Prinz [schiebt den Unterkiefer vor, kneift die Augen zusammen und sagt grimmig]: *„Dann also los."*

„Dann also los" ist eine absolut *fabelhafte* Art, Gefahren und Krisen ins Auge zu sehen. Varianten davon wären auch die amerikanischen *bring it* oder *challenge accepted* oder auch ein kaiserliches „Schauen wir mal". Eine Mischung aus Entschlossenheit, Sportsgeist und der Bereitschaft, die Herausforderung auch aus einer potenziellen Außenseiterposition anzunehmen. Sie nimmt den Erwartungsdruck weg, gewinnen zu *müssen,* und erlaubt es, sich spontan den Gegebenheiten anzupassen. Es winkt die Belohnung eines unwahrscheinlichen Sieges, es geht um alles, aber die Möglichkeit einer Niederlage oder die Möglichkeit von Kosten oder Schmerz unterwegs sind bereits eingepreist und müssen nicht schöngeredet werden. Wenn Sie denken: „Aber wir *müssen* doch gewinnen!", dann ist es offenbar keine richtige Krise, sondern eher ein kleineres Problem.

> Ein Problem, das man *sicher lösen kann* mit dem, was man ohnehin schon hat und weiß, *ist keine Krise.*

Eine Freundin ließ sich mal an der Fußsohle eine Warze vereisen. Angesichts des Vereisungsstäbchens wurde es ihr mulmig. Sie: **„Tut das weh?"**
Ärztin: **„Ja!"** [drückt ihr das Stäbchen in die Warze].

Wenn wir mit Zwang, Erwartungen und überzogenen Vorstellungen in Krisen gehen, lähmen wir uns damit. Wenn es gut werden *muss*, versuchen wir Kontrolle auszuüben, werden ängstlich, verhaltenskonservativ, steif und unkreativ. Wer sich als Underdog in einer beinahe aussichtslosen Situation wähnt, an deren Ende die *kleine* Hoffnung auf einen monumentalen Triumph und Heldentum winken, der kann Kräfte mobilisieren, Risiken eingehen und frei ausprobieren. Dann schauen wir auf diejenigen Dinge, die helfen, und hinterher auf die, die funktioniert haben und die wir geleistet haben – und nicht auf die Mängel im Vergleich zu unrealistischen Erwartungen. *In einer echten Krise sind Verluste eingepreist.*

> *Dann also los* ist die richtige Haltung für (Selbst-)Führung in Krisen.

Krisen sind Bewährungsproben. Sie kommen mit Schmerzen und Verlusten. Wer hier Zuckerguss drüber schüttet und die Krise kleinredet, der redet auch den Erfolg der überstandenen Krise klein. Die Krise macht den Unterschied zwischen Schönwetterseglern und gestandenen Seeleuten.
Den Grad einer Herausforderung reden wir nicht herunter. Aber wir beziehen uns auf unsere Stärken und darauf, dass wir den Kampf gemeinsam angehen.

Sportprofis machen es vor: Wir reden den Gegner nicht schwach, wir reden immer respektvoll von ihm und betonen seine Stärke. Das hat ausschließlich Vorteile und ist deshalb inzwischen alternativlos:

- Wenn es schiefgeht, haben wir uns nicht extra durch vorhergehende Großmäuligkeit blamiert.
- Wenn wir trotzdem gewinnen, ist der Ruhm und die eigene Leistung umso größer.

Und so verfahren wir bei Krisen und Herausforderungen auch.

Eine Krise muss befreiend sein; befreiend in der Hinsicht, dass man Neues versucht, Risiken eingeht und von Grund auf neu denkt. Die bisherige Verfahrensweise hat ja nicht vor der Krise geschützt, darum muss jetzt kreatives Denken erlaubt sein.

Wenn es Ideen gibt, die wir aus dem Team nicht hören oder kategorisch ausschließen wollen, dann müssen wir die Krise eben selbst und ohne die Ideen des Teams lösen. Aber wenn Sie die Kreativität Ihrer

Teammitglieder anzapfen wollen, machen Sie ihnen Mut. Verrückte Vorschläge werden angehört und ergebnisoffen diskutiert. Wenn ein Vorschlag nicht umgesetzt wird, hat das keine Konsequenzen für diejenigen, die ihn vorgetragen haben. Angst (vor Demütigung) ist der Antagonist von Kreativität. Kreativitätsprofis wie Viola Spolin, Donald MacKinnon und John Cleese haben dies nacheinander über ein Jahrhundert hinweg gebetsmühlenartig gepredigt – mit durchschlagendem Erfolg für die wenigen Unternehmen, in denen das tatsächlich gelebt wird.

Eine weitere Weisheit, die sich besonders in der Krisenbewältigung bewährt hat, ist diese:

> Schmerz ist unvermeidlich. Leiden ist optional.

Schmerzsignale aller Art sind unverzichtbar für unser Überleben. Als Mensch, Organisation, egal. Wir müssen wissen, wo etwas nicht stimmt, damit wir reagieren können. Darum sollten wir für jeden Hinweis auf ein Problem *dankbar* sein.
Was wir in dem Moment, in dem ein Schmerzsignal eintrifft, tun können, ist zum Beispiel:

- Den Schmerz oder seine Ursache leugnen.
- Versuchen, den Schmerz zu ignorieren.
- Vergangenen Schmerz wieder aufleben lassen.
- Sich sorgen, wie lange der Schmerz anhalten wird oder ob er schlimmer werden könnte.
- Den Schmerz als persönliche Beleidigung durch das Universum ansehen.
- Zornig auf den Schmerz sein.

- Wütend auf diesen Zorn sein.
- Enttäuscht sein, dass man wieder wütend auf den Zorn ist.
- Sich als Versager fühlen, weil man den Schmerz nicht verhindern konnte.
- Mit Wut auf die Angst reagieren, dass diejenigen Recht haben könnten, die uns Versager nannten.
- Sich über die Schmerzursache beschweren oder sie beleidigen.
- Wahllos Dinge bestimmen, um den Anschein von Kontrolle zu erzeugen.
- Den Schmerz zum alleinigen Thema machen und alles andere konsequent ausblenden.

Vielleicht haben Sie den einen oder anderen Punkt wiedererkannt. Und vielleicht hatten Sie auch den Eindruck, dass *keine dieser Maßnahmen hilfreich ist*. Denn das ist so.

In dem Moment, wo ein Schmerzsignal auftaucht, haben wir – wenn wir nicht die akute Ursache für den Schmerz wie einen Stachel entfernen können – nur die Wahl, um wieviel wir den Schmerz *schlimmer machen*. Eine weise Entscheidung wäre: um null. Dann geht zwar der Schmerz nicht weg, aber es bleibt *nur* der Schmerz, ohne all die Dinge, die wir uns obendrein gewohnt sind aufzuladen. Wenn wir den Schmerz nicht akzeptieren können, wie er ist, machen wir alles schlimmer.

Natürlich heißt das nicht, dass Sie stoisch die Hand auf der heißen Herdplatte halten sollen. Es geht nicht darum, möglichst viele Schmerzen zu haben, sondern darum, sich aus Gewohnheiten zu befreien, welche

unvermeidlichen und überlebenswichtigen Schmerz schlimmer machen als nötig.
Kommen wir von den Themen Schmerz und Haltung in der Krise mal wieder zum allgemeinen Thema Haltung in der Führung.

Haltung ist das Fundament von Vertrauensbildung. Vertrauensbildung ist das Fundament von Kultur[2]. Und Kultur ist entweder vorhanden oder nicht, sobald eine Krise einschlägt. Mit Haltung führen heißt, authentisch und integer[3] zu führen. Integrität erkennen wir an Handlungen, Authentizität an der Körpersprache.

Das Kohärenz-Prinzip der Körpersprache ist so universell, dass sogar Kinder und viele Tiere schnell sehen und hören, ob sie uns trauen können[3]. Das ist jedoch in fast allen Organisationsformen ein Tabuthema[7] und in der Regel zwingen wir uns, die Warnungen unserer Intuition zu überhören, um keine Umstände zu machen.

Die Ignoranz gegenüber diesem Fundament unserer Kommunikation geht in unserem Kulturkreis so weit, dass viele Menschen leugnen, dass es existiert oder zumindest so tun, als wären sie immun und müssten sich mit dem Thema nicht auseinandersetzen. Manche von diesen Menschen sind Führungskräfte oder Schauspieler – mit vergleichbar tragischen Resultaten.

Wenn plötzlich eine neue Person in der Tür steht, braucht unser Gehirn das *Siebentel einer Sekunde*, um passende Stereotype zu aktivieren. Nach vier Sekunden haben wir einen Eindruck von der Person und nach vier Minuten eine feste Meinung. Wenn wir nicht durch verschiedenste Ismen, Wünsche oder Erwartungen Stereotypen oder voreiligen Schlussfolgerungen aufsitzen, dann ist unser Urteil hier *sehr oft ziemlich gut*.

So, wie Menschen sich mit ihrer Kleidung und Aufmachung einer Schicht, Gruppe, einer Bewegung oder einem Trend zuordnen, tun sie das mit ihrem bewussten und unbewussten Habitus auch. Was wir über uns selbst denken, über den Rest der Menschheit, von unserem Gegenüber: es sprüht uns jederzeit aus allen Poren[3]. Wir sehen die Haltung unseres Gegenübers *sofort*.

Wenn wir verhindern wollen, durchschaut zu werden, und hierfür eine Rolle spielen, machen wir letztlich immer jemanden nach. Schwache Schauspieler imitieren das, was sie von der *Außenwirkung* einer Person, die sie nachmachen, mitgeschnitten haben. Wie sie denken, dass es aussieht. Wenn wir eine Figur *spielen*, ist das letztlich immer eine freundliche oder etwas elaboriertere Form des *Nachäffens*. Ich habe Führungskräfte gesehen, die (nur) bei der Arbeit sprechen wie Herbert Grönemeyer; und welche, die den formell klingenden Habitus höherer Beamter oder den von Lokalpolitikern nachmachen.

> *Eine Figur spielen* bedeutet, nachzumachen, wie sie von außen wirkt.
> Das ist das Gegenteil von Authentizität. Wir haben Erwachsenen nur beigebracht, ihre Intuition zu ignorieren und mitzuspielen.

Wer eine Figur spielt, sperrt einen Teil seiner selbst aus. Diese Teile sind in der Regel jene, die verwundbar wären. Also bei Führungskräften die Teile, die echt und nahbar sind, zu denen man Vertrauen aufbauen könnte; und bei Schauspielern derjenige Teil, der interessant wäre. „Hier, sprich mit der Puppe, ich bin gar nicht da, mir kann nichts passieren." Das ist Spielen.

Wenn wir also sowieso durch Spielen nie tragende Beziehungen und Netzwerke aufbauen können, was machen wir stattdessen? Antwort: Wir *verkörpern*.

Sie könnten im kommenden Abschnitt den Eindruck bekommen, er wäre esoterisch. Das ist nicht der Fall, weil es sich um konkrete, funktionierende Techniken handelt, die vieltausendfach im Einsatz sind.

Diese Techniken einzusetzen verleiht so einen massiven Vorteil, *weil* so viele Menschen sie mit Esoterik verwechseln und daher ablehnen. Diese Techniken sind aber nicht esoterisch, sie sind spirituell. Und zwar in der Definition von Spiritualität, die hier verwendet wird:

> Spiritualität ist die gezielte Ausbildung von Hirnregionen und Fähigkeiten, die nicht sprach- und symbolgebunden funktionieren.

Militär, Schule und Firmen beziehen sich fast ausschließlich auf unser symbolgebundenes Denken; dasjenige, welches aus Worten und Sätzen besteht. In der Schule sind die einzigen Ausnahmen Musik, Sport, Kunst und, vereinzelt, Religions- und Ethikunterricht wegen der optionalen Empathieanteile.

Aber wer bringt Ihnen *diese* Dinge bei: Vorstellungskraft, Umgang mit Stress, Emotionen, Bedürfnissen, Ego und Bewertungen; Gedächtnis, Selbstinspiration, Motivation, Körpersprache, Kreativität, Empathie, Werte, Güte, Selbstvertrauen, Risiko- und Frustrationstoleranz, Appetitbildung, Disziplin und Willenskraft, Optimismus, Glücklichsein, Charisma, Anpassung, Gelassenheit, Mut, Überzeugungskraft, Offenheit, Gemütsbildung?
Wieviel Sie in diesen Bereichen aufgeschnappt haben, ist Sache der zufälligen äußeren Umstände und Ihres Interesses, aber was davon ist offizieller Teil irgendeiner Ausbildung? Das alles sind erstrebenswerte Fähigkeiten, nach denen auch sehr aktiv gesucht wird – aber für nichts davon bekommt man irgendwo ein Zertifikat.

Unsere Ausbildung hat eine hartnäckige Fokussierung auf den Verstand. *Sie können sich also sehr leicht einen Wettbewerbsvorteil herausarbeiten, wenn Sie über den Tellerrand schauen und die übrigen 98 Prozent Ihres Gehirns auch systematisch trainieren, anstatt das alles dem Zufall zu überlassen.*
Keine Angst: Dafür müssen Sie nicht meditieren und keine Räucherstäbchen anzünden. Aber wir müssen dafür Teile unseres Gehirns ansteuern, die kaum oder gar nicht auf verbal ausformulierte Gedanken reagieren. Hirnregionen haben verschiedene Sprachen[10]; nämlich die derjenigen Inhalte, die die Hirnregion zu Ihrem Erleben beisteuert: zum Beispiel Geräusche, Erinnerungen, Bilder, Emotionen oder Körpergefühle.

So; kommen wir endlich zum Unterschied zwischen schwachen und starken Schauspielern und schwachen und starken Führungskräften.

„Emotionale Intelligenz" wird als die Fähigkeit beschrieben, sich selbst in einen Zustand zu bringen, der für die Bewältigung einer Aufgabe geeignet ist. [Früher wurde EQ gerne mit Empathie verwechselt]. Gute Schauspieler tun das, indem sie *verkörpern*.

Verkörpern ist das Gegenteil von „eine Rolle *spielen*". Statt an unserer *Außenwirkung* herumzutüfteln und „so zu gucken, wie jemand guckt, der traurig/heldenhaft/bestürzt/glücklich/[Zustand hier einfüllen] ist", bilden wir die *Innenseite* der Figur ab, die Wahrnehmungsfilter dieser Person.
Wahrnehmungsfilter?

Unser Gehirn fügt Wahrnehmungsinformationen zu einem Kontext zusammen, der unsere Realität ist[5]. Wenn wir an den „Kontext" denken, den unser Gehirn analysiert, dann verstehen wir darunter zumeist intuitiv die Lage, die Situation *um uns herum*. Tatsächlich stammt ein sehr großer Teil unserer Realität und unseres Kontexts aus Informationen, die das autonome Nervensystem *aus dem gesamten Körper* ins Gehirn liefert. *Unser grundsätzlicher und akuter Körperzustand fließt also immer latent, aber wuchtig, mit in unsere Beurteilung von allem mit ein.*
Darum ist zum Beispiel Bedürfnispflege für Resilienz so wichtig – weil ein Mensch, der sich rundum wohl fühlt, bei einem unangenehmen Erlebnis viel weniger *Drama* erlebt; der Körperkontext ist einfach ein anderer. *Ein anderer Körperkontext macht einen anderen Menschen.*

Optimismus ist nicht nur eine Einstellung, Optimismus ist ein *Körpergefühl*, das Dinge machbar erscheinen lässt.

Was wir beim Verkörpern anders machen als beim Nachmachen, ist dies: *Anstatt auf unserem Instrument eine andere Melodie zu spielen, werden wir ein anderes Instrument.* (Und schon klingt es esoterisch. Aber nur, weil wir mit Bildern unsere Vorstellungskraft anregen.)

Man sieht bei guten Schauspielern schon, *als wer* sie auf die Bühne kommen, bevor sie überhaupt etwas sagen. Und ob Sie eine Autorität sind oder autoritär, ob Sie souverän sind oder Sklave Ihres Egos und Ihrer Emotionen, das sehen Menschen Ihnen an. An der Außenwirkung zu arbeiten, wird Ihnen nur Stunden oder Tage Aufschub geben, ehe Sie auffliegen. Sie planen hoffentlich eine längere Führungskarriere als das. Gute Führungskräfte achten – wie gute Vertriebler – nicht auf ihre Außenwirkung, sondern konzentrieren sich darauf, ihrem Gegenüber *tatsächlich zu helfen*. Ihr Gegenüber bemerkt den Unterschied sofort, auch, falls er es Sie nicht gleich spüren lässt.

Zeit für eine Übung!

Das hier wird gleich Ihre Brille:

> Ihr Gegenüber ist grundsätzlich in Ordnung. Sie ist gut genug, braucht aber vielleicht Unterstützung, um sich ganz zu entfalten. Sie will gut sein, sich einbringen, dazugehören und sich Ansehen verdienen. Sie ist grundsätzlich guten Herzens, hat aber empfindliche Stellen, wo sie auch mal unsouverän und bissig werden kann. Sie hat ein riesiges Entwicklungspotenzial und Sie wollen, dass sie erblüht.

Erster Übungsschritt: Denken Sie mal an einen beliebigen Menschen, dem gegenüber Sie so ähnlich empfinden. Falls Sie Kinder haben, könnte ich mir gut vorstellen, dass Ihnen das leicht fällt. (Lesen Sie die Brille dann doch nochmals, als wäre es Ihr Blick auf eines Ihrer Kinder). *Der letzte Satz ist der wichtigste.*
Ansonsten nehmen Sie eine Person aus Ihrem beruflichen oder privaten Leben. Schauen Sie mal durch diese Brille auf diese Person und gehen Sie ein paar gemeinsame Erinnerungen durch. Bemerken Sie, wie Sie dabei schmunzeln oder lächeln. Jetzt. Zeit: eine Minute.

Zweiter Übungsschritt: Wenn Sie das Gefühl deutlich spüren, zum Beispiel unter dem Brustbein oder anderswo, dann halten Sie das Gefühl fest und wechseln Sie zu einer beliebigen anderen Person, die Sie kennen. Und gehen Sie wieder gemeinsame Erinnerungen durch, welche Sie durch diese Brille betrachten.
Wenn auch das gut funktioniert, gehen Sie mit der Gefühlsbrille in einem dritten Schritt weiter zu einer Person, zu der Sie ein eher neutrales Verhältnis haben.

Wenn Sie die gemeinsamen Erinnerungen durch diese Brille gesehen und gespürt haben, ziehen Sie weiter zu einer Person, von der Sie bisher nicht viel halten. Eine Person, die Sie enttäuscht oder verletzt hat oder die Sie sonst wie unzureichend finden. Das ist Schritt fünf.
Sehen Sie Ihre gemeinsamen Erinnerungen an (oder erfinden Sie gemeinsame Situationen) und tragen Sie dabei diese Gefühlsbrille.
Dieser Mensch ist wie Ihre eigene Tochter (real oder fiktiv), ein Mensch, den Sie verstehen, lieben, fördern wollen und für dessen Fehltritte Sie Verständnis *spüren*.

Wenn Sie diesen Abschnitt jetzt gelesen haben und sich nur *vorstellen*, worauf die Übung hinauswill, erleben Sie nur die mentale Simulation davon, was Sie über die Übung glauben. Sie werden sie also schon ausprobieren müssen. :-)
Falls Sie also erst einmal die ganze Übung lesen wollten, wäre jetzt der Moment zur Durchführung:

> Durch die Brille oben gemeinsame Momente nochmals erleben. Von Leuten, bei denen das sehr leicht geht, über neutral, bis schwierig. Viel Spaß!

„Aber Coach, warum soll ich die Hantel denn hochheben? Ich hab doch schon *verstanden*, wofür das gut wäre!"

Und falls es Ihnen besonders schwierig, kindisch oder absurd vorkommt, diese Übung zu machen; wenn Sie diese Perspektive *selbst in Gedanken* nicht wollen können, zum Beispiel, weil Ihr negatives Bild von dieser letzten Person doch *wahr ist* oder weil Sie wissen, dass „solche Übungen ohnehin Unfug sind", dann sehen Sie, warum es so wenige gute Schauspieler und so wenige gute Führungskräfte gibt.

Die Dinge, die uns davon abhalten, gute Führungskräfte zu sein, sind dieselben, die uns davon abhalten, bessere Menschen zu sein. Stolz zum Beispiel. Oder ein hohes Sicherheitsbedürfnis; oder auch sein Wissen, seine Meinungen und Routinen nicht mehr hinterfragen zu können.

> Das Limit für Karrieren in komplexen Domänen wie Führung ist selten mangelndes Wissen, sondern meistens die Vernachlässigung von nicht rein kognitiven Kompetenzen.

Falls es Ihnen gelungen ist, sich darauf einzulassen und das Gefühl auch bei der neutralen oder der schwierigen Person festzuhalten: Glückwunsch, das war Spiritualität; und ein Baustein von Selbstentwicklungs-, Führungs- *und* Schauspielkunst. Anstatt sich zu verstellen, haben Sie das, was Sie bereits in sich haben, in einer anderen Kombination aktiviert als bisher (falls Sie nicht ohnehin schon Erfahrungen mit vergleichbaren Übungen haben)[59].

Wenn man seine Werte *verkörpert*, muss man sich keine Gedanken darüber machen, wie und wodurch sie sich ausdrücken werden oder wie die Außenwirkung ist. *Wenn die Überzeugung stark genug ist, wird sie sich im Handeln ausdrücken* und *sie wird sichtbar sein*. Das spart unfassbare Kräfte. Das ist der eigentliche Grund für „Ehrlich währt am längsten": Die Kraftersparnis.

---

[59] Bonus-Aufgabe: Setzen Sie diese Brille mal auf und schauen Sie in den Spiegel.

Diese Fähigkeit durch das Lesen eines fingerdicken Buches und anhand eines einzigen Beispiels für Haltung zu meistern, ist natürlich unrealistisch. Aber wenn es dafür gereicht hat, dass Sie sich hiermit weiter beschäftigen möchten, dann haben Sie ein Tor zu einer Welt der effizienten, eleganten (Selbst)Führung (noch weiter) aufgestoßen. Diese Übung ist wie eine Hantel: Je öfter Sie sie heben, desto stärker werden Ihre Muskeln.

Ein echtes, robustes Selbstvertrauen ist nicht erblich bedingt und auch keine Einstellungssache. Es ist Ergebnis eines jahrelangen, realen Trainings und Investments in diese und andere Fähigkeiten. Um gezielt die eigenen Schwächen auszumerzen, muss man sich zunächst eingestehen, dass man welche hat. Und neugierig bleiben auf das, was es noch gibt und darauf, wie Menschen, die auf ganz andere Arten erfolgreich sind als wir, das machen.

> *Man erreicht mit spirituellen Techniken Stellen, an die man mit Kaffee, Willenskraft und Grübeln allein nicht hinkommt.*

Ich hatte Ihnen nach einer ziemlichen Schimpftirade versprochen, zu erklären, wie das „Bleistiftlächeln" und die „Gorilla-Machtpose" entgegen meiner eigenen Behauptung doch funktionieren können[3]. Dafür brauchen wir aber eben die Erkenntnisse aus diesem Kapitel und den Unterschied zwischen *Spielen* und *Verkörpern*. Wir haben gesehen, dass unser Ausdruck, unserer Mimik, immer eine Mischung ist aus willkürlichen und aus nichtwillkürlichen Bewegungen[3]. Also eine Mischung aus Dingen, die wir den anderen sagen oder zeigen *wollen* und Dingen, die „uns so herausrutschen", weil wir über sie unseren emotionalen und gedanklichen Zustand im Körper manifestieren.

Wenn Sie sich mit einem Lächeln in eine herzlich heitere, leichte und freudige Haltung bringen möchten, dann müssen Sie hierfür diejenige Muskulatur betätigen, über die Ihr Gehirn diesen Zustand manifestiert. Wenn wir ein *soziales Lächeln* aufsetzen, wenn wir zum Beispiel höflich sind, Schmerz verbergen oder wir *betonen* wollen, wie zugewandt oder glücklich wir sind, dann verwenden wir dafür allgemein andere, größere, weiter außen liegende Gesichtsmuskeln. Dann wissen wir aber, dass wir *den anderen etwas sagen wollen*. Und damit auch, dass *die Botschaft nicht für uns ist*.

Im Theater spricht man davon, dass Emotionen *gerichtet* sind. Dass sie also entweder laut und deutlich nach außen proklamiert werden – oder eben nach innen gerichtet sein können. Die meisten Menschen können das anhand von Beispielen gut nachvollziehen: Man kann Ärger in sich hineinfressen und die damit verbundene Beschwerde nur so vor sich hinknurren (nach innen) oder wild gestikulierend den Schuldigen anschreien (nach außen). Man kann springen und jubeln und jauchzen (nach außen) oder seine Freude heimlich nach innen strahlen lassen und sich äußerlich kaum etwas anmerken lassen. Die nach innen gerichteten Emotionen sind für die Zuschauer meistens interessanter, weil sie sich mehr wie „die wahre Meinung" der Figur anfühlen.
Und für das *Zeigen* und *Ausdrücken*, also das *Mitteilen* von Emotionen verwenden wir andere Muskeln als für das körperliche Manifestieren dessen, was wir wirklich

fühlen. *Daran* macht unser über Hunderte von Jahrtausenden optimiertes Gehirn die „Intuition" fest, ob jemand ehrlich ist, oder nicht.

Wenn wir unsere eigenen Emotionen und unsere Wahrnehmungsbrille verändern wollen, müssen wir an die Muskulatur herankommen, die für unseren eigenen Gefühl*sausdruck*, für das Verkörpern dieser Empfindung, zuständig ist. Das technisch zu beschreiben und umzusetzen wäre geradezu fabelhaft umständlich. Aber ich habe eine Formulierung gefunden, die den Zugang ermöglichen sollte:

> Lächeln Sie *nach innen. Für sich*. Man muss es nicht einmal sehen. Lächeln Sie einmal für sich in sich hinein – und wenn das zugehörige Gefühl kommt, lassen sie es kommen und nehmen Sie es an. Probieren Sie es mal aus. Wenn Sie es spüren, verstehen Sie den Unterschied zwischen *Verkörpern* und *Spielen* und auch den zwischen einem Lächeln und dem toten, mechanischen, äußerlichen Grinsen, das der Bleistift verursacht.

Lächeln, und auch Machtposen, sind nicht für die anderen, sie sind *nur für Sie*. Richten Sie das Gefühl nach innen und lassen Sie es so weit kommen, wie es von selbst wächst, *ohne anzuschieben*. Wenn Sie es stärker machen, als Sie sich selbst abkaufen, dann spielen Sie wieder und es wird zur unfreiwilligen Zirkusnummer. Viel Spaß beim Ausprobieren!

Und hier noch ein wunderbares Beispiel für demonstrierte Haltung. Im Jahr 2003 wurde Arnold Schwarzenegger im Wahlkampf um das Gouverneursamt mit einem Ei beworfen (und getroffen.) Danach wurde er darüber befragt, wie er das fand.

„Der Kerl schuldet mir jetzt Speck. Man kann nicht nur Eier haben ohne Speck_A; aber das ist alles Teil der Freien Rede. Ich glaube, es ist großartig. Sehen Sie diese Leute hier schreien? Stellen Sie sich das in einem kommunistischen Staat oder in einer Diktatur vor, das könnten Sie da nicht machen_B. Das liebe ich so an diesem Land. Und du musst das komplette Paket nehmen, wenn du etwas liebst_C."

Arnold: Alles. Richtig. Gemacht.

A: Eine Technik aus der Improvisation, die *yes, and* heißt: ich akzeptiere das Angebot (Ei) und füge etwas hinzu: „Wo bleibt der Speck?" Gleichzeitig ist das angewandter Humor, weil er sich und sein Ego komplett aus der Gleichung herausnimmt. Er beweist: Das Ei hat mein Sakko getroffen, nicht mich.

B: Ein größerer Kontext, der aus dem Ei nicht nur ein kleineres Übel macht, sondern den Beweis von etwas Gutem. Das (ohne darauffolgende gewaltsame Inhaftierung) geworfene Ei beweist: wir leben in Freiheit.

C: Das gehört zum Wahlkampf und zum Leben in Freiheit dazu: *Embrace it!*

Was für ein Ausdruck von Haltung! Überlegen Sie mal, wie lange jemand, der diese Dinge *nicht glaubt* und keine solche Klarheit hat, bräuchte, um solch eine Rede zu verfassen? Vermutlich deutlich länger als die dreißig Sekunden, die das Interview dauert und in denen Schwarzenegger locker drauf los plaudern kann, weil er nichts zu verbergen hat und sich deshalb nicht verplappern kann?

Diese Klarheit, dieser Humor, dieser Wille, diese Einordnung in das große Ganze – das kann man nicht *alles* gleichzeitig in diesem Moment aus dem Ärmel schütteln. Diese Fähigkeit ist das Ergebnis einer jahrzehntelangen Persönlichkeitsentwicklung, die als praktisches *Nebenprodukt* die Fähigkeit mit sich bringt, frei und voller Selbstvertrauen über die großen Dinge sprechen und über die kleinen Dinge lachen zu können.

Darum wird Haltung immer und immer wieder gewinnen. Außerdem: Haltung beinhaltet Demut – den Schlüssel dazu, besser zu werden.

Das war ein kurzer Abschnitt zum Riesenthema Haltung. *Schmerz ist wertvoll, Leiden ist optional,* „*Passend zum Moment das Instrument wechseln, statt nur Stimmung und Melodie zu ändern*", *Dann also los*, nach innen lächeln und Arnies Beispiel für angewandte Haltung waren ein paar der Eckpunkte.

Nächster Halt: Mikrospiritualität.

Mikrospiritualität

Entwarnung: Man muss bei der Selbstfürsorge und der Instandhaltung der eigenen seelischen Gesundheit nicht alles immer auszelebrieren, sich eine Stunde lang hinsetzen und ein großes Ritual mit Brimborium aus Räucherstäbchen und Klangschalengedöns machen. Es gibt Tausend Gelegenheiten jeden Tag, um kurz zu Sinnen zu kommen und dem Gedankenkarussell mal eben zu entsteigen – ohne, dass das überhaupt jemand mitbekommt. Eine Anregung, frei nach einem Meme unbekannten Ursprungs:

*Wenn Du nicht meditieren kannst,
halte vor jedem Schluck Kaffee inne.*

*Wenn Du nicht beten kannst,
sag einfach „Danke" vor jeder Mahlzeit.*

*Wenn du nicht manifestieren kannst,
freue Dich an dem, was Du bist und hast.*

*Wenn Du kein Tagebuch führen kannst,
rede im Auto mit Dir selbst.*

*Es gibt kein Regelbuch für Spiritualität.
Sei einfach gut zu Dir – auf die Arten,
die sich gut anfühlen.*

Schon fertig damit. Kommen wir zum PLAY-Radius! ☺

Der PLAY-Radius & Stress macht dumm

Glückwunsch! Sie haben bis hier gelesen und sich damit ein (nicht sehr) geheimes Bonus-Kapitel freigeschaltet!

Frage:	Ich bin Führungskraft. Können wir BITTE mal über Stress sprechen?
Antwort:	Selbstverständlich. Auf geht's!

Neunzig Millionen Jahre vor unserer Zeit. Zwei Vögelchen hopsen auf einer Lichtung herum und picken mal hier, mal da in den Boden, um Essbares zu finden. Da hören sie plötzlich im Gebüsch:
ein sich schnell näherndes, lautes Rascheln!
Vögelchen A nimmt das Geräusch zum Anlass, über die tiefere Bedeutung des Geräusches – und von Geräuschen überhaupt – zu sinnieren. Sind Geräusche nicht vielleicht ein Konstrukt des eigenen Geistes und Manifestation der eigenen inneren Anteile? Vögelchen B fliegt weg.
Vögelchen A gehört nicht zu den Vorfahren der heutigen Vögel. In der Natur gibt es plötzlich auftretende, potenziell tödliche Gefahren und diese verlangen *schnelle Entscheidungen*. Warum muss ein Vögelchen sich schnell entscheiden? Naja, es hat nur *einen* Körper. Es kann sich nicht totstellen *und* angreifen *und* wegfliegen. Zudem muss es sich sehr schnell entscheiden, weil das Ergebnis des Entscheidungsprozesses sonst irrelevant wird und Vögelchen B endet wie Vögelchen A. Das bringt uns zur Kernfunktion des Mechanismus, den wir Angst nennen:

> Angst zwingt zu schnellen Entscheidungen.
>
> *Angst stellt augenblicklich alle geistigen Prozesse ab, die nicht zum akuten Überleben beitragen.*

Angst führt dazu, dass einer der beiden Arme des autonomen Nervensystems alarm-aktiviert wird. Übernimmt unser *Parasympathikus*, werden wir schockstarr (und können z.B. keine schlagfertige Antwort geben[8]), übernimmt der *Sympathikus*, werden wir zu Ausgestaltungen von *Angriff* oder *Flucht* gezwungen.

Das neurologische Gegenteil von Angst hat mehrere Namen. Zu ihnen zählen *Neugier*[60], *Inspiration, Ekstase*[61], *Flow*[62], und *Playfulness*[63]. Sie alle zeichnen sich dadurch aus, dass die Erregung beider Arme des autonomen Nervensystems um eine Balance, um eine Mitte herum oszillieren und dass weder die Inhibition durch Angst, noch die Inhibition durch Konzentration überhand nehmen.

Eine weitere Begleiterscheinung dieser Zustände ist *Selbstvergessenheit*. Das Ich, das Selbst (unsere Geschichte über uns selbst[5]) und unser Ego (der Warnmechanismus, dass unser Rang im Rudel in Gefahr

---

[60] *The psychology and neuroscience of curiosity,* Celeste Kidd, Neuron, 2015
[61] *Free Play: Improvisation in Life and Art,* Stephen Nachmanovitch, 1990
[62] *Beyond Boredom and Anxiety. The experience of Play in Work and Games,* Mihàly Csíkszentmihàlyi, 1975
[63] *Orienting in a defensive world: Mammalian modifications of our evolutionary heritage,* Stephen Porges, 1995

ist[1]) werden gedämpft und ihr Empfinden geradezu aufgelöst. Das ist ein Teil des befreienden Glücksgefühls, das Menschen überwiegend in der Kunst und beim Spielen, zum Teil aber eben auch in ihrer Arbeit erleben. Wer derart in einer Sache aufgeht, dass er seine Verteidigung fallen lassen und seine Abgrenzung gegen die Welt auflösen kann, ist für diese Zeit im Himmel[7].

Ich weiß, wo Sie Ihre besten Ideen haben. Unter der Dusche, im Bett, und beim Autofahren. Treffer? Das liegt daran, dass Sie dort weder Angst haben (falls Sie beim Duschen Angst haben, unbedingt mal mit dem Installateur sprechen), noch zu viel Konzentration ausüben[6]. Diejenigen Themen, welche Sie ohnehin beschäftigen, können in Ihrem Hinterkopf frei mäandern und sobald sich etwas zusammenfügt, das eine sinnvolle Lösung für etwas darstellt: *Zack* – Idee! Das kam oben bei *konvergentem und divergentem Denken* schonmal vor[6,15].

So wollen wir arbeiten. Wir möchten doch, dass unsere Arbeit uns dermaßen interessiert, dass uns die Lösungen und Antworten nur so in den Schoß fallen wie Sterntaler. Und wir wollen, dass unsere Mitarbeiter so arbeiten. Der Zyniker wird sagen: *Haha, so schaffen wir es, dass die Mitarbeiterin auch in der Freizeit freiwillig und gratis arbeitet!*
Was soll man sagen: Ja. Es zu schaffen, dass Menschen so arbeiten, macht sogar den kalt berechnenden Zyniker glücklich, weil es *obendrein* in jeder Hinsicht wirtschaftlicher ist als die Alternativen.
Aber auch, wer kein Zyniker ist, wird bemerken, dass inspirierte Teammitglieder nicht nur mit mehr Ideen

ankommen, sondern dass sie auch weniger krank sind, weniger meckern, länger bleiben, weniger kaputtmachen, sich weniger drücken und nicht in den Burnout stürzen. Stress hingegen erhöht messbare Entzündungswerte und sorgt für sozialen Rückzug[64].

> Einschub:
> Der wahre Grund, warum Henry Ford seinen Arbeitern mit fünf Dollar am Tag mehr als doppelt so viel bezahlte wie marktüblich, war nicht sein soziales Bewusstsein. Aufgrund der schlechten Arbeitsbedingungen und der *Hire-and-Fire*-Praxis bei Ford gab es zahllose Rache- und Sabotageakte durch die Arbeiter; die Kosten drohten das Unternehmen zu erdrücken. Ford konnte sich nach der Lohnsteigerung die Mitarbeiter aussuchen; ein hohes Arbeitsethos, Identität und Loyalität entstanden, die Qualität stieg und die Kosten *sanken*. Wegen der guten Qualität wurden die Mitarbeiter wiederum geachtet und besser behandelt.

Apropos Zyniker: Gerade habe ich einen zum Meme verkürzten Ausschnitt aus einem Interview mit Hedgefonds-Manager (und verurteiltem Betrüger) Florian Homm zugeschickt bekommen. In diesem Ausschnitt erklärt er mit einem mitleidigen Tonfall (offenbar mit den normalsterblichen Geringverdienern), dass [bei ihm] 16-Stunden-Tage und 100-Stunden-Wochen *Standard* sind.
Anstatt uns nun über die Hybris zu echauffieren, uns provozieren zu lassen und uns reflexhaft zur Vergeltung

---

[64] *Beyond social withdrawal: New perspectives on the effects of inflammation on social behavior*, Keely A. Muscatell, 2021

über diesen Menschen zu stellen, der sich scheinbar über uns stellt, können wir hier etwas lernen.
Mir geht es hier nicht um die Leistung dieses Menschen, seine Haltung, sein Auftreten oder um die Gründe, warum jemand sein Leben für so einen Job her- oder aufgibt. Ich erwähne es, weil dieses Beispiel („100-Stunden-Wochen sind Standard"), etwas Bemerkenswertes zeigt, wenn man hinter die Oberfläche schaut.

Ein Mensch, der es schafft, hundert Stunden die Woche zu arbeiten, *muss eine bestimmte Sache geschafft haben.* Und die ist es wert, genauer betrachtet zu werden.
Es ist nämlich so:

> Niemand *kann* sich dauerhaft 100 Stunden pro Woche überwinden.
> Und niemand *will* sich dauerhaft 40 oder mehr Stunden pro Woche überwinden$_6$.

Wie anstrengend eine Arbeit ist, hängt *nicht* daran, wie viel es zu tun gibt[65], wie fordernd die Arbeit ist oder wie kompliziert sie ist. Das hängt von etwas anderem ab:

> **Wie anstrengend eine Arbeit ist, hängt davon ab, ob es die *eigene* Arbeit ist.**

Wenn Sie jemanden fragen, was sie beruflich macht und sie nennt eine Ihnen unbekannte Firma, dann fragen Sie vielleicht nach der Branche oder dem Geschäftsmodell dieser Firma. Und die Erklärungen, die Sie dann

---

[65] Hierzu gleich ein grauer Kasten mit Anmerkungen

bekommen, fallen zumeist in zwei verschiedene Kategorien:

| „Ich arbeite bei Zylopraxodial. Die machen so Getriebeschmiermittel und Krebsmedikamente." | „Ich arbeite bei Zylopraxodial. Wir machen so Getriebeschmiermittel und Krebsmedikamente." |

Wie verschieden das doch klingt. Die eine Person fühlt sich als Lohnsklave, die ihre Zeit an irgendjemanden verkauft, um die Miete bezahlen zu können. Die andere Person ist *Teil einer Unternehmung*.

Aus dem Ideal der angstfreien, inspirierten Arbeit und der Tatsache, dass manche Menschen buchstäblich ihre gesamte Wachzeit mit Arbeit verbringen können, ohne auszubrennen, ergeben sich zwei Implikationen für Sie als Führungskraft:

1. Ihre primäre Aufgabe als Führungskraft ist es, Teil einer Unternehmung zu sein.
2. Und Ihre sekundäre Aufgabe ist es, dass Ihre Teammitglieder Teil einer Unternehmung sind.

Wenn es meine Aufgabe, meine Berufung, mein Baby ist, dann muss ich mich nicht *überwinden*, dort etwas zu tun und mitzuhelfen. Ich sehe, was zu tun ist und ich habe Initiative, wenn es *meine Arbeit* ist. Wenn es das ist, was ich tun will. Wenn ich ein Buch schreiben will, weil ich spüre, wem ich damit helfen will und wodurch, dann muss mich niemand anschieben oder mir die Arbeitsschritte erklären oder anweisen. Ich sehe das Zwischenprodukt an und sehe, was ich noch verbessern

…chte. Wenn jemand anderes wollte, dass ich für sie ein Buch schreibe, müsste ich sie dauernd fragen, ob dies oder jenes richtig so ist. Am Ende schriebe sie das Buch quasi selbst und ich würde ihr nur die Tipparbeit abnehmen. So hat man früher gearbeitet.

Junge Menschen sind nicht *faul*[11], sie haben nur öfters als die Etablierten a) keinen Hebel, der ihnen das Gefühl gibt, wirklich etwas beitragen, leisten oder gestalten zu können und b) seltener ein Verständnis dafür, *wofür das gut ist*, was man von ihnen verlangt. Für Menschen, die den Sinn in ihrer Arbeit nicht spüren, *ist es bereits anstrengend, hinzugehen und dort zu sein*, während die Führungskräfte und Entscheider jede Minute dort genießen und gar nicht genug vom Gestalten kriegen können. Der Weisungsgebundene ohne Sinnstiftung hat diesen Genuss aber nicht und fragt sich den ganzen Tag, warum er in diesem Käfig gehalten wird und nichts tun darf, das ihm Erfüllung bietet.

So machen Sie die Unternehmung zu *Ihrer* Unternehmung: *Finden Sie den Sinn und die Funktion Ihres Unternehmens* im großen Ganzen. Ihr *Warum*. Lassen Sie Ihre Angst, Fehler zu machen, los. Dann machen Sie die Unternehmung zur Unternehmung Ihrer Teammitglieder und nehmen Sie denen die Angst, Fehler zu machen. Wenn ich etwas inhärent will und Teil davon bin, wenn ich anerkanntes Rudelmitglied bin, dann strengt es mich nicht an, dort zu sein. Ich kann neugierig sein, mich einbringen und ich habe keinen kräftezehrenden Identitätskonflikt[7].
Zwang, Strafe und deren latente Androhung provozieren hingegen Stress, und *Stress macht blöd*[6,8].

Stress:

„Ich hatte viel Stress" oder „heute war wieder stressig" klingt wichtig, nach Gefragtsein und Status. Darum sagen wir es lieber so. Denn in Wahrheit müssten wir sagen: „Heute hatte ich Angst."
Klingt nicht so souverän und sexy, oder? Trotzdem ist es ganz einfach. Merksatz: *Stress ist Angst*. Immer.

Umkehrschluss: Wenn Sie sich stressen (und das kann außer Ihnen niemand), dann liegt da *zwingend* eine Angst dahinter. Stress ist Angst. Nichts sonst.
Wenn Sie sich diese Angst in einem ruhigen Moment einmal ansehen und sich fragen, wovor Sie in Situation X konkret Angst hatten, dann *wird die Angst Ihnen antworten*.

Allerdings ist Angst älter als verbale Sprache – und Gehirnareale sprechen in der Sprache, in der Sie funktionieren[10]. Sie werden also nicht zwingend eine verbale Konversation mit Ihrer Angst führen können. Ihre Antwort kann ein Mix aus Erinnerungen, Körpergefühlen, Bildern, Emotionen, Stimmen und Sätzen sein. Davon sollten Sie sich aber nicht abhalten lassen[12]. Fragen Sie die Angst und finden Sie heraus, ob Ihre Angst vielleicht überempfindlich, übertrieben oder veraltet ist und öffnen Sie nächstes Mal, wenn die Angst anklingelt, die Tür, validieren Sie und quittieren Sie das Paket[12].

Dann können Sie in Zukunft mit allen Ihren Ängsten umgehen, anstatt sich aus dem Hintergrund von ihnen steuern zu lassen. So geht Souveränität. So geht Mut.

Weiter oben hatte ich einen grauen Kasten versprochen zur Behauptung „Wie anstrengend eine Arbeit ist, hängt *nicht* daran, wie viel es zu tun gibt". Hier ist er:

> Wenn wir arbeiten, sind wir in Wahrheit zu jedem Zeitpunkt mit *einer* Sache beschäftigt. Entweder wir priorisieren, oder wir arbeiten etwas ab. Ob ich nun einen Stapel mit fünf To-dos habe, oder mit fünfhundert, *macht keinen Unterschied*.
>
> Seien wir ehrlich: Als ob wir *je* die obersten fünf alle abarbeiten könnten, ehe etwas anderes dazwischenkommt, das noch wichtiger und dringender ist. Die unteren 495 Dinge auf dem Stapel sind Wünsche, *pure Fiktion*, mehr nicht. Ich habe nur soundsoviel Zeit und Ressourcen pro Tag. Die Idee, dass man mehr Dinge schafft, wenn man nur fest genug „daran denkt, was noch alles zu tun wäre", ist Quark.
>
> Wenn wir wissen, was das Wichtigste und Dringendste ist, dann tun wir *nur das*. Wenn wir nicht wissen, was das ist, priorisieren wir oder lassen priorisieren.
> *Priorisieren ist Ihre wichtigste Dienstleistung für Ihre Mitarbeiter.* Sie entscheiden, was vorgezogen wird und was im Zweifel über die Klinge springt. Dafür tragen Sie die Verantwortung.
> Klare Ansagen und klare Priorisierungen sorgen dafür, dass die Menge der zu erledigenden Aufgaben keinen Stress provozieren.

Was ist nun der PLAY-Radius?

Es wird an sehr vielen Stellen über die „Komfortzone" gesprochen; bestimmt haben Sie davon auch schonmal gehört. Ich beschäftige mich schon seit zwanzig Jahren mit diesem Thema und habe viele Leute dazu befragt. Bis heute ist es mir ein völliges Rätsel, was Leute damit meinen. Hinter dem Konzept scheint mir die Annahme zu stehen, dass Menschen sich nur innerhalb von Routinen und Gewohntem wohlfühlen können und dass jede Brise von Ungewohntem sofort zu Panik und Abwehr führt. Man müsse sich dem Horror des Ungewohnten sozusagen dosiert aussetzen, um in die „Wachstumszone" zu kommen, aber bloß nicht zu viel, weil sonst direkt die Panik droht. Es gibt viele lebende Gegenbeispiele für diese Annahme. Ich bin entweder zu doof, um das zu begreifen, oder es ist in seiner Überverallgemeinerung einfach Quark.

Wir brauchen keinen Stress, um zu wachsen. Stress beinhaltet Angst und Angst ist kein Entwicklungstreiber. Angst – oder genauer gesagt, ihre gerichtete Schwester, die *Furcht* – können uns motivieren, aktiv zu werden. Meistens wird unser Verhalten dann aber vermeidend und die Angst und Furcht blockieren zugleich die Fähigkeiten, die wir zum Problemlösen brauchen. Wir haben heutzutage keine uns anspringenden Tiger mehr als Probleme, sondern ökonomische und ökologische Komplexitäten, die unseren Witz und unsere Kreativität brauchen. Mit Angst umgehen zu lernen, ist ein wichtiger Entwicklungsschritt, absolut. Aber *alle* Dinge, die uns dabei helfen, können wir ohne Angst auch – und das besser.

Wir brauchen Dinge, die *aufregend* sind, um uns zu entwickeln. Und damit sind wir bei einem wichtigen Unterschied – und bei dem Trick, den Menschen wie Nicht-Vorbild Florian Homm von Seite 218 und echte Leistungsträger vollbringen. Und dieser Trick ist:

Sie spielen. Wenn wir Lust, Neugier und kreative Kompetenz in einer Sache beweisen, dann stets, weil wir diese Sache *zu unserem Spielfeld gemacht haben*. Aus einem *Gefühl grundsätzlicher Sicherheit heraus* nehmen wir Herausforderungen sportlich, als Kreuzworträtsel oder Rubick's Cube für unseren Geist, als faszinierendes und facettenreiches Spiel, das unseren Witz[6] herausfordert und bei dem es für uns nichts Substanzielles zu verlieren gibt. Menschen, die vertrauen, werden Risiken, Ungewissheiten und Veränderungen gegenüber toleranter[2].

> Der Ort, an dem Sie spielerisch sein können, ist der, an dem Sie am effizientesten sind. Nicht nur verbrauchen Sie dort keine Kraft. In Ihrer optimal schöpferischen Zone zu sein, wird Sie inspirieren, mit Lust erfüllen und Ihnen Kraft *geben*.
> Diese Zone, in der Sie sich freudig und lustvoll Problemstellungen zu eigen machen und in der Sie zu strahlen beginnen, ist Ihr PLAY-Radius. Finden Sie ihn, vergrößern Sie ihn und Sie werden ein gesundes, glückliches *und* produktives Leben haben.
> Durch Ihre Begeisterung werden Sie in diesem Bereich viel schneller besser als alle, die es mit Disziplin allein versuchen (müssen), wodurch Sie zu einer unverzichtbaren Kapazität heranreifen. Tun Sie konsequent die Dinge, in denen Sie am besten sind,

ohne Ihre Neugier auf Ungewohntes zu verlieren, und Sie werden die einmaligste Mischung aus Kompetenzen haben, die es gibt.

Schauspiel-Star Jim Carrey erzählte, wie sein Vater sich gegen seinen Lebenstraum und für ein seriöses Leben entschied – und letztlich damit scheiterte. Jim hat daraus gelernt, dass auch sicher Geglaubtes nicht sicher sein muss. Und sagte:

„Man kann mit dem scheitern, was man *nicht* will. Also kann man es auch genauso gut mit etwas versuchen, das man liebt."

Kultivieren Sie Ihre Neugier, vergrößern Sie Ihren PLAY-Radius – so bleibt das Leben voller wundervoller Überraschungen und inspirierenden Tüfteleien.

Spielen nährt, statt zu zehren. Gehen wir Schwieriges spielerisch an. Panik, Angst und Sorgen helfen eh nicht, weil sie unsere wichtigsten Fähigkeiten abklemmen. Angst ansehen, quittieren, weiterspielen.

Vergessen wir dabei aber nicht, dass wir es mit echten Menschen und echten Schicksalen zu tun haben. Spielerische Haltung ist wichtig; darüber sollte man Menschen aber nicht zu puren Zahlen oder Spielfiguren machen. Schon Immanuel Kant lehrte uns, Menschen nie nur als Mittel zu sehen, sondern immer auch als Zweck an sich. Unternehmen, die leichtherzig Belastungen oder Schicksalsschläge für ihre Mitarbeiter beschließen, verspielen ihr Vertrauen und nötigen Mitarbeiter dazu, sich emotional zu entkoppeln, innerlich zu kündigen oder zu gehen.

> Viele Probleme *sind zu wichtig, um sie ernst zu nehmen*. Ernst nehmen heißt, Egos huldigen und (sich) mit Strafe drohen. Wichtig nehmen heißt, spielerisch alles zu geben.

Menschen, die spielerisch denken, halten das unbefriedigende Gefühl, noch keine Lösung für ein Problem zu haben, länger aus. Dadurch betrachten sie es intensiver und kommen zuverlässig zu kreativeren und besseren Lösungen als (schlimmstenfalls einzelne) Entscheider, die Entschlossenheit demonstrieren wollen, indem sie möglichst schnell entscheiden. Diese Dinge hat John Cleese schon in den 1980ern gepredigt und noch immer hat dieses Wissen noch nicht alle wichtigen Stellen erreicht.

**Ihre erste Aufgabe ist es also,
sich Ihre Arbeit zu eigen zu machen.**

**Die zweite Aufgabe ist es, dass Ihre Mitarbeiter
sich ihre Arbeit zu eigen machen.**

**Die dritte Aufgabe ist es,
gesund und leistungsfähig zu bleiben.**

**Und die vierte Aufgabe ist es, dass die Mitarbeiter gesund
und leistungsfähig bleiben.**

Ihre Mitarbeiter sind in der Regel erwachsene Menschen und auch bei denen steht die Selbstverantwortung vorne. Es ist aber *Ihre* Aufgabe, eine Kultur[13] vorzuleben und einzufordern, bei der die Menschen schonend miteinander umgehen, füreinander da sind und sich nicht wie die fiktive Chefin aus Puzzleteil sieben gegenseitig die Kräfte rauben.

Anzeige	
	Selbstfürsorge, Stressbewältigung und Resilienz sind in diesem Jahrhundert wichtiger denn je. So wichtig, dass Dr. Ben Hartwig und ich nicht nur ein Kapitel, sondern ein ganzes Buch darüber geschrieben haben.

Gut Lachen Haben: Die Kunst des Nichtdurchdrehens gibt es als Taschenbuch und als E-Book.

Puzzleteil 17: Stress

Frage:	Echt, noch ein Kapitel über Stress?
Antwort:	Seien Sie dankbar: Sie müssen nicht.

Als Führungskraft haben Sie noch mehr Möglichkeiten und Anlässe, sich unter Druck zu setzen als Ihre Mitarbeiter. Weil sehr viele Führungskräfte diese

Möglichkeiten ausführlich oder manchmal geradezu exzessiv nutzen, hier ein Abschnitt zu Selbstfürsorge. Sie haben vermutlich die Binsenweisheit schon gehört, dass Führung vor dem Spiegel anfängt und dass wer andere führen will, sich zuerst einmal selbst führen können sollte.

Ich möchte mit einer Schätzfrage beginnen:
Wie viele Menschen haben jemals gelebt? Also die gesamte, historische Menschheit bis heute, inklusive der heutigen acht Milliarden. *Wie viele waren das?* (Falls Sie denken: Das kommt darauf an, was man alles dazuzählt: in der Tat macht das fast keinen Unterschied, weil es früher so, so wenige Menschen gab[1]). Lassen Sie die Frage doch mal wirken, ich fordere Sie dann zu gegebener Zeit nochmals auf, sich auf einen Tipp festzulegen.

Als Führungskraft muss man, genauso wie als Mensch überhaupt, ständig abwägen zwischen kurzfristigem und langfristigem Handeln. Das betrifft auch die individuelle Energie-Ökonomie. Für intelligentes Wirtschaften mit den eigenen Kräften muss man die Kosten kennen. Wenn Sie zum Beispiel Ihre Schlafstunden reduzieren, um mehr erledigt zu bekommen, kann sich das *je nach Lage* rentieren.
Wenn Sie eine Woche lang jede Nacht eine Stunde zu wenig schlafen, haben Sie die gleiche Reaktionsgeschwindigkeit wie mit 1,0 Promille Blutalkoholpegel und vergleichbare kognitive Einbußen. Allerdings werden Sie das nicht bemerken, weil die Fähigkeit, die eigenen Fähigkeiten einzuschätzen, überproportional mitleidet. Berechnen Sie das ein, wenn

Sie überlegen, ob Sie Ihre Leistungsfähigkeit kurz schädigen, um etwas fertig zu bekommen. Die Qualität von allem, was Sie in dieser Zeit des Durchhaltens und des nicht-ordentlich-Regenerierens machen, wird leiden. Es ist in Ordnung, das zu entscheiden, wenn man weiß, was man tut.

Gesunde, leistungsfähige Menschen wachen so auf: 1. vor dem Wecker und von selbst, 2. mit guter Laune. Sie freuen sich 3. auf ihre Aufgaben und 4. auf andere Menschen. Wann immer das auf Sie nicht zutrifft, sind Sie ein Schatten Ihrer selbst und werden nicht so leistungsfähig sein, wie Sie sein könnten – in jeder Hinsicht. Belastbarkeit, Kognition, Empathie, Aufnahmefähigkeit, Kreativität, alles. (Wenn Sie grundsätzlich eine grimmige, introvertierte Persönlichkeit sind, die den Kontakt mit Menschen per se als Zumutung empfindet, ist eine Karriere als Führungskraft vielleicht sowieso nichts, was Sie zum Erblühen bringen wird).
Berücksichtigen Sie diese Einbußen bitte, wenn Sie entscheiden, wieviel Sie heute – und generell – schlafen und sich erholen. Über die Saison hinweg setzen sich immer diejenigen durch, die besser regenerieren können. Wer an der Regeneration spart, kommt in den Durchhaltemodus[7], regiert sich selbst mit Willenskraft und backt sich systematisch seinen Burnout.

Wer in den oberen Ligen mitspielen will, kann es sich nicht leisten, morgens mit 95% Leistungsfähigkeit aufzutauchen und am nächsten Morgen mit 95% *von* 95%. Sie müssen top regeneriert sein, damit Sie dauerhaft Leistung bringen können. So diszipliniert, wie

Sie bei der Arbeit sind, müssen Sie auch bei der Selbstpflege und Regeneration sein, weil Sie sich sonst in eine Abwärtsspirale begeben, die alles immer schwieriger macht. In *Gut Lachen Haben – Die Kunst des Nichtdurchdrehens* gehen wir auf das Thema Schlaf tiefer ein, beschreiben Symptome von Schlafmangel, bieten hierzu einen Selbsttest und konkrete, bewährte Techniken von Piloten der US Navy und anderen.

Eine Sache, die irrsinnig gut geeignet ist, um uns zu stärken und uns resilienter und widerstandsfähiger zu machen, ist Helfen. Studien haben gezeigt, dass unsere Resilienz wächst, wenn wir anderen helfen[66]. Es gibt aber noch eine weitere Dimension des Helfens, die uns selbst stärkt, und das ist Dankbarkeit 2.0.
Zwei Punkt null?

Sie kennen vielleicht Dankbarkeitspraxis und die sehr gesunde Angewohnheit, sich häufig vor Augen zu führen, wofür man dankbar ist und in welchen Hinsichten man es guthat; oder einfach Glück. Manche Menschen gehen das in Gedanken durch, andere schreiben Listen, wieder andere konzentrieren sich auf das resultierende Gefühl, was der eigentlich springende Punkt an der Sache ist. Das ist Dankbarkeit 1.0. Für ein Beispiel kommen wir zurück auf die Schätzfrage. Wie groß ist die gesamte Menschheit aller Zeiten? Alle Lebenden und Gelebthabenden zusammen – wie viele sind das? Bitte legen Sie sich jetzt fest.

30 Sekunden Denkpause

[66] *Giving to Others and the Association Between Stress and Mortality,* Michael J. Poulin, 2013

Es gibt verschiedene Schätzungen und Berechnungen dazu; die aktuellste mir bekannte sagt, dass die Menschheitsgeschichte aus insgesamt ungefähr einhundertacht Milliarden Menschen besteht. Was hat diese Knobelaufgabe denn jetzt mit Dankbarkeit zu tun? Nun, sie hat damit zu tun, dass insbesondere in den letzten einhundert Jahren zuvor unvorstellbare Fortschritte in Wissen(-schaft), Bildung, Gesundheit, Lebenserwartung, Wohlstand und Produktivität stattgefunden haben, von denen wir unfassbar profitieren. Oder um das mal grafisch zu fassen:

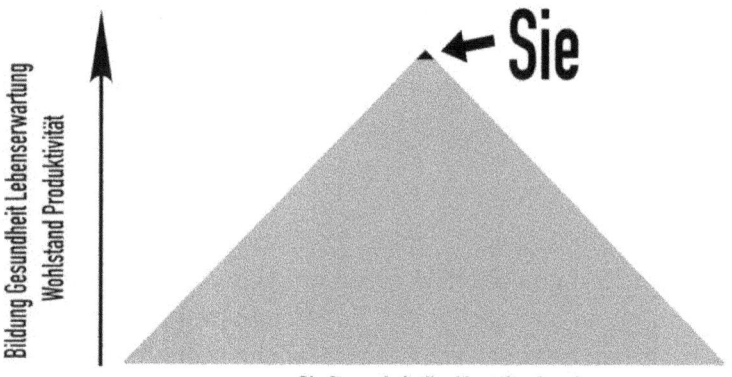

[Diagramm: Dreieck mit y-Achse "Bildung Gesundheit Lebenserwartung Wohlstand Produktivität", Spitze markiert mit "← Sie", x-Achse "Die Gesamtheit aller Menschen jemals"]

Sie und ich gehören, erzkonservativ geschätzt, glücksmäßig zum obersten Promille der Menschheit. Wir sind gesünder, gebildeter, wohlhabender und produktiver als 107,9 der 108 Milliarden Menschen. Sollten Sie soziale, körperliche oder seelische Leiden haben, dann hätten Sie die höchstwahrscheinlich in einer weniger vorteilhaften Epoche oder Gegend ebenfalls (gehabt). Wie man es dreht und wendet: Es ist ein unfassbares Privileg und Glück, in dieser Ecke der Welt und zu dieser Zeit zu leben. Das mag in der problemfixierten Jammerkultur der Deutschen schwierig zu vermitteln zu sein, aber wenn Sie zufällig mit einem anderen Menschen tauschen müssten, dann wäre die Chance, dass Sie bessere Lebensumstände erwischen, schlechter als 1:1000.

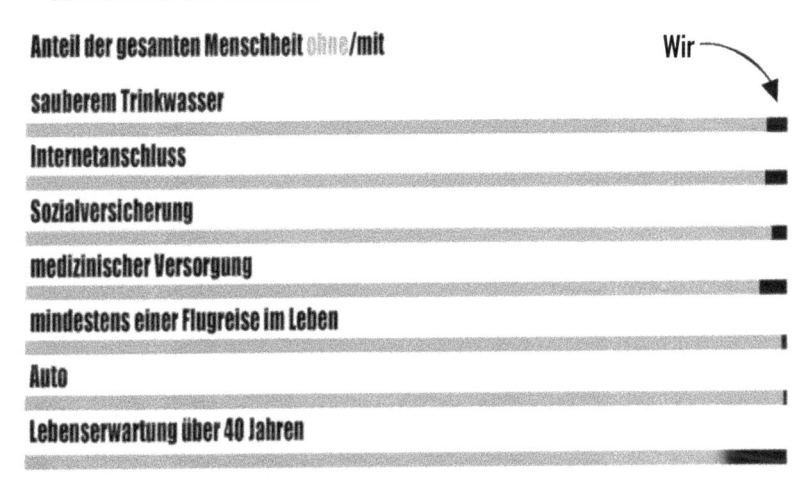

Anteil der gesamten Menschheit ohne/mit — Wir

- sauberem Trinkwasser
- Internetanschluss
- Sozialversicherung
- medizinischer Versorgung
- mindestens einer Flugreise im Leben
- Auto
- Lebenserwartung über 40 Jahren

Alle Probleme, die wir heute haben, hatten frühere Generationen auch, nur noch viel mehr und existenzieller.

Unsere Medien berichten fast nur über Krisen und kulturell richten wir unsere Aufmerksamkeit vor allem auf Probleme und Risiken. Das sorgt dafür, dass wir ein geradezu grotesk verzerrtes Bild von unserer Situation haben – und uns mit einer Fiktion quälen und belasten, die äußerst wenig mit den Fakten zu tun hat. Regelmäßig diese Krisen und Probleme ins Verhältnis mit allem anderen zu setzen und mal einen realistischen Blick auf das eigene Leben und Glück zu werfen, ist reif und wertvoll. Das ist Dankbarkeit 1.0 – und sehr empfehlenswert. Ich empfehle: Beim Zähneputzen. An

meinem Badspiegel hängt ein Post-It mit der Aufschrift: „Was ist heute gut?"
Kommen wir zu Dankbarkeit 2.0.

Neuere Studien haben gezeigt, mit welcher Technik Dankbarkeit *noch stärker wirkt* und uns noch widerstandsfähiger und glücklicher macht. Und diese Dankbarkeit zwei Punkt null geht so:

> *Überlegen Sie einmal, wann in Ihrem Leben jemand Ihnen gegenüber besonders dankbar war. Wann hat Ihnen jemand gedankt, verbal oder nonverbal?*

30 Sekunden Denkpause

Falls Ihnen mehrere Momente einfallen, wählen Sie denjenigen, der Sie emotional am stärksten berührt. Wenn sie das Gefühl haben, dass Ihnen da gar keiner einfallen wird, leihen Sie sich eine Geschichte aus. Das geht so:

Finden Sie eine Geschichte, in der Dankbarkeit vorkommt. Das könnte eine Geschichte wie von St. Martin sein oder eine Konzentrationslager-Befreiungsgeschichte einer Zeitzeugin oder sogar eine gut erzählte fiktive Geschichte.

Sobald Sie sich für eine Geschichte entschieden oder eine gefunden haben, kommen zwei Phasen: Die Anlage und die Anwendung.

Anlage: Zwei, dreimal die Woche nehmen Sie sich zwei, drei Minuten Zeit, um die Geschichte in Gedanken neu zu durchleben: Wie ging es den Beteiligten vorher? Wie ging es ihnen, als XY passiert ist? Und wie haben sie sich danach gefühlt, als es vorbei war/die Hilfe passiert war? Je genauer und intensiver Sie hier mitfiebern, mitleiden, mitfühlen können, desto besser haben Sie die relevanten Teile Ihres Gehirns aktiviert.

Durch dieses Ritual schaffen Sie eine Abkürzung zu dem *emotionalen Ablauf* dieser Geschichte.

Und durch diese Abkürzung können Sie diese Emotionen für die *Anwendung* quasi auf Knopfdruck abrufen, wenn Sie möchten und wenn diese Emotionen Sie unterstützen sollen. Entweder in der Vorbereitung unmittelbar vor einer schwierigen, belastenden oder wichtigen Situation; oder während. Oder einfach, wenn Sie möchten.

Diese emotionale Prozedur wird in Ihrem Gehirn das Netzwerk für Verbundenheit und Zugehörigkeit aktivieren, die Oxytocin-basierten „Schaltkreise". Sie können die ängstlichen Anteile in Ihnen damit beruhigen. Sie erinnern sich auf einer nicht-Verstandesebene daran, dass Sie einen Unterschied machen, dass Sie ein guter Mensch sind, dass Sie das Richtige wollen und tun, dass Sie nicht in Gefahr sind, dass Sie dazugehören und etwas Sinnvolles tun. Diese Prozeduren sind Antagonisten von Angst- und Verteidigungsnetzwerken, die uns zwingen, zu fliehen oder zu kämpfen. Je besser Sie diese Abkürzung durch das Ritual pflegen, desto verfügbarer bleibt dieses emotionale Skript für die *Anwendung* und desto selbstverständlicher wird es zum Bestandteil Ihres intuitiven Bewertungsarsenals.

> Das mächtige Dreieck der Resilienz besteht also aus *dankbar sein*, anderen *helfen* und deren *Dankbarkeit spüren**.

* Disclaimer: diese Resilienz-strategie ist für ca. 60 Prozent der Bevölkerung sehr hilfreich. Wenn Sie zu den 40 Prozent der Bevölkerung gehören, die die Bedürfnisse der anderen immer über die eigenen stellt, nie nein sagen kann und dazu tendiert, sich für die anderen zu zerreißen[67], dann ist dieser Dankbarkeit-2.0-Motor bei Ihnen vermutlich ohnehin schon in der einen oder anderen Form in Betrieb. Vielleicht erinnern Sie sich daran, dass Sie in Kapitel 15 gelernt haben, wie Sie Mitarbeiter, die so eine Haltung haben, davon abhalten, sich aufzureiben.

Wenn Sie sich hier bei diesen 40 Prozent sehen, sind Sie als Führungskraft in Gefahr. Vermutlich übernehmen Sie dann viele Aufgaben selbst, die Sie delegieren sollten und könnten von manchen Mitarbeitern in dieser Hinsicht auch ausgenutzt werden. In diesem Fall sollten Sie unbedingt zuerst an Abgrenzung arbeiten und daran, Ihr eigenes Wohlergehen, Ihre eigenen Bedürfnisse und Ihre eigene Regeneration zu priorisieren, weil die Führungsaufgabe Sie sonst bis in Ihre Nächte und bis in einen Burnout begleiten könnte. Falls Sie sich hier sehen, machen Sie sich Folgendes klar:

Was Sie dem Obliger-Mitarbeiter sagen, gilt auch für Sie selbst! Ihr Arbeitgeber hat ein Recht darauf, dass Sie pfleglich mit Betriebseigentum umgehen. Und Sie sind

---

[67] Entspricht dem „Obliger" oder „Mannschaftsspieler" aus *The Four Tendencies,* Gretchen Rubin, 2017

laut Arbeitsvertrag, überspitzt gesagt, Betriebseigentum. Sie sind verpflichtet, so zu arbeiten und sich so zu verhalten, dass Sie auch in drei Monaten und drei Jahren noch uneingeschränkt leistungsfähig sind. Raubbau an Ihnen selbst ist Raub von Betriebsressourcen. Sie werden dafür bezahlt, sich eigenständig leistungsfähig zu halten. Also denken Sie das bitte mit, wenn Sie das nächste Mal überlegen, was Sie noch übernehmen, selbst erledigen oder wie viele Überstunden Sie machen. Als Führungskraft übernehmen wir Verantwortung. *Dürfen macht glücklich, müssen macht krank.* Sie sind als Mensch in der privilegierten Situation, dass Sie *nichts müssen*.
Wir *wollen* ganz, ganz viele Dinge und wenn wir xy wollen, dann scheint das nur unter bestimmten Voraussetzungen zu gehen. Unsere Ratio sagt dann: „Wenn Du den Bus noch kriegen willst, dann musst Du jetzt rennen."
Allerdings lassen unsere Wünsche und Begierden den ersten Teil gerne weg, damit wir gar nicht erst auf die Idee kommen, das zu hinterfragen und vielleicht auf den nächsten Bus zu warten oder eine von Hundert anderen Möglichkeiten zu wählen. Und die Kurzversion lautet dann oft: „Du musst rennen. Hier, ich hab' schonmal Deinen Puls auf 130 angehoben und Adrenalin ausgeschüttet, um Dir Beine zu machen."

Wenn man sich das von außen ansieht, kann man sich sehr leicht die Frage stellen, wer da eigentlich der Boss ist. Um in Situationen, wo unsere emotionalen Urzeit-Bewertungssysteme anspringen, der Boss im eigenen Hause zu bleiben, empfehle ich folgenden Mentaltrick:

Machen Sie sich ein kleines Männchen (oder eigentlich jede andere vorstellbare Figur) im Kopf, die genau nur eine Aufgabe hat. Und das ist diese: Immer, wenn Sie in Gedanken einen Satz anfangen mit „ich muss", dann knallt dieses Männchen die Hand auf den Buzzer und ruft in Ihrem Kopf: „Möööp! Du. Musst. GAR. NICHTS. Du *willst*." Und sollten Sie auf das Männlein antworten mit „ja aber ich muss doch…", antwortet es: *„Möööp! Du. Musst. Gar. Nichts. Du willst."*

Das wird Sie, wenn Sie es durchziehen, extrem befreien. Natürlich entscheiden wir uns immer wieder, die Extrameile zu gehen, Dinge zu opfern oder zurückzustellen und dergleichen. Und das ist *okay*. Aber wenn man sich *bewusst* dafür entscheidet, Dinge zu priorisieren, dann kann man auch dazu stehen und bleibt in der Freiwilligkeit, man bleibt die handelnde Person und sagt: *Ja, das hier ist jetzt teuer oder schmerzhaft, aber ich entscheide mich dafür*. Echte Führungskräfte verstecken sich nicht hinter einem Müssen, hinter einer unsichtbaren Autorität oder vermeintlichem Sachzwang.

Entweder, eine Entscheidung ist falsch oder es gibt eine bessere Möglichkeit; dann kämpfe ich. Oder es gibt keine, dann trage ich sie mit und stehe dazu.

Wenn Sie sich oder anderen Menschen wehtun, weil es unter schlechten Optionen die beste ist, dann stehen Sie dazu. Sie sind der Hammer, nicht der Nagel. Und wenn Sie eine Entscheidung nicht selbst verantworten oder tragen können, dann tun Sie es nicht. Willkommen im Leben der Erwachsenen. Wenn Sie Dinge ausführen, die Sie für falsch halten, machen Sie sich zur Exekutive einer anonymisierten Gewaltmaschine und werden zum Mitläufer. Entscheiden Sie sich, was Sie wollen und stehen Sie dazu. Sie müssen gar nichts. Alles, was wir tun, tun wir, weil uns andere Optionen zu teuer, schwierig oder riskant sind. Wenn Sie für die anderen Optionen nicht den Mut haben, dann gestehen Sie sich das ein, aber schieben Sie nicht die Verantwortung von sich. Mit der Macht kommt auch die Verantwortung. Sich hier selbst zu belügen bringt Sie auf einen Pfad, der mit Authentizität, Integrität, Vertrauen, Kultur und Leadership nichts mehr zu tun hat.

Wir leben in einem freien Land. Das ist keine Floskel, nicht trivial und auch nicht durch stumpfe Behauptungen über unsere Regierung(en) zu widerlegen. Sie *müssen* morgens nicht zur Arbeit. Sie *müssen* nicht *all in* gehen, um Ihre Karriere voranzutreiben. Sie müssen keine Überstunden machen.
Sie *wollen*. Und wenn Sie nicht wollen – tun Sie es nicht.

Richtig geheimes Mini-Bonuskapitel

Ein schönes Bild für eine gute Führungskraft, die ein Team koordiniert, finde ich das eines Kochs.
Jeder gute Koch wird sagen, dass die erste Regel hervorragender Küche diese ist: *Gute Zutaten!* Für ein Team bedeutet das: gute Leute!

Die Komplexität in Geschmack und Textur, welche gute, natürliche Zutaten bieten, ist durch künstliche und synthetische Produkte noch immer nicht im Ansatz erreichbar. Darum schauen wir bei Teammitgliedern nicht nur auf die Nährwertangaben auf der Packung, auf das Mindesthaltbarkeitsdatum und andere gut mit Geräten messbare Details – in dieser Metapher die Noten und Zertifikate – sondern schnuppern an ihnen und nehmen sie in die Hand. (Machen Sie das bei Ihren Teammitgliedern nicht, es ist eine *Metapher*).

Die eigentliche Aufgabe eines guten Kochs ist es, die besten verfügbaren Zutaten herzubekommen und dann zu beschließen:

- welches Menü kann ich aus ihnen zaubern?
- Was gehört zusammen, was wird sich ergänzen und harmonieren und
- welche Behandlung braucht es dafür jeweils?
- Wovon nehme ich wieviel, damit alles zur Geltung kommt und sich entfalten kann?

Ein gutes Gericht muss nicht alles können und es muss nicht in jeder Hinsicht gut sein. Wenn es auf irgendeine

Art gut ist, dann wird es diese Stärke ausspielen können und auch seine Abnehmer finden. *Ein guter Koch kann auch mit einfachen Zutaten etwas Leckeres zaubern.*

Ob man nun Führungskräfte als Köche oder als Dirigenten oder wie Fußballtrainer sieht: Stets bekommen Sie etwas, das Sie arrangieren und abstimmen müssen. Aber der Koch ist nicht die Gurke, die Dirigentin ist nicht die Bratsche und der Trainer ist nicht der Innenverteidiger. Der wichtigste Teil der Führungsaufgabe ist es, die Leute zu begeistern, ihnen zu geben, was sie zum Arbeiten benötigen und die Kompatibilität zwischen den Leuten aufrecht zu erhalten. Den eigentlichen Unterschied macht, ob acht Teammitglieder jeweils 15 Prozent besser arbeiten oder 15 Prozent schlechter und ob sie 15 Prozent besser miteinander harmonieren oder 15 Prozent schlechter, und nicht, ob Sie als Führungskraft persönlich 30 Prozent „härter" arbeiten.

Wann immer Sie drohen, selbst im operativen Geschäft, in administrativem Kram oder in Sachbearbeitung unterzugehen, erinnern Sie sich daran:

> Ich bin hier der Koch – nicht der Brokkoli.

Puzzleteil 18: Konflikte und Verhandlungen

Frage:	Wie gewinnt man in Verhandlungen?
Antwort:	Im Idealfall gar nicht. Wenn, dann gemeinsam.

Chris Voss, der über 20 Jahre hinweg für das FBI mit Terroristen und Geiselnehmern verhandelt hat, hat ein paar spannende Lehren aus dieser Zeit gezogen. Ich behaupte mal: Im Vergleich zu den Drucksituationen, unter denen er verhandeln musste, und im Vergleich zu den Dingen, die dabei teilweise auf dem Spiel standen, sind die meisten Themen, über die wir so im Alltag verhandeln, harmlos.

Die erste interessante Information, die er 2023 in einem Interview mit Neurologieprofessor Andrew Huberman teilt, ist die, dass er stets die besten Ergebnisse erzielt hat, wenn er mit einer *neugierigen, spielerischen Art* in Verhandlungen ging[68]. Die Ergebnisse waren dann nicht nur gut, sondern *atemberaubend* und Leute haben sich über alle Maßen für ihn ins Zeug gelegt.

> Wir erinnern uns: Neugier und Verspieltheit sind die Antagonisten von Angst$_8$. Wer verspielt und neugierig ist, kann keine Angst haben – und umgekehrt.

---

[68] Sie können sich meine Begeisterung vorstellen, als ich hörte, dass ein Veteran aus dem Hochdruckgebiet der angewandten Kommunikation zu denselben Schlussfolgerungen kam wie ich.

Wenn wir entspannt, offen und ehrlich auf Menschen zugehen, erzeugt das ein Zugehörigkeitsgefühl (über unsere oxytocinergen, „das Soziale betreffende" Verbindungen im Gehirn[69]). Unser Gegenüber entspannt sich, weil wir zeigen, dass wir auf deren Seite sind und damit keine Bedrohung. Unser Gegenüber bekommt die Möglichkeit, sich zu öffnen, weil wir signalisieren, dass wir das Problem gemeinsam lösen wollen, bereit sind, zuzuhören und einen gemeinsamen Weg zu finden – anstatt gegen den anderen zu spielen und unsere Wünsche durchzusetzen.

Sobald wir bei unserem Gegenüber *Alarm auslösen*, sind die Verhandlungen zum Scheitern verurteilt.

Eine Möglichkeit, Alarm auszulösen, ist es, sich zu verstellen$_3$. Wenn unser Gegenüber bemerkt, dass wir etwas verkaufen oder verheimlichen wollen, verliert es augenblicklich das Vertrauen und geht, je nach Persönlichkeit, über zum Angriff oder zu (innerer oder tatsächlicher) Flucht.
Und Leute, die sich darauf konzentrieren, eine überzeugende Show abzuliefern, brauchen dafür so viel Konzentration, dass sie in der Regel nicht einmal bemerken, dass sie ihr Gegenüber längst verloren haben. Während wir also eine Show abziehen, ist unser

---

[69] Oxytocin wird oft als „Kuschelhormon" verklärt. Es aktiviert aber eben im weitesten Sinne „soziale Themen und Funktionen" im Gehirn. Kinder mit Geschwistern haben im Durchschnitt höhere Oxytocinpegel, weswegen sie als sozialer gelten. *Sozial orientiert* (wie die Empathen in Kapitel 12) ist aber nicht identisch mit *sozial kompetent* oder *sozial verträglich*. Auch Eifersucht und Neid werden z.B. durch Oxytocin verstärkt.

aufrichtiges Gegenüber ganz bei uns und bemerkt sofort, was wir denken und was wir von der Sache halten[3,7].

> *Fake it and you will never make it.*

Darum: Seien Sie ehrlich. Wenn das Wohlergehen Ihres Gegenübers für uns eine untergeordnete Rolle spielt, werden das alle bemerken, bewusst oder vorbewusst. Wir erarbeiten uns mit jeder Entscheidung einen Ruf. Und der bringt am Ende Leute dazu, dass sie uns entweder weniger vertrauen, oder mehr. Und das tun sie, sobald der Ruf sie erreicht, was oft passiert, ehe wir selbst sie erreichen.

Eine *zweite* Möglichkeit, Alarm im Gegenüber auszulösen, ist es, seine Stimme zu erheben. Sobald Sie Druck auf Ihre Stimme geben und sie lauter, höher oder bohrender werden lassen – egal, ob es eine Reaktion darauf ist, dass Ihr Gegenüber das tut – spürt Ihr Gegenüber, dass sie vom *Verhandlungsmodus* in den *Siegmodus* wechseln. Auch, wenn Sie einfach nur für das Thema brennen, wird Ihr Gegenüber denken, dass Sie gewinnen wollen.

Und wenn Sie die Führungskraft sind, dann ist das Kettenrasseln. Es signalisiert Ihrem Gegenüber, dass Sie bereit sind, aktiv zu werden, um Ihren Willen durchzusetzen. Wie genau das aussehen würde, ist natürlich der Fantasie des Mitarbeiters überlassen – und der wird von seiner vorsteinzeitlichen Angst getrieben intuitiv vom schlimmstmöglichen Fall ausgehen. Wie praktisch.

Natürlich haben Sie als disziplinarische Führungskraft immer die Möglichkeit, sich durchzusetzen und zu gewinnen. Wenn Sie das tun, dann haben Sie die Option, Ihr(e) Gegenüber zu gewinnen oder zu überzeugen, aufgegeben und gehen fließend über in den tyrannischen Führungsstil[8].

Sobald Sie Druck auf die Stimme geben, wird Ihr Gegenüber alarmiert und begibt sich in den Verteidigungsmodus. Die Verbindung reißt. Entweder, er oder sie hält mit Energie dagegen, oder nicht. Die Verhandlung oder Konfliktlösung ist in beiden Fällen beendet. Sie haben dann zwar die Schlacht gewonnen – aber damit eben auch zugegeben, dass Sie im Krieg sind. Und damit haben Sie ebenfalls zugegeben, dass Ihr Gegenüber nicht Ihr Verbündeter ist, sondern Ihr Feind. Und das wird es niemals vergessen. Menschen beobachten äußerst scharf, wie andere mit Macht umgehen. Das tun Sie ganz sicher auch.

> *Wer die Schlacht gewinnt, gibt zu, dass er im Krieg ist.*

Damit Ihnen das nicht passiert, empfiehlt FBI-Verhandler Voss, den Druck aus der Stimme zu nehmen und mit einer regelrechten „Mitternachts-Radiosendungs-Moderatorenstimme" zu sprechen. (Natürlich nicht, sie zu *spielen*[14], sondern sich so weit zu entspannen, dass Ihre Stimme von selbst so wird.) Diese tiefen Frequenzen werden im Gehirn auch von tiefen Frequenzen verarbeitet und signalisieren, dass keine Gefahr herrscht (wie beim Schnurren von Katzen). Das gilt für Ihr eigenes Gehirn und für die der Empfänger.

Voss erklärt, dass es bei Emotionen eine Reihenfolge gibt. Trauer und Frustration sollte man in einem ersten Schritt in Ärger oder Zorn umwandeln.

Warum? Trauer und Frustration sind die emotionale Bewertung folgenden Sachverhalts:
„Es gibt ein Problem oder es droht etwas, *aber ich kann nichts tun.*" Ärger aktiviert Kräfte für Problemlösung und erzeugt gleichzeitig in sich den Eindruck, dass man eben doch etwas tun *müsste*.
Im Gegensatz zu Ärger ist Zorn gerichtet auf etwas oder jemanden. Die bereitgestellte, zielgerichtete Energie gibt uns zugleich das Gefühl, dass man etwas tun *kann*. Oft endet hier das emotionale Selbstmanagement und wir hauen unserem Gegner unsere Energie um die Ohren, bis er aufgibt. Voss rät dazu, stattdessen vom Ärger in *calm* zu wechseln, in eine entspannte Ruhe, und das Ziel zu verfolgen, ohne das Gegenüber mit eigener emotionaler Energie zu bedrohen.

Voss unterstützt aber nicht nur die Positionen einer neugierigen, spielerischen Haltung (besonders dort, wo es schwierig ist) und des emotionalen Selbstmanagements, er wirbt auch für Validierung. „Menschen wollen gehört werden" sagt auch er. Den Tipp, zu erraten, wie das Gegenüber sich fühlt, (weil der ganze Mensch sich gehört fühlt, sobald seine Emotion gehört wird[10]), erweitert er zu *allgemeinem Hypothesen-Testen*. Stellen Sie ruhig Vermutungen darüber an, in welcher Situation Ihr Gegenüber ist; auch hier wird man oft wertvolle Antworten bekommen. Versuchen Sie, zu erraten, was Motivationen, Ziele, limitierende Faktoren sind. Ihr Gegenüber wird oft darauf eingehen oder zumindest darauf reagieren. Auch das lässt wichtige Schlussfolgerungen zu. Auch, sein Gegenüber zu erleben und lesen zu lernen ist wertvoll. Denn:

> „Menschen lügen auf hundert verschiedene Arten. Aber sie sagen nur auf eine Art die Wahrheit."
>
> Chris Voss, FBI-Unterhändler

Ein weiterer Hinweis: Achten Sie bei Verhandlungen auf Spezifisches. Hinter spezifischen Konsequenzen oder Drohungen („dann kündige ich zum 1.6.") steht in der Regel mehr und diese sind in der Regel besser durchdacht als vage Andeutungen.

Eine Formulierung, die Voss sehr gerne einsetzt, ist der Satzanfang: *„Sieht aus, als ob...*[dir gerade etwas eingefallen ist/du Zweifel hast/dich etwas stört...]."
So zu sprechen schult uns, uns auf unsere Beobachtung zu beziehen und sie auch als Beobachtung und Mutmaßung zu äußern – anstatt als Tatsache. Unser Gegenüber wird uns in der Regel helfen, ihn oder sie zu verstehen, wenn sie unseren Versuch bemerken.

Voss nennt dieses Herantasten, um den anderen zu verstehen, *taktische Empathie*. Sie bedeutet, *verbal und ausgesprochen zu demonstrieren, dass man die Sicht seines Gegenübers versteht.*
Das ist wichtig, weil unser Gegenüber gehört und verstanden werden will. In jeder Verhandlungssituation haben wir doch Wünsche darüber, was die andere

Person tun soll. *Wir wollen Kontrolle.* Auch unser Gegenüber will Kontrolle – und wenn es sieht, dass wir es offensichtlich verstanden haben, dann ist der Unsicherheitsfaktor *Missverständnis* schonmal ausgeräumt. Wir sind selbst zum Glück keine Anfänger und versuchen deshalb nicht, unser Gegenüber zu kontrollieren, zu steuern oder zu besiegen – wir wollen eine tragfähige Einigung, keinen kurzfristigen Sieg.

Bei schwierigen Kommunikationssituationen und Verhandlungen beachten Sie bitte dies: je mehr wir versuchen, den Prozess zu kontrollieren, desto entkoppelter und unflexibler sind wir. Die Sicherheit, die wir durch diese Kontrolle zu gewinnen hoffen, ist illusorisch. Eine Anekdote:

Firma A schickt einen Einkäufer zu Firma B. Die Führungskraft des Einkäufers gibt dem Einkäufer die Anweisung: „Komm nur zurück, wenn Du die mindestens um sieben Prozent gedrückt hast."
Der Einkäufer trifft sich mit den Sales-Leuten von Firma B und sagt *beim Betreten des Raumes*: „Guten Morgen. Ich habe die Anweisung, dass ich Sie um mindestens sieben Prozent drücken muss."
Die Verkäufer ziehen die Augenbrauen hoch, strecken kurz die Köpfe zusammen, nehmen den Taschenrechner und erhöhen ihr erstes Angebot um sieben Prozent, damit der Einkäufer sie erfolgreich um sieben Prozent drücken kann. So viel eingesparte Zeit! Win-Win!

Das fehlende Vertrauen von Firma A in ihren Einkäufer und das Klammern an Kennzahlen und „Messbares" hat dazu geführt, dass das System erfolgreich einen Rabatt von sieben Prozent misst – bei einem realen Rabatt von null Prozent. So entstehen die Potemkin'schen Dörfer einer wahnhaften, toxischen Kultur[8]. *Aber* weil die Entscheider in diesem Fall in der schmeichelhaften Illusion leben, dass ihre *Entschlossenheit* und ihre *klaren Ansagen und Forderungen* zu irgendeiner Art von Erfolg geführt haben, werden sie natürlich daran festhalten und sich dafür feiern. Ein (reales) Beispiel dafür, wie Führungskräfte über viele Jahrzehnte hinweg die Führungskultur auf die *Bedürfnisse der Führungskräfte hin* optimierten – und nicht auf die des Unternehmens[14].

In meinen Führungskräftetrainings geht es oft darum, wie man unangenehme Dinge – Kürzungen, Stellenabbau und derlei – am besten kommunizieren kann. Viele Führungskräfte, auch manch erfahrene, wollen dann erfahren, „wie man so etwas kommuniziert". Aus der Arbeit in Szenen, Rollenspielen und zahllosen Übungsszenarien weiß ich, dass viele Menschen damit sinngemäß (und unbewusst) meinen: „Um die ätzende, unangenehme Nachricht eine so zauberhaft hinreißende Verpackung machen, dass die Empfänger sich richtiggehend darüber *freuen* – und idealerweise so lange zum Auspacken brauchen, dass ich über alle Berge bin, bis sie den Inhalt verstehen."

Viele Menschen sind darum bemüht, Harmonie zu erzeugen. Und hier greifen zwei der am weitesten verbreiteten Fehlkonzeptionen:

„Solange alles friedlich abläuft, gibt es kein Problem."	und	*„Das Auftauchen von heftigen Emotionen ist eine Krise."*

Früher galten bei Männern praktisch alle Emotionen außer Aggressionen als schwach oder „weibisch". Daher gibt es noch immer eine weitverbreitete Angst *vor Emotionen überhaupt*. Falls Ihnen dieses Bild vielleicht hilft: In einer Marktwirtschaft zeigt der Preis das Verhältnis von Angebot zu Nachfrage an, nicht zwingend den Wert einer Sache. Und ebenso zeigt eine intensive Emotion an, dass es Klärungsbedarf gibt – aber die Emotion selbst ist nicht das Problem.

Wenn Ihr Haus brennt, sind Sie froh, wenn der Rauchmelder laut ist. Weder hilft es, den Rauchmelder auszuschalten, noch, sich die Ohren zuzuhalten. Das Piepsen des Rauchmelders *ist nicht das Feuer*.

Das Piepsen tut Ihnen nichts. Genauso wie eine Emotion, die auf ein Problem oder auf Klärungsbedarf hinweist.

> Wenn wir den Umgang mit Emotionen vermeiden, vermeiden wir nicht die Krise, wir vermeiden *die Lösung der Krise*.

Das bedeutet für unsere Kommunikation schwer verdaulicher Informationen Folgendes:

Wir kommunizieren keine Inhalte. Wir kommunizieren mit Menschen. [Uh, das einzige fett Gedruckte im Buch, muss wichtig sein].

Dazu gehört nicht nur Sprechen, sondern insbesondere das *Zuhören und Anhören von Emotionen*.
Grauer Kasten voraus:

Wenn Sie also schlechte Nachrichten zu übermitteln haben, tun Sie dies:

1	Reservieren Sie Zeit und einen geschützten Ort, sorgen Sie dafür, dass alle anwesend sind, die betroffen sind.
2	Aktivieren Sie, *wenn es ungespielt geht*, die Hirnareale für Verbundenheit bei den Anwesenden, zum Beispiel, indem Sie daran erinnern, was Sie gemeinsam erlebt oder durchgestanden haben.
3	Sprechen Sie ohne Druck in der Stimme, das gilt insbesondere für den weiteren Verlauf des Gesprächs. Tun Sie das, weil Sie entspannt sind und sich nicht verteidigen, nicht durch *Stimme verstellen*.
4	Bereiten Sie die Zuhörer vor, z.B.: „Zu meinem Job gehört auch die Pflicht, unangenehme Nachrichten zu übermitteln."
5	Übermitteln Sie die Nachrichten in realistischer Weise, ohne Schwarzmalen, ohne Schönreden.
6	Fragen Sie die Anwesenden alle (!), wie es ihnen damit geht. *Holen Sie (nur) die Emotionen ab* und lassen Sie sich nicht auf Diskussionen ein. Diskutieren Sie nicht die Emotionen der anderen weg, bewerten Sie sie nicht, befeuern Sie sie nicht. Erwarten Sie keine Lösungen und keine klugen Äußerungen. Das Treffen ist nur für die Verkündung der Neuigkeiten und das Auffangen der Emotionen.
7	Sagen Sie danach ehrlich und in Ruhe, was *Sie* emotional von der verkündeten Sache halten.
8	Ab hier geht es frei weiter. Lesen Sie die Stimmung und Energie. Erklären Sie, *wie und wann es weitergeht*, wann die nächste Besprechung dazu ist und was Sie ggf. bis dahin erwarten. Wenn die Leute ihre Emotion losgeworden sind, werden Sie konstruktiv, wenn Leute sich in Rage reden, bleiben Sie ruhig und verständnisvoll. *Die Emotion ist kein Gegner.*

*Jede Kunstform basiert auf Wahrnehmung.
Auch Führungskunst.*

Wenn wir ohne Furcht und mit klarem Blick unsere eigenen Emotionen spüren und treffsicher benennen können; wenn wir sie in Ruhe anhören können, ohne sie abwehren oder ihnen die Kontrolle übergeben zu müssen, dann können wir unsere Entwicklung in die eigenen Hände nehmen. Das braucht Übung und Zeit; aber es ist niemals zu spät, um Anfänger zu werden. Um seine Einsichtsfähigkeit zu stärken, kann man mit geeigneten Fragen „innere Synergien kultivieren". Hierfür geeignete Fragen sind *spezifisch, aber offen*. Was heißt das konkret?

Wenn Sie Kinder im schulfähigen Alter schon einmal gefragt haben, wie es heute in der Schule war, sind Sie ganz sicher schonmal mit einem „okay" oder „gut" oder einem „wie immer" abgefertigt worden. Wenn wir wirklich etwas erfahren wollen – sei es aus unserem Gehirn oder einem anderen – müssen wir die Vorstellungskraft und Abstraktion etwas anwerfen. „Was war der schönste Moment heute?" „Was war das Spannendste, was Du erfahren hast?" „Was war das Lustigste?" Die Antworten auf diese Fragen sind Geschichten. Und im Zuge dieser Geschichten kann man nach Gefühlen fragen – wie ging es Dir hiermit, wie hat sich das angefühlt und so weiter. Das kann in unseren Kindern – und in uns selbst – die Fertigkeit verbessern, Emotionen zu prozessieren, zu fassen, sie überhaupt mit dem beschreibenden Verstand zu erfassen und damit greifbar und verwaltbar zu machen. Stellen Sie den anderen Fragen und hören Sie zu. Stellen Sie sich Fragen und hören Sie zu. Ob man das nun Selbstentwicklung, *Self Parenting*, Zen, Selbstregulierung, Achtsamkeit oder Spiritualität nennt, ist reine Geschmackssache.

Wenn wir hier Fortschritte machen, können wir unsere Fähigkeiten auch für andere einsetzen. Eben, indem wir bemerken, wie es den anderen geht, das auf den Tisch holen und professionell und wohlmeinend damit umgehen.

Und das meint Voss auch mit taktischer Empathie: Fragen, um zu verstehen. Taktische Empathie ist, in meinen Worten, *das Gegenteil von urteilen*. Wir bewerten nicht, wir finden nicht gut oder schlecht, wir empfinden keine Sympathie oder Antipathie, wir fragen, um zu verstehen. Wir bleiben rein deskriptiv. Sie müssen bei dem, was Ihr Gegenüber sagt, in keinster Weise zustimmen – Ihr aufrichtiger Versuch, Ihr Gegenüber zu verstehen, wird Ihnen so viele Pluspunkte bescheren, dass Sie gar nicht wissen, wohin damit.

Es gibt im ostasiatischen Raum ein Phänomen bei Verhandlungen, dass die Menschen fortwährend nicken, während man ihnen etwas erklärt. Unaufgeklärte Europäer halten dies manchmal für Zustimmung und freuen sich zu früh über vermeintliche inhaltliche Begeisterung der Zuhörer. Kaum ist man nämlich fertig mit Erklären, kommt der Widerspruch. Das Nicken bedeutet *nur: Ich verstehe, was Du mir sagen willst*.

Je genauer Sie wissen, was der andere will, desto besser sind Sie für eine Kompromissfindung ausgestattet.

Was hat Chris Voss zu Verhandlungen noch zu sagen?

Erstens: Voss ist, wie ich auch, gegen die *Sandwich-Methode*. Also die Methode, eine schlechte Nachricht zwischen zwei Nettigkeiten zu verstecken. Mal abgesehen davon, dass ein Sandwich typischerweise andersherum funktioniert – die Methode performt nicht. Die Leute durchschauen diese Masche sehr schnell und *immer*, wenn man etwas Nettes sagt, wappnen sie sich schon für das, was wir unterjubeln wollen. Und ärgern sich gleichzeitig darüber, dass wir sie für so dumm halten, darauf hereinzufallen. Empfänger von Kuhfladen-Sandwiches denken sinngemäß:
„Du willst mich nicht nur manipulieren wie ein Grundschulkind, du denkst auch noch, dass das klappt, weil du mich für blöd hältst. Du hast also keine Ahnung von mir und willst das auch nicht. Du bist nur zu feige, um es mir ins Gesicht zu sagen."

Stattdessen: Sagen Sie es geradeheraus. Beschönigen Sie es nicht. Ihr Gegenüber ist im Regelfall ein erwachsener Mensch. Was Sie tun können, ist *proaktives Zuhören*. Das geht so: Sie kündigen das anstehende Erleben an.
„Du wirst mich hassen für das, was ich dir gleich sage."
„Das, was ich jetzt sage, wird dir nicht gefallen."
„Das wird jetzt ätzend für uns beide."
„Das klingt jetzt vielleicht grob/hart/gemein."
„Ich weiß nicht, wie man sowas nett sagen kann, also sage ich es einfach direkt:"
Oder so ähnlich, eben in Ihren eigenen Worten.
Insbesondere bei mittelschlimmen Dingen sind die Empfänger oft regelrecht erleichtert, dass es nicht so schlimm ist, wie sie erst befürchtet hatten. Widerstehen

Sie deshalb am besten der Versuchung, diese Technik inflationär anzuwenden und bewahren sie lieber für Größeres und Gröberes auf.

Zweitens: erinnern Sie sich an mein „Gedicht" aus Kapitel 9? Auch Voss ist dagegen, Menschen zu *überreden* oder „einen Streit auch bis tief in die Nacht auszutragen, weil man nie wütend ins Bett gehen sollte". Wenn wir entkräftet sind, knicken wir oder unser Gegenüber vielleicht ein und machen Zugeständnisse, um den *Streit* zu beenden. Aber das sind gerne mal Scheinlösungen, die niemals umgesetzt werden. Sobald die Konfliktparteien wieder zu Kräften gekommen sind und ihr für die ganze Selbstkontrolle verschossenes Dopamin wieder ersetzt haben, geht der Konflikt weiter und der Streit von vorne los. Aus Müdigkeit oder Beschwichtigung erzielte Vereinbarungen werden sofort fallengelassen oder heimlich nicht umgesetzt.
Wenn Sie nicht weiterkommen: Hören Sie auf, machen Sie mindestens eine Pause, tanken Sie (alle) Kraft, damit Sie eine echte Einigung erzielen können, zu der dann auch alle stehen.

Drittens: Greifen Sie Worte oder Begrifflichkeiten Ihres Gegenübers auf. Nicht wie ein Papagei; aber wenn Sie dieselben Kategorien und Begriffe verwenden, verstärkt das den Eindruck von Ähnlichkeit und Nähe. Wenn ein Kind, ein Ortsfremder oder eine Expertin aus einem anderen Bereich uns eine Frage stellt, würden wir doch auch so antworten, dass unser Gegenüber uns möglichst gut folgen kann. Machen wir das doch öfters; je wichtiger das Thema ist, desto mehr.

"Viertens": Jocko Willink Jr.: *Reflect and diminish*

Eine weitere Methode, Emotionen (und damit den ganzen Menschen) abzuholen, ist eine, die Autor, Consultant und Ex-Navy SEAL Jocko Willink Jr. vorschlägt. Sie funktioniert so:

Wenn ein Mitarbeiter (oder ein Freund oder Bekannter) mit einer deutlichen Emotion auf Sie zukommt – sich zum Beispiel darüber ärgert, dass xy nicht funktioniert hat oder dass Abc nicht auf eine Nachricht geantwortet hat – dann validieren Sie diesmal nicht verbal, also, indem Sie der Emotion einen Namen geben („Sieht aus, als wärst du stinksauer!"), sondern Sie spiegeln die Emotion affektiv, also, Sie steigen in die Emotion mit ein; *aber in reduzierter Intensität.*

Sie könnten also sagen: „*Wie* bitte? Abc hat *immer noch nicht* geantwortet? Das gibt's ja nicht. Ich rufe da sofort an."

So kann die Emotion ohne Abstraktion und ohne Worte für gültig und angemessen erklärt werden und der Mensch fühlt sich gehört. Wichtig ist dabei, dass wir nicht mit zu hoher Intensität mitgehen, weil uns die Person sonst vielleicht für ein Fähnchen im Wind hält oder uns als labil oder anbiedernd erlebt. Außerdem verhindern wir dadurch, den anderen *anzupeitschen* und der Emotion das Kommando zu übergeben. Probieren Sie es doch einmal aus. Vielleicht liegt Ihnen das noch mehr als verbales Validieren und es wirkt vielleicht manchmal natürlicher und weniger technisch als die taktische Empathie von Chris Voss.

Zusammenfassung
(mit geschätzten Schwierigkeitsgraden von 1-10)

Neugier und Verspieltheit sind die beste Haltung.	7
Keinen Alarm auslösen und nicht kämpfen; nicht überreden.	8
Dem Prozess vertrauen statt kontrollieren.	7
Emotionen wahrnehmen, aufgreifen und benennen, Beobachtungen benennen, Fragen, um zu verstehen.	6
Spezifische, offene Fragen an mich und mein Gegenüber	3
Nicht urteilen	6 bis 9
Kein Weichspüler-Sandwich	2
Begrifflichkeiten aufnehmen	3
Emotionen spiegeln	6
Wir kommunizieren keine Inhalte. Wir kommunizieren mit Menschen.	8

Jetzt haben wir schon ganz schön viel Wissen und ziemlich viele Tipps beisammen – ich wette, mehr, als Sie beim ersten Mal Lesen des Buches aufnehmen konnten. Stellt sich doch die Frage: *Was mache ich jetzt damit?* Auf zu Kapitel 19!

Verhandeln statt Dominieren

Puzzleteil 19: Wie besser werden?

Frage:	Was kann ich konkret tun, um eine bessere und erfolgreiche Führungskraft zu werden?
Antwort:	Auf die richtige Art trainieren.

Menschliche Interaktion ist komplex[Beleg erforderlich]. Deshalb wird jedes beliebig große Arsenal von „Rezepten", Tricks oder Schemata, welches wir anwenden, unsere Entwicklung limitieren. Die Sehnsucht nach möglichst „kontaktlosen" und oberflächlichen Turbo-Lösungen für alle möglichen sozialen Situationen wird jeder seriöse Trainer daher enttäuschen müssen.

Das Spannende an Führungskompetenzen ist, dass die Entwicklung unendlich ist. Es gibt kein Ende der Fahnenstange. Unsere Persönlichkeit und unsere individuellen Baustellen sind limitierende Faktoren für unsere Performanz und damit auch für unsere Karriere; deswegen beginnt Führungskraftentwicklung mit Persönlichkeitsentwicklung – und auch hier gibt es keinen Endpunkt. Wir können immer, immer besser werden.

Die eigene Persönlichkeit ist aber auch ein Mehrwert in sich und nicht nur ein „strategisches Investment in die Karriere". Entwickelte Persönlichkeiten sind einfach glücklicher. *Wir selbst sind die Person, mit der wir mit Abstand am meisten Zeit verbringen.* Wäre also toll, wenn dieser Dauer-Untermieter cool wäre, oder?

Um ein Experte in irgendetwas zu werden, braucht ein Mensch vier Dinge:

1	Viele Versuche mit Feedback
2	Eine zuverlässige, vorhersagbare Umgebung
3	Zeitnahes Feedback
4	Die Bereitschaft, den Schwierigkeitsgrad anzuheben und dranzubleiben; hierfür eine sichere Umgebung.

1. Naturgemäß ist unser Gehirn dafür geschaffen, durch Ausprobieren zu lernen. Für Kinder gibt es keine Fehler. Alles, was nicht wehtut, ist erst einmal erlaubt und hilft dabei, die Welt und die Eigenschaften von Dingen zu erforschen. Rückmeldung über Erfolg und Misserfolg sind essenziell, auch künstliche Intelligenzen werden durch *reinforced learning* und Feedback geschult. Je öfter wir etwas probieren, desto nuancierter nehmen wir wahr, unser Ablauf wird stabiler, sicherer und robuster gegenüber Abweichungen und Varianten.

2. Um Prinzipien und Regelmäßigkeiten aus einem System abzuleiten, braucht unser Gehirn eine Umgebung, in der diese Regeln und Prinzipien auch gelten und in denen ein Zusammenhang besteht zwischen dem, was man entscheidet, und dem, was passiert. Beim Tischtennis bekommt man augenblicklich Rückmeldung, ob

man die Platte getroffen hat oder nicht. Beim Roulette kann man auch nach 10.000 Stunden kein Experte werden, weil es diesen Zusammenhang nicht gibt.

3. Das Feedback sollte zeitnah sein, damit der Zusammenhang auch hergestellt werden kann. Je mittelbarer, vager und später eine Rückmeldung kommt, desto schwieriger sind Schlussfolgerungen. Darum sind Sportarten und viele Bewegungskunstformen vergleichsweise dankbar, weil sie „nur" Willenskraft und eine geeignete Umgebung benötigen, während Persönlichkeitsentwicklung und soziale Fertigkeiten durch sehr viele unsichtbare Parameter und durch verschleiertes und verzögertes Feedback schwieriger gezielt erlernt werden können; weil man dafür in der Regel kein „Spielfeld" zur Verfügung hat.

4. Richtig gut wird nur, wer „glücklich unzufrieden" bleibt und seinen Hunger nach Verbesserung nicht verliert. In der Wirklichkeit bedeutet ein höherer Schwierigkeitsgrad oft auch gravierendere Konsequenzen, was das Ausprobieren mit *realen Risiken* kombiniert, die einzugehen regelrecht verantwortungslos wäre. Ideal wäre also ein adaptiver Schwierigkeitsgrad in einer sicheren Umgebung, einem Spielfeld, wo es eben keine realen Konsequenzen gibt, in Kombination mit einer zeitnahen Rückmeldung durch Mitspieler und Trainer und Mentoren.

Ein gutes Training ist eine Mischung aus punktuellen Herausforderungen – also aus simulierten Herausforderungen und Sparring im Trainingsmodus und realen Herausforderungen, bei denen *es zählt* – und einer kontinuierlichen Begleitung, also jemandem, mit dem Sie sprechen können und der Sie berät.

Finden Sie Trainer, die Ihre Sprache(n) sprechen[12]. Die meisten Trainings sind relativ abstrakt und kognitiv und liefern viel Theorie. *Theorie und Tatsachen* als gedankliches Regal zur Einordnung zu liefern, finde ich super (sonst sähe dieses Buch sehr anders aus), ein wirksames, motivierendes Training kann sich aber nicht darin allein erschöpfen.

Übungen in Trainings sind zu oft abstrakt oder gestellt, sehr allgemein oder funktionieren nur in hochspeziellen Settings; sie sind manchmal regelrecht esoterisch oder ihre Anwendung oder ihr Nutzen bleiben unbewiesen oder unklar.

Rollenspiele sind wirksam, aber die Leute wollen sie nicht spielen. Warum? Das echte Soziogramm spielt immer mit hinein (Ich soll so tun, als wäre meine Chefin nicht meine Chefin und muss einen Eiertanz zwischen Ehrlichkeit und ihren Gefühlen machen – hier gibt es nichts zu gewinnen!), ich habe vielleicht keine Lust, mich *vor Publikum* zu blamieren, maßregeln und verbessern zu lassen und außerdem haben die gespielten Situationen quasi nichts mit meinen tatsächlichen täglichen Herausforderungen zu tun. Verständlich, dass da breite Ablehnung herrscht, oder?

Ein gutes Training hat folgende Eigenschaften:

Es basiert auf den Stärken unseres Gehirns, ist also visuell, aktivierend und narrativ[70,71].
Es ist realitätsnah, beinhaltet also reale Herausforderungen und konkrete Führungs- und Kommunikationssituationen[72] Es ist mitreißend und intensiv, damit es nachhaltigen Eindruck macht[56].
Es ist aktiv und ermöglicht spielerisches Ausprobieren[73] in geschütztem Rahmen; also ohne die Gefahr, sich zu blamieren oder Menschen zu verletzen[56].
Es ist nicht bewertend oder moralisierend und kommt nicht mit vorgefertigten Lösungen.
Es erlaubt Ihnen, an denjenigen Punkten zu arbeiten, die *für Sie* gerade relevant sind.
Es bietet eine Mischung aus Trainingstagen und kontinuierlicher Begleitung[57].

---

[70] *Drama-Based Training in Leadership,* Srinivas Murthy, 2023
[71] *Training using drama: Successful development techniques from theatre and improvisation,* Kate Koppett, 2002
[72] *Mastering Executive Education: How to Combine Content With Context & Emotion,* Paul Strebel & Tracey Keys, 2005
[73] *What Leadership Development Should Look Like in the Hybrid Era,* Harvard business Review, Julian Birkinshaw, Maya Gudka, Steve Marshall, 2022

Es nutzt bereits vorhandene Kenntnisse: Führungskräfte und Nachwuchsführungskräfte lernen voneinander[74].
Es wird von erfahrenen Leuten durchgeführt und funktioniert für verschiedenste Erfahrungsgrade und Hierarchieebenen[58].
Es bietet sofortige Resultate; Sie sehen sofort, was funktioniert und was nicht[75].
Es bietet Einblicke, die Sie sonst nicht bekommen können[76].
Es ist wirtschaftlich, damit es überhaupt gebucht wird, nicht bei einzelnen Impulsen bleibt und nicht in Krisenzeiten, wo es am wichtigsten ist, sofort wieder abgestellt wird.

Oder anders formuliert: Menschen lernen besser über ihre Sinne. Durch echtes, konkretes Ausprobieren statt immer *nur* über Theorie. Aber: Leute mögen keine Rollenspiele und haben keine Lust, sich zu blamieren oder in gestellten Szenen so zu tun, als wäre die Chefin nicht die Chefin. Was ist die Lösung?

---

[74] *Jahrbuch Personalentwicklung 2007*, Karlheinz Schwuchow
[75] *Developing the Theater of Leadership: An Exploration of Practice and the Need for Research*, Tammy Tawadros, 2015
[76] *A critical stage for learning? Efficiency and efficacy in workplace theatre-based leadership development*, Journal of Arts & Communities, Richard Feltham, 2013

Puzzleteil 20: Training im 21. Jahrhundert

Frage:	Aber wo finde ich denn jetzt das ideale Führungskräftetraining?
Antwort:	Sie ahnen, dass das eine rhetorische Frage ist.

Wir brauchen also ein sinnliches, konkretes, intensives und realistisches Training für jeden Schwierigkeitsgrad, aber (fast) niemand mag Rollenspiele. Darum ist die offensichtliche Lösung: Schauspieler und Trainer als Stellvertreter und als Knetmasse zum Ausprobieren. Intensives Training durch Theater-Intensität *ohne selbst auf die Bühne müssen.*

Darum schwören meine Kollegen, unsere Kunden und ich seit vielen Jahren auf unsere Forumtheater-Trainingsmethode mit anschließender Begleitung.

Wie sieht das aus?

In einem Trainingstag wechselt sich Forumtheater-Training ab mit Theorie, Übungen und der Arbeit an konkreten Fällen.

Wie geht Forumtheater-Training?

Abbildung 1 - brauchen wir später

Forumtheater:

Im Publikum sitzen etwa 20 bis 120 Führungskräfte, die Teilnehmer.[77]

Auf der Bühne spielen die Trainer eine Szene, die vorab exakt auf Ihre Führungsrealität zugeschnitten wurde und in der Sie sich sehr schnell wiedererkennen. Ihr Stellvertreter in der Szene, die Führungskraft, macht manche Dinge gut, aber viele nicht so gut: Die Szene geht schief.

Dann drehen wir die Zeit zurück – es ist nie passiert.

> Möchten Sie vielleicht einfach nochmal reinkommen? Das Gespräch ist irgendwie nicht so gelaufen, wie ich das gehofft hatte.

---

[77] Wir bieten das Training auch für Mitarbeiter an, aber entweder für Führungskräfte, *oder* für Mitarbeiter.

Sie können die beteiligten Figuren *in character* befragen und ihnen – anders, als im echten Leben – *in die Köpfe schauen*. Sie bekommen *ehrliche* und *kompetente* Antworten dazu, womit die Figur ein Problem hatte, was Wünsche sind, was für sie funktioniert hat und so weiter.

Dann geben Sie Ihrem Stellvertreter in der Szene – *nur dem Stellvertreter* – Anweisungen, was er oder sie anders machen soll. Wir sehen die Szene erneut mit den Veränderungen und sehen in Echtzeit, was sich verändert.

Wir bewerten erneut den Effekt der Veränderungen, geben weitere Anweisungen und können die Figuren weiter befragen. Wir probieren so lange aus, bis wir zufrieden damit sind, wie die fiktive Führungskraft die Situation bestritten hat. Geschützter Rahmen, interaktiv, beeindruckend, niedrigschwellig, real, sofortiges, komplexes Feedback. Die Teilnehmer lernen voneinander, die Trainer kommen nicht mit fertigen Lösungen, sondern probieren vorbehaltlos aus, was die Teilnehmer ihnen sagen. Unsere Methode hat über die Jahre hinweg eine Bewertung von 4,7 bis 4,85 von 5 Sternen bekommen und eine Weiterempfehlungsrate zwischen 98 und 100 Prozent. Und durch die Teilnehmerzahlen ist sie konkurrenzlos günstig.

Zwischen den Forumtheater-Einheiten gibt es passenden Theorie-Input, je nach Themenstellung Großgruppen- und Kleingruppenübungen oder intensive Arbeit an *realen* Herausforderungen. Aus der Industrie haben wir zum Beispiel oft die Aussage bekommen, dass *ein bis fünf Prozent* der Mitarbeitenden bis zu *achtzig* Prozent der Zeit und Energie mancher Führungskräfte binden. Hier können wir in sehr kurzer Zeit oft deutliche Erleichterung schaffen, etwas einrenken helfen oder eine Situation auf ein komplett neues Gleis heben.

Nach dem Trainingstag betreuen wir die Führungskräfte, die das möchten, weiter. Obwohl die allermeisten auch bei der Nachevaluation *drei Monate später* rückmelden, dass sie diesen einen Tag noch immer in ihrem Alltag spüren und nützlich finden, helfen wir gerne dabei, auf die Erkenntnisse und Zwischenergebnisse aufzubauen.

Typischerweise machen wir das mit einem zweiwöchentlichen virtuellen Gruppencoaching – einer Mischung aus kurzem thematischem Input und kollegialer Beratung mit 15 Teilnehmern.

Damit haben wir unser
letztes Puzzleteil:
Dieses Buch ist, wie eingangs erwähnt,
sehr kompakt. In vielen unscheinbaren oder kurzen Abschnitten von wenigen Zeilen sind Einsichten, *die man schnell überliest*. Ich möchte Sie ermuntern, das Buch bei Gelegenheit wieder zur Hand zu nehmen und zu schauen, wo Sie Ihren Textmarker eingesetzt haben und wo noch nicht. Für Sie viel Freude und Erfolg! Bis bald!

Hier finden Sie mich und mein Team:

Schreiben Sie eine E-Mail:
mueller@itrakon.de oder
oder auf der Webseite itrakon.de.
Wir versenden keinerlei Werbung.

Über den Autor

Mario hat erst Computer, (u.a. an der Uni Darmstadt), dann Gehirne studiert (an der „Exzellenz"-Uni Konstanz).

Parallel zum Studium begann er, Improvisationstheater zu spielen. Er wurde Profi, praktizierte und unterrichtete es 15 Jahre lang auf der Nordhalbkugel zwischen Chicago und Taipeh.
Über Konferenzbegleitungen, Moderationen und die *Angewandte Improvisation* kam er zum Führungskräftetraining.

Er war künstlerischer Leiter des *Theater mit beschränkter Hoffnung TmbH* und schauspielerischer Leiter des integrativen *COMEDYexpress*.

Mario schrieb mit am Drehbuch für die noch unveröffentlichte Mystery-Serie *I'm awake* und führte gemeinsam mit Marc Neumeister Regie. Er führte Regie für ein paar kleine, internationale Theaterproduktionen und bekam 2021, zwei Jahre vor dem Hype um GPT-3, einen Preis für sein Theaterstück über unsere Zukunft mit solchen und anderen künstlichen Intelligenzen.

Er veröffentlichte 2014 *Wolkentraining*, ein Werkzeug zur Teamentwicklung und zur systematischen Ausbildung der visuellen Vorstellungskraft,

2017 mit *Weltennacht – Das Stählerne Bündel I+II* zwei Fantasy-Romane,

2018 *Bobs Gehirn*, einen populärwissenschaftlichen Ratgeber-Roman,

2020 mit Prof. Dr. Tamara Ranner *Kommunikationskompetenzen*, ein Lehrbuch für die Hochschule Macromedia und

2022 mit Dr. Ben Hartwig *Gut Lachen Haben – die Kunst des Nichtdurchdrehens.*

Mario coacht und trainiert Vorstände, Führungskräfte, Teams und Mitarbeiter-Großgruppen. Hier ein paar der Firmen, für die er auf der Bühne oder vor der Kamera stand:

Abbott, AbbVie, Bechtle, BOSCH, Braun, Carl Zeiss AG, Deutsche Bank, Generali, Heineken, H&M, James Hardie, Liebherr, Novitas BKK,

Merck (Kooperation seit 2022), NXP Semiconductors, Sana Kliniken, Schott, Sandvik, R+V, Siemens, Schott, Signal Iduna, Tchibo, Vattenfall, Volksbank, Volkswagen

Disruption: mentales Modell und Wirklichkeit

Potzblitz! Sie sind ja wirklich gründlich und lesen bis zum Ende! Dafür gibt es jetzt als Belohnung das total echt finale Bonus-Kapitel dieses Buches.

Frage:	Das Kapitel über Weltbild und Selbstbild[5] war verdächtig kurz, da ist doch bestimmt noch mehr Wichtiges für Führungskräfte, oder?
Antwort:	Das stimmt!

Die Tatsache, dass Menschen ein Weltbild, ein Modell von der Welt haben, hat noch weitere Implikationen; unter anderem für einen Prozess, der überall auf der Welt als unfreiwillige Fortschrittsbremse funktioniert. Philosophie, Neurologie und auch mehrere Kunstgattungen sind hier sehr viel weiter als die meisten Unternehmer und Unternehmen. Was ist gemeint? Schauen wir uns einmal folgende Frage an:

Was passiert *genau*, wenn uns jemand einen Vorschlag macht?
Stellen wir uns folgende Situation vor: Wir beide sitzen in einem Café und ich schlage vor: „Wollen wir einen Spaziergang durch den Wald an den See machen und die Enten füttern?"

Dann passiert – unabhängig davon, wie lange Sie sich für die Entscheidung Zeit lassen und unabhängig davon, wie das Ergebnis dieser Prüfung ausfällt – Folgendes: *Sie stellen es sich vor.* Das heißt, Sie beauftragen die bildgebenden Systeme in Ihrem Gehirn, wahrscheinliche Szenarien von diesem Spaziergang anzufertigen. Ein *innerer Film* wird produziert oder zumindest Ausschnitte davon. Diesen Film *stellen* Sie *sich vor* das innere Auge. Das passiert automatisch und vorbewusst. Sie sehen sich diesen Film an und überlegen, wie es sich anfühlen würde, in diesem Film zu leben und welche Vor- und Nachteile diese Fiktion hat; das alles wird gewichtet und miteinander verrechnet und im Ergebnis bekommen Sie eine Tendenz, die irgendwo zwischen „völlig ablehnen" über „indifferent" bis „völlig begeistert" liegen wird. *Sie befragen Ihr Wissen über die Welt und testen den Vorschlag anhand Ihres mentalen Modells von der Welt.*

Sie werten den „inneren Film" aus, den Ihr Gehirn für Sie erzeugt und tasten nach Dingen darin ab, die begrüßenswert sind und nach solchen, die nicht begrüßenswert sind. Die großen und kleinen guten Aspekte werden mit den großen und kleinen schlechten Aspekten verrechnet:

| nur über meine Leiche! | ist mir egal | dafür würde ich sterben! |

⬅ ➡

Und so ist das bei allen Arten von Vorschlägen. *Wir befragen unser mentales Modell.* Und diese Vorgehensweise ist für die allermeisten Fragen unseres täglichen Zusammenlebens ein optimaler Kompromiss aus Zeit- und Energiebedarf einerseits und

Ergebnisakkuratesse andererseits. Unser Alltag besteht zumeist aus konkreten, gegenständlichen, naja, *Dingen*, mit denen wir sehr viel Erfahrung haben. Und das ist ein wichtiger Punkt.

Wenn wir an komplexen Strategien, disruptiven Dienstleistungen oder Produkten arbeiten, dann sind diese zwangsläufig *außerhalb* unserer Erfahrungen und damit auch außerhalb der Heuristiken, also der Daumenregeln, die unser Gehirn verwendet und damit des Bereiches, in dem wir Konsequenzen ziemlich treffsicher vorhersagen können. Unsere Gehirne sind für die Grassteppe gemacht; für unmittelbare, greifbare Chancen und Gefahren[1]. Wären die Strategien, Dienstleistungs- und Produktideen innerhalb dessen, was wir kennen, wären sie nicht disruptiv, sondern einfach nur eine Weiterentwicklung oder Anwendung von Bekanntem.

Weil wir die greifbaren Dinge im Alltag aber so gut einschätzen können, trauen wir uns das bei hochkomplexen Zusammenhängen auch zu – und das tun wir, wie wir aus Studien wissen, *zu Unrecht*: Zum einen ist es so, dass wir unsere Kompetenzen bereits innerhalb unserer direkten Erfahrungen deutlich überschätzen; und das ist auch über die verschiedenen Bildungsgrade hinweg so.
Obwohl man weiß, dass bei einer beliebigen Kompetenz nicht mehr als 50 Prozent der Menschen einer Gruppe in der besseren Hälfte sein können, erachten 94 Prozent aller Professoren ihre eigene Forschung für überdurchschnittlich, 86 Prozent aller Manager ihre ethische Haltung. 65 bis 80 Prozent der Erwachsenen

schätzen ihren IQ als überdurchschnittlich ein[78], 93 Prozent der amerikanischen Autofahrer halten sich für überdurchschnittlich[79] und 90 Prozent der amerikanischen Lehrer[80].
Das nennt man den *above average effect*.

Gebildete überschätzen ihre Kompetenzen genauso wie Ungebildete, teilweise schlimmer. Und diese Zahlen hier stammen aus den Bereichen, in denen die Befragten viel Erfahrung hatten und sich deshalb *besser* einschätzen können sollten als in anderen.

Außerhalb unserer direkten Erfahrungen überschätzen wir uns in geradezu sagenhafter Weise. Das ist eine Schwäche, die Menschen mit Führungsverantwortung zwingend in den Griff bekommen müssen, weil wichtige Entscheidungen von Fakten und gesichertem Wissen ausgehen müssen* und nicht am hormonellen Belohnungssystem eines Individuums hängen dürfen.

---

*Wie teuer es werden kann, wenn man sich auf Vermutungen stützt, hat auch der US-Geheimdienst auf die schmerzhafte Art gelernt. Der frühere CIA-Direktor Michael Morell erklärte 2024, wie es zu der Entscheidung kam, eine (zweite) Invasion gegen den

---

[78] *People tend to overestimate their romantic partner's intelligence even more than their own,* Gignac & Zajenkowski, 2019; *65% of Americans believe they are above average in intelligence: Results of two nationally representative surveys,* Heck et al., 2018
[79] *Are we all less risky and more skillful than our fellow drivers?* Ola Svenson, 1981
[80] *Not can, but will college teaching be improved?,* Patricia Cross, 1977

Irak durchzuführen. Morell war damals für die Beschaffung und Deutung der geheimdienstlichen Informationen hauptverantwortlich und berichtete direkt an den damaligen Präsidenten der USA, George W. Bush.

Die CIA wusste, dass Saddam Hussein Massenvernichtungswaffen hatte. Allerdings waren die verfügbaren Belege zu diesem Zeitpunkt bereits fünf Jahre alt.
Zu der tragischen Entscheidung, den Irak anzugreifen, kam es laut Morell aufgrund mehrerer kombinierter Fehler:

- **Anker-Effekt:**
  Was man bereits weiß, beeinflusst, wie man neue Informationen bewertet. Man sortiert sie gewissermaßen ins Raster der bisherigen Informationen ein. In diesem Fall: Wir wissen, dass Saddam zumindest schonmal Massenvernichtungswaffen hatte.

- **Bestätigungsfehler:**
  Man hat heimlich schon festgelegt, was das Ergebnis ist und sucht nur noch nach Bestätigungen dafür.

- **Überkompensation:**
  Letztes Mal haben wir das irakische Atomprogramm verpasst, diesmal sind wir hypervorsichtig, denn das soll nicht mehr passieren.

- Gruppendenken:
  Dem zu widersprechen, was alle denken, braucht viel Mut.

- Hineinversetzen/das eigene mentale Modell:
  Was würden *wir* an Stelle Saddam Husseins tun? Wir würden niemals auf unsere Massenvernichtungswaffen verzichten, weil wir Angst vor unseren Nachbarn haben.

Stellt sich heraus, dass Hussein seine Massenvernichtungswaffen tatsächlich hatte zerstören lassen. Allerdings hatte er dies, um die abschreckende Wirkung gegenüber den Nachbarstaaten nicht zu verlieren, heimlich getan. Er hatte sich darauf verlassen, dass die CIA es dennoch mitbekommen würde. Letztlich verlor der Diktator Land und Leben, weil er den amerikanischen Geheimdienst überschätzte und sich auf dessen Qualität verließ.

Damit solche Fehlentscheidungen in Zukunft nicht mehr passieren können, führte die CIA Gewissheitsgrade („*levels of confidence*") ein, mit denen Informationen gewichtet werden können. So können Vermutungen und Planspiele klar von gesicherten Informationen unterschieden werden. Ein Trick, den Sie für Ihre Führungskarriere unbedingt übernehmen sollten.

> Die anderen Fehlerquellen bekämpft man am besten, indem man erstens abweichende Sichtweisen hervorhebt und untersucht, anstatt sie gleich zu verwerfen und die Person, die sie äußerte, zum Schweigen zu bringen. Und zweitens, indem man dafür offen und bereit bleibt, die Situation angesichts neuer Informationen stets von Grund auf neu zu beleuchten und diejenige Sichtweise zu finden, die mit diesen Informationen zur plausibelsten geworden ist.
>
> All diese Fehler passieren uns ständig und es braucht Übung, sie zu erkennen und unschädlich zu machen. Hier kann man nie genug investieren, um die eigenen Entscheidungen sicherer und erfolgreicher zu machen.

Und zum zweiten ist es so, dass die meisten Menschen, in philosophischen Kategorien gesprochen, „naive Realisten" sind; das bedeutet, sie glauben (die meisten, ohne je darüber nachgedacht zu haben), dass *die Welt* und *ihre Wahrnehmung von der Welt* dasselbe sind. Also dass die Welt so ist, wie sie uns erscheint. Jemand, der so denkt, sollte nach Möglichkeit keine Entscheidungen fällen, von denen etwas abhängt.

Wenn uns jemand etwas vorschlägt, *stellen wir es uns vor:* wir schauen, ob es *in unserem mentalen Modell* funktionieren würde. Wenn es das tut, sagen wir „gute Idee", wenn wir es uns nicht vorstellen können, dann sagen wir in der Regel „kann ich mir nicht vorstellen", was synonym ist für: „Nein."

Nicht zu *wissen*, wie oder ob etwas funktioniert ist aber nicht dasselbe wie „ob etwas funktioniert". Ein Server, Libellenflügel oder Gravitation funktionieren glänzend unabhängig davon, ob wir uns das vorstellen können oder ob wir sie verstehen. Die Geschichte ist voll mit fabelhaften Fehleinschätzungen. Der Bedarf für Telefone wurde einst auf „eines in jeder größeren Stadt" geschätzt, ebenso der von Computern; und dann von Internetanschlüssen.

> *Menschen überschätzen ihre Expertise maßlos. Am stärksten ist der Effekt dann, wenn sich Experten außerhalb ihres Expertisefeldes äußern.*

Genie sieht nur im Rückspiegel aus wie „der nächste logische Schritt". Echte Genies werden *immer* ausgelacht, weil sie Dinge vorschlagen, *die sich die anderen noch nicht vorstellen können*. Als Kolumbus, der Legende nach, das Ei einfach auf den Tisch stellte, sagten die Leute: „Ach sooo, ja wenn *das* erlaubt ist, ist die Lösung ja einfach!" – aber eben *hinterher*. Sie selbst waren nicht auf diese angeblich so naheliegende Lösung gekommen. Als Einsteins zwei Relativitätstheorien und ihre Vorhersagen wieder und wieder bestätigt wurden, haben die Menschen seine Lorentz-Transformation der Raumzeit bei relativistischen Geschwindigkeiten als genial erkannt – bis dahin gab es aber viel Spott und Gegenwehr[81].

Stellen Sie sich folgenden Pitch vor:

---

[81] *Hundert Autoren gegen Einstein*, Hans Israel et al., 1931

Rothaariger Junge: „Hallo Bank. Ich plane ein interaktives, digitales Telefonbuch, in das die Leute sich selbst eintragen. Sie tragen ihre Vorlieben ein und erstellen gratis für uns Content, damit andere da auch hinkommen. Diesen Content werten wir aus, um automatisiert gezieltere, wirksamere Werbung schalten zu können. Durch diesen Wettbewerbsvorteil machen die Firmen bei uns Werbung statt anderswo. Ich brauche bitte zehn Millionen Dollar dafür."

Bank: „Sie erwarten, dass *massenweise* Leute *gratis* Inhalte erstellen für Sie – *und* ihre Interessen und ihr Kaufverhalten preisgeben, nur, damit Sie sie mit Werbung bestrahlen können?"

Rothaariger Junge: „Ja, genau."

Glauben Sie, der Junge hätte für seine Idee Geld von der Bank bekommen? Nicht? Seltsam, wo aus genau dieser Geschäftsidee doch ein Multimilliarden-Imperium entstanden ist, das wir heute als *facebook* und als Mutter aller Sozialnetzwerke kennen. Und *entstanden ist* ist hier der springende Punkt. Denn auch Zuckerberg hatte nur die Idee eines großen Netzwerks. Die Geschäftsidee ergab sich im Zuge des beharrlichen Weitertüftelns und war eben *nicht* von Anfang an geplant.

Die wichtigsten Disruptionen der Welt basieren auf zwei Prinzipien:

A) Wir machen weiter, wir passen weiter an, auch wenn wir noch nicht genau wissen, wie etwas funktionieren wird.
B) Wir lassen die Welt entscheiden, was sie (anders) haben will und nicht unsere Experten.

Das erste Prinzip ist das „*yes and*" aus der Angewandten Improvisation. Es bedeutet nichts anderes, als dass man dranbleibt, obwohl man das Ziel noch nicht sieht. Konkret heißt das: Wenn jemand mit einem Vorschlag kommt und Sie sich nicht vorstellen können, ob oder wie das funktioniert, sagen Sie ab jetzt nicht: „Kann ich mir nicht vorstellen, nächster Vorschlag", sondern Sie sagen: „Kann ich mir noch nicht vorstellen, erzähl(t) mir mehr."

Oder Sie spinnen die Idee gleich weiter und die anderen ergänzen. Ihre Ergänzungen könnten das Ding auch plötzlich „zum Laufen bringen" oder den anderen die entscheidenden Ideen geben. Die Goldmine des Unerwarteten ist der Grund für die vielen Vorträge über „Fehlerkultur." *Fehlerkultur* lässt sich reduzieren auf die *Ökonomie des Mutes*[9] und das erste Prinzip A), dem *Weitermachen und Plan-Anpassen, wenn etwas anders läuft als erwartet*.

Bei dieser Art zu arbeiten, kommen auch Dinge heraus, die sich als Sackgasse erweisen. Und diese Sackgassen sind sogar in der Überzahl. Wussten Sie, dass Pablo Picasso etwa 50.000 Bilder angefertigt hat, von denen „nur" rund 500 als Meisterwerke gelten? War Picasso ein erfolgreicher Maler? (Wie) Konnte er bei einem „Ausschuss" von 99 Prozent überhaupt überleben?

Das zweite Prinzip ist der Kern von „Design Thinking."
Anstatt unsere Experten zu befragen, die dann
Mutmaßungen über die Welt anstellen, befragen wir
diejenigen Leute, für die das Ding oder die
Dienstleistung ist. Wir befragen die Welt direkt. Wir
beziehen Infos „von der Front" ein, wir *probieren aus
und bessern nach.*

Hierzu eine Anekdote. Ich hatte in den Nullerjahren mit
einer Firma zu tun, die weltweit Industrieanlagen
bestimmter Art installiert.

Ich fragte: „Fiktives Beispiel. Wenn jetzt einer der
Monteure immer wieder die Erfahrung macht, dass er
eine riesige Anlage drei Tage lang auseinanderbauen
muss, um an einen Pfennigartikel heranzukommen, der
ständig kaputtgeht, und sie dann wieder drei Tage lang
zusammenbauen muss – würdet ihr davon erfahren?"
„Nee."
„Nein? Es ist überhaupt nicht vorgesehen, dass
Monteure überhaupt irgendein Feedback an die
Konstrukteure geben können, dafür gibt es keinen
Prozess?"
„Nein."

Design Thinking bedeutet neben dem Einbeziehen der
Kunden und der Wirklichkeit und iterativer
Verbesserung auch, *alle Beteiligten mit einzubeziehen.*

Um eine elegante, geniale Lösung für ein Problem zu
finden, brauchen wir *Zeit* und *möglichst viele Augen* auf
dem Problem.

Mal ein Beispiel.

Sie bekommen die Aufgabe, ein Objekt herzustellen. Sie sollen zunächst schätzen, wieviel Oberfläche/Material benötigt wird und bestimmen, wie das Objekt möglichst kostengünstig produziert werden kann. Sie fragen eine Ihrer Ingenieurinnen nach einer Skizze des Objekts. Die legt sie Ihnen mit den Worten: „So sieht das Objekt aus" vor. Es ist Abbildung 1, die Sie auf Seite 264 finden. Können Sie sich vorstellen, wie das dreidimensionale Objekt aussieht? Ich tippe mal, dass Sie eine Vorstellung davon haben.

In der Kaffeeküche bekommen Sie mit, wie zwei Ingenieure über das Objekt sprechen. Die eine macht für die andere eine Skizze auf einer Serviette und sagt dazu: „So sieht das Objekt von oben aus."
Sie werfen einen Blick über die Schulter der einen Ingenieurin und sehen die Skizze. Es ist *Abbildung 2*, die Sie hier im Buch auf Seite 30 finden.

Wenn das Objekt nun offenbar von vorne aussieht wie Abbildung 1 und von oben wie Abbildung 2, dann verändert sich Ihre Vorstellung von der Form des Objekts, oder?

Sie beschließen, Ingenieur Vier anzurufen und ihn um eine Darstellung des Objekts zu bitten, um sicher zu sein, dass Sie die Form richtig verstanden haben. Ingenieur Vier schickt Ihnen eine Email mit einer Zeichnung. Die Zeichnung ist beschriftet mit „Abbildung 3" und sieht so aus:

Nanu? Ist das denn möglich? Die drei Beschreibungen von ein und demselben Objekt sind ja völlig verschieden! Offenbar sind das alles Ansichten *aus verschiedenen Perspektiven*. Von vorne sieht das Ding aus wie eine Kugel, von oben wie ein Rechteck. Aber es ist offenbar kein Zylinder, wie man ahnen könnte, sondern hat eine kompliziertere, tropfenähnliche oder annähernd aerodynamische Form. Puh, gut, dass wir nachgefragt haben, sonst hätten wir ja Lösungen für die völlig falsche Form entwickelt und jede Menge Ressourcen in den Sand gesetzt!

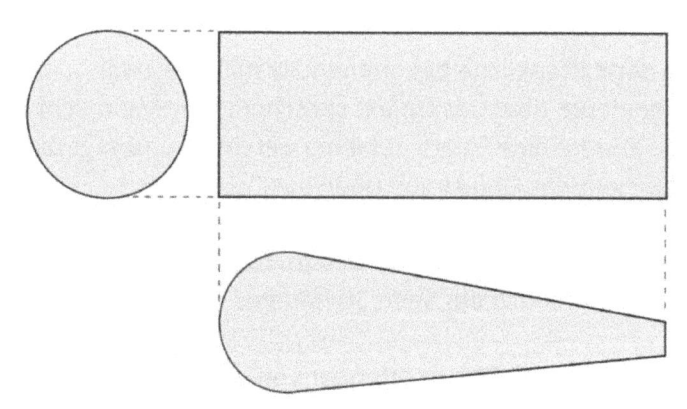

Gut, dass Sie nachgefragt haben! Sie treffen sich mit Leuten aus der Fertigung, um zu besprechen, wie man das Objekt am besten und günstigsten herstellen könnte. Einer der Mitarbeiter fragt Sie, wie lang die Diffusoren sein sollen. *Diffusoren?* Auf Ihren verwirrten Blick hin skizziert er Ihnen die Ansicht des Objekts von hinten: *Abbildung 4*, auf Seite 112.

Oh holla, das Ding, das auf den ersten Blick aussah wie eine Kugel, ist offenbar *erheblich* komplizierter! Sie überlegen gerade, wen Sie danach fragen können, wie das Objekt von *unten* aussieht, als Ihre Führungskraft auf dem Gang auf Sie zukommt und Sie fragt, ob die Berechnung der Flächen für die *Innenräume* des Objekts schon fertig sind. Innenräume?!

Dieses Objekt ist eine Metapher dafür, wie kompetente Menschen ein und dieselbe Sache völlig verschieden beschreiben können, *ohne sich zu irren*. Alle Beschreibungen des Objekts waren korrekt, aber unvollständig. Der wichtigere Teil dieser Metapher ist aber jener: Es gibt immer Dinge, die wir nicht wissen. Der schwierigste und wichtigste Teil ist, *zu wissen, was vom Relevanten man noch nicht weiß*. Sie konnten nicht ahnen, dass jede zusätzliche Perspektive Ihre Vorstellung von dem Objekt *vollkommen verändern* würde.

Trotzdem hatten Sie bei jeder einzelnen Skizze *ein vollständiges Bild* von einem vollständigen Objekt im Kopf – es *fehlte* nichts.

Und das ist eine fundamentale Herausforderung für unsere Orientierung in der Welt überhaupt: Informationen fehlen uns nicht.

Unser Bewusstsein von etwas ist immer vollständig, weswegen wir ständig der Illusion erliegen, eine Sache vollständig verstanden zu haben und sie in ihrer Gesamtheit zu überblicken. Das Gefühl hatten wir zunächst, als wir dachten, es wäre ein Kugel oder ein Ball. Dann haben wir bemerkt, dass es ein Zylinder *ist*. Dann haben wir bemerkt, dass es ein tropfenförmiges Ding *ist* und so weiter. Aber jedes Ding war in sich schlüssig und auf seine Art richtig, aber eben verzerrend – und hätte uns als Modell vom tatsächlichen Objekt in die Irre geführt.

Zu wissen, *dass* immer etwas fehlt, zu ahnen, *was* fehlt und zu schauen, (von) wo man nachsehen muss, um relevante Wissenslücken zu schließen, ist ein grundsätzliches Bildungsproblem und der Grund dafür, warum Menschen Ihre Erkenntnis in unermesslicher Weise überschätzen. Als Führungskraft müssen wir *fragen, fragen, fragen, zuhören und lernen und* die verschiedenen Perspektiven einer Sache verstehen, *bevor* wir überhaupt anfangen, über eine Lösung nachzudenken; geschweige denn, zu entscheiden.

Führungskunst ist,
wie jede andere Kunstform,
im Kern eine Kunst der *Wahrnehmung*.

Viel Freude! Viel Erfolg!

Vielleicht auf bald.

Milton Keynes UK
Ingram Content Group UK Ltd.
UKHW021642011224
451755UK00011B/766